CÁSSIO MONTEIRO RODRIGUES

20 24

REPARAÇÃO E PREVENÇÃO DE DANOS NA RESPONSABILIDADE CIVIL

PARÂMETROS PARA O RESSARCIMENTO
DE DESPESAS PREVENTIVAS

Dados Internacionais de Catalogação na Publicação (CIP) de acordo com ISBD

R696r   Rodrigues, Cássio Monteiro
        Reparação e prevenção de danos na responsabilidade civil: parâmetros para o ressarcimento de despesas preventivas / Cássio Monteiro Rodrigues. - Indaiatuba, SP : Editora Foco, 2024.

        204 p. ; 16cm x 23cm.

        Inclui bibliografia e índice.

        ISBN: 978-65-5515-944-8

        1. Direito. 2. Direito civil. 3. Responsabilidade civil. I. Título.

2023-2954   CDD 347   CDU 347

Elaborado por Vagner Rodolfo da Silva - CRB-8/9410

Índices para Catálogo Sistemático:

    1. Direito civil 347

    2. Direito civil 347

CÁSSIO MONTEIRO
RODRIGUES

REPARAÇÃO E PREVENÇÃO DE DANOS NA RESPONSABILIDADE CIVIL

PARÂMETROS PARA O RESSARCIMENTO
DE DESPESAS PREVENTIVAS

2024 © Editora Foco
Autor: Cássio Monteiro Rodrigues
Diretor Acadêmico: Leonardo Pereira
Editor: Roberta Densa
Assistente Editorial: Paula Morishita
Revisora Sênior: Georgia Renata Dias
Capa Criação: Leonardo Hermano
Diagramação: Ladislau Lima e Aparecida Lima
Impressão miolo e capa: DOCUPRINT

DIREITOS AUTORAIS: É proibida a reprodução parcial ou total desta publicação, por qualquer forma ou meio, sem a prévia autorização da Editora FOCO, com exceção do teor das questões de concursos públicos que, por serem atos oficiais, não são protegidas como Direitos Autorais, na forma do Artigo 8º, IV, da Lei 9.610/1998. Referida vedação se estende às características gráficas da obra e sua editoração. A punição para a violação dos Direitos Autorais é crime previsto no Artigo 184 do Código Penal e as sanções civis às violações dos Direitos Autorais estão previstas nos Artigos 101 a 110 da Lei 9.610/1998. Os comentários das questões são de responsabilidade dos autores.

NOTAS DA EDITORA:

Atualizações e erratas: A presente obra é vendida como está, atualizada até a data do seu fechamento, informação que consta na página II do livro. Havendo a publicação de legislação de suma relevância, a editora, de forma discricionária, se empenhará em disponibilizar atualização futura.

Erratas: A Editora se compromete a disponibilizar no site www.editorafoco.com.br, na seção Atualizações, eventuais erratas por razões de erros técnicos ou de conteúdo. Solicitamos, outrossim, que o leitor faça a gentileza de colaborar com a perfeição da obra, comunicando eventual erro encontrado por meio de mensagem para contato@editorafoco.com.br. O acesso será disponibilizado durante a vigência da edição da obra.

Impresso no Brasil (10.2023) – Data de Fechamento (10.2023)

2024
Todos os direitos reservados à
Editora Foco Jurídico Ltda.
Rua Antonio Brunetti, 593 – Jd. Morada do Sol
CEP 13348-533 – Indaiatuba – SP

E-mail: contato@editorafoco.com.br
www.editorafoco.com.br

Para Sueli, Alfredo e Beatriz.

*"A vingança não vai reduzir ou prevenir o mal,
porque ele já aconteceu".*
(Dalai Lama)

AGRADECIMENTOS

Essa obra é fruto de intensas pesquisas, conversas e amizades desenvolvidas no âmbito do Mestrado em Direito Civil do Programa de Pós-Graduação em Direito da Universidade do Estado do Rio de Janeiro – UERJ. Curiosamente, a melhor parte dessa jornada ficou para o final, que é poder agradecer e compartilhar a alegria de finalizar um ciclo, de realizar um sonho, com aqueles que vivenciaram essa jornada comigo.

Também é curioso que os agradecimentos (como tantas outras partes desse trabalho) estejam sendo escritos num domingo de manhã, na casa dos meus pais, enquanto todos dormem, local onde vivi praticamente toda minha vida e o início dessa jornada. Gostaria de começar por eles.

Agradeço aos meus pais, Sueli e Alfredo, com todo o amor que não cabe em mim, por tudo que fizeram por mim e pela minha felicidade, mesmo que isso significasse renunciar a sonhos ou a menor das coisas que eles gostariam de ter ou de fazer. Certamente desconheço todo o suor ou lágrimas derramadas por vocês, que me deram tudo o que tinham para que eu chegasse até aqui. Ou seja, só o pouco que conheço já é o bastante para que eu saiba que sem vocês, não seria nada. Só tenho a retribuir e a agradecer. Obrigado por tudo.

Também dorme nesse momento aqui, junto aos daschunds Wesleys, minha companheira durante toda essa jornada, a Beatriz Coelho, a quem tenho muito a falar e agradecer em tão pouco espaço. Desde os estudos para ingresso no mestrado até a última nota de rodapé posta no papel, posso dizer que sou extremamente sortudo por ter você ao meu lado. Incontáveis noites me peguei escrevendo e dizendo que ia dormir tarde ou que não poderíamos fazer determinado passeio no dia seguinte. De fato, o amor está nos pequenos gestos e, mesmo sabendo da sua vontade de que eu desligasse o computador, você nunca deixou de ir deitar sem colocar um copo de água na mesa na qual estava. Por toda a paciência e parceria, por sempre cuidar de mim, muito obrigado.

Um dos maiores agradecimentos, sem sombra de dúvidas, deve ser dirigido ao meu orientador, Eduardo Nunes de Souza. Além de um ser humano incrível, foi o melhor orientador que eu poderia desejar, com seus valiosos conselhos e ensinamentos, sejam acadêmicos ou da vida em geral. Apesar das inúmeras atribuições, fez-se presente nos principais momentos e me acolheu como um irmão. Por isso, mais do que pela publicação desse trabalho, tenho a agradecer pela sua amizade.

Não posso deixar de agradecer aos talentosos professores com os quais tive o prazer de dividir a sala de aula e participar de riquíssimos debates. Cada um de vocês foi importante para meu amadurecimento pessoal e acadêmico. Gostaria de agradecer especialmente aos professores Anderson Schreiber, que me acolheu no início da minha trajetória profissional em seu escritório e foi meu principal incentivador a ingressar na carreira acadêmica, Aline de Miranda Valverde Terra, Carlos Nelson de Paula Konder, Carlos Edison do Rêgo Monteiro Filho, Gisela Sampaio Cruz da Guedes, Gustavo José Mendes Tepedino, Heloisa Helena Gomes Barboza e Maria Celina Bodin de Moraes, pelos ensinamentos, incentivo e debates sobre o tema que escolhi, bem como ao ilustre Marcelo Junqueira Calixto que, além do apoio de sempre, desde a especialização, fez comentários valiosos a essa obra.

Gostaria de agradecer também aqueles que tornaram essa jornada melhor do que eu poderia imaginar. A começar pela minha turma de mestrado e demais queridos amigos da linha de Direito Civil do PPGD – UERJ, que a cada aula, a cada dia, demonstraram ser composta do que há de melhor nessa vida. Se a felicidade está na jornada e não no destino, posso dizer que vocês foram o meu transporte nessa caminhada e sem vocês seria muito mais difícil. Todas as nossas reuniões, para debates ou risadas, estão marcadas para sempre. Por isso, obrigado por tudo.

Devo agradecer também aos companheiros de escritórios, não apenas pelos quais passei, que, ao longo dos últimos anos, me deram todo o apoio necessário para eu conseguir sintetizar minhas singelas ideias neste livro.

Ao Ian Vilar, Vinicius Pessanha, Murilo Henrics e Humberto Medeiros, agradeço por estarem sempre presentes, de corpo, alma e coração. Ah! E por sempre me lembrarem de beber muita água!

Enfim, a todos os que torceram por mim e buscaram tornar essa jornada melhor, eu só tenho a agradecer.

PREFÁCIO

A "FUNÇÃO POLÍTICA" E AS CHAMADAS FUNÇÕES DA RESPONSABILIDADE CIVIL

O leitor encontrará mais que uma lição inestimável de direito civil nas páginas de *Reparação e prevenção de danos: parâmetros para o ressarcimento das despesas preventivas do dano*, de Cássio Monteiro Rodrigues. Trata-se de obra com a aptidão de pautar boa parte das discussões em matéria de prevenção de danos a serem travadas na doutrina civilista dos próximos anos. Partindo do método civil-constitucional e haurindo as melhores fontes doutrinárias, o trabalho desenvolve um instigante itinerário pelos pressupostos do dano reparável no direito brasileiro e pelo atual debate em torno das chamadas "funções" da responsabilidade civil, para, ao final, traçar um caminho técnico e certeiro para a promoção da prevenção na seara reparatória, ao se debruçar sobre a relevância das despesas preventivas eventualmente feitas pelas partes sobre o *an* e o *quantum* indenizatório. A sutil elegância da proposta, traço indisfarçável do autor, não obscurece a potência das conclusões alcançadas, apresentando à civilística nacional um novo olhar sobre a injustiça do dano e um caminho profícuo em prol de sua prevenção.

Experiente advogado civilista e desvelado estudioso do direito civil, atualmente lecionando junto à prestigiosa Universidade Federal do Rio de Janeiro e concluindo seu doutoramento perante a Universidade do Estado do Rio de Janeiro, Cássio Monteiro Rodrigues coloca uma genuína preocupação teórica a serviço da solução de relevantes problemas práticos, em uma obra que servirá de auxílio precioso não apenas à academia, mas também à advocacia, à magistratura e às demais carreiras jurídicas. Imune à pretensão – tão frequente na doutrina recente da responsabilidade civil – de engendrar teses grandiloquentes, mas frequentemente ociosas ou mesmo deletérias à integridade da matéria, o autor conduz à perfeição uma tarefa muito mais complexa e relevante, ao tecer um estudo inovador, deferente aos fundamentos normativos do direito de danos brasileiro e comprometido com o desenvolvimento de instrumentos úteis para seu aprimoramento.

A obra, ora trazida ao público pela Editora Foco, origina-se da dissertação de conclusão do curso de Mestrado em Direito Civil do autor, intitulada "A certeza do dano como limite de atuação da função preventiva da responsabilidade civil", que tive a honra de orientar junto ao Programa de Pós-Graduação em Direito da Universidade do Estado do Rio de Janeiro e que foi defendida, no ano de 2019, perante banca presidida por mim e composta pelos Profs. Gisela Sampaio da Cruz Costa Guedes (UERJ) e Marcelo Junqueira Calixto (PUC-Rio), tendo sido aprovada com grau máximo e viva recomendação de sua publicação. O texto final da dissertação foi, desde então, cuidadosamente revisto e atualizado pelo autor, recebendo influxos de novas fontes e refletindo desenvolvimentos ulteriores.[1] A minúcia e o zelo do trabalho, desde a pesquisa até a composição final, restarão evidentes ao leitor em todas as páginas. Este Prefácio nada saberia acrescentar a elas.

Uma contextualização preliminar do trabalho, porém, quanto ao seu marco teórico e à sua inserção no panorama contemporâneo da responsabilidade civil brasileira talvez seja capaz de evidenciar ainda mais os méritos da obra e a sua relevância no momento atual. Como se sabe, a análise funcional dos institutos jurídicos, vertente hermenêutica particularmente impulsionada por grande parte da civilística italiana a partir dos anos 1960,[2] representa um relevante pressuposto metodológico do pensamento civil-constitucional.[3] Trata-se do estudo de qualquer figura jurídica prioritariamente a partir de sua função, isto é, do conjunto dos seus aspectos não estruturais. Se a estrutura corresponde aos elementos característicos de qualquer categoria ou instituto no plano abstrato e estático, o perfil funcional, por sua vez, congrega todas as suas facetas dinâmicas: os valores jurídicos promovidos, os efeitos jurídicos a serem produzidos, os interesses juridicamente relevantes em jogo e assim por diante.[4]

A estrutura está presente tanto na definição doutrinária quanto na disciplina normativa de certa figura; a função, por sua vez, relaciona-se aos fatores envolvidos em um juízo valorativo amplo do objeto de estudo. Justamente por isso, a análise funcional somente se completa à luz de um caso concreto específico, no qual

---

1. Cf. RODRIGUES, Cássio Monteiro. Reparação de danos e função preventiva da responsabilidade civil: parâmetros para o ressarcimento de despesas preventivas ao dano. *Civilistica.com*, a. 9, n. 1, 2020.
2. Sobre o ponto, cf. a clássica lição de BOBBIO, Norberto. *Da estrutura à função*: novos estudos de teoria do direito. Barueri: Manole, 2007. Exemplos célebres da perspectiva funcional na doutrina italiana podem ser encontrados, entre muitos outros, nos estudos de PUGLIATTI, Salvatore. *La proprietà nel nuovo diritto*. Milano: Giuffrè, 1964; e RODOTÀ, Stefano. *Le fonti di integrazione del contratto*. Milano: Giuffrè, 1969.
3. Cf. PERLINGIERI, Pietro. *O direito civil na legalidade constitucional*. Rio de Janeiro: Renovar, 2008, p. 642; TEPEDINO, Gustavo. Da estrutura à função: itinerário do direito civil constitucional. In: EHRHARDT JÚNIOR, Marcos. (Org.). *Direito civil*: futuros possíveis. Belo Horizonte: Fórum, 2022.
4. Essa definição de função foi defendida com maior detalhamento, entre outros estudos, em SOUZA, Eduardo Nunes de. De volta à causa contratual: aplicações da função negocial nas invalidades e nas vicissitudes supervenientes do contrato. *Civilistica.com*. Rio de Janeiro, a. 8, n. 2, 2019.

referidos aspectos dinâmicos podem ser efetivamente encontrados.[5] Também por esse motivo, embora a análise funcional se aplique a praticamente qualquer objeto, desde conceitos dogmáticos até disposições normativas, parece mais preciso afirmar que são as situações jurídicas subjetivas que melhor se prestam a esse estudo, já que o exercício concreto dessas situações traduz, por excelência, o objeto das preocupações do direito civil. Com efeito, são as situações jurídicas subjetivas e seu exercício que verdadeiramente se sujeitam a juízos de valor por parte da ordem jurídica, embora com frequência se diga que tais juízos recaem sobre os fatos juridicamente relevantes dos quais elas provêm.[6]

Isso não significa, frise-se, que a análise funcional não tenha relevância também no plano teórico ou normativo, isto é, em abstrato. Muito ao contrário, a perspectiva a partir da função insere o intérprete em uma via de mão dupla, que transita incessantemente entre norma e fato, entre elemento conceitual e efeito concretamente produzido. A função concretamente observada pode atrair uma nova qualificação para o objeto de estudo e, por conseguinte, um novo arcabouço normativo. A análise funcional, portanto, não nega relevância à estrutura (e nem poderia, em um sistema no qual a normatividade emana da previsão geral e abstrata da lei); simplesmente afirma a insuficiência da perspectiva meramente estrutural para a individuação da normativa aplicável a cada caso concreto.

Justamente por sua vocação para interligar os planos abstrato e concreto é que o perfil funcional não se restringe a uma ferramenta exclusiva do julgador, podendo também ser utilizado amplamente no campo teórico e doutrinário. Por exemplo, é possível cogitar, abstratamente, dos efeitos e interesses ordinariamente observados em certo tipo contratual, na medida suficiente para estabelecer sua distinção teórica em relação a outros tipos. Essa noção abstrata será sempre insuficiente para a qualificação e solução de controvérsias fáticas, nas quais será necessário a todo tempo perquirir se o contrato que recebeu determinado *nomen iuris* ostenta concretamente uma função que justifique aquela qualificação; não se nega, porém, seu enorme valor hermenêutico.[7] Da mesma forma, embora apenas concretamente seja possível perquirir se o titular do domínio desenvolve um exercício de seu direito que atenda não apenas a interesses individuais mas

---

5. Sobre o ponto, permita-se remeter a SOUZA, Eduardo Nunes de. Merecimento de tutela: a nova fronteira do direito privado no direito civil. *Revista de Direito Privado*, São Paulo: Ed. RT, v. 58. abr./jun. 2014.
6. Como leciona PERLINGIERI, "o efeito é instrumento de valoração do agir humano entendido segundo categorias" (*O direito civil na legalidade constitucional*, cit., p. 668). Permita-se, ainda, remeter a SOUZA, Eduardo Nunes de. Situações jurídicas subjetivas: aspectos controversos. *Civilistica.com*, a. 4, n. 1, 2015.
7. Cf. Konder, Carlos Nelson. Qualificação e coligação contratual. *RJLB*, a. 4, n. 1, p. 366-370. 2018.

também a interesses socialmente relevantes, nada impede que o hermeneuta contemple uma pré-compreensão abstrata do conteúdo usual da função social.

Quando se indaga, portanto, no campo teórico, acerca da função de certo instituto jurídico, não há aí qualquer impropriedade: o que se pretende saber é qual é o perfil funcional que ordinariamente caracteriza esse instituto, de tal forma que seja possível identificá-lo em eventuais *fattispecie* concretas, ainda quando sua estrutura (por exemplo, a denominação conferida pelas partes a determinado negócio) pudesse sugerir uma outra qualificação. A função sempre prevalecerá sobre a estrutura,[8] conduzindo à qualificação precisa da hipótese fática e, consequentemente, à sua correta disciplina normativa[9] e ao conjunto de valores e interesses que devem pautar o exercício das partes no caso concreto.

Particularmente quando se indaga acerca da função da responsabilidade civil, a resposta não deveria suscitar dúvidas: a reparação do dano injusto.[10] As consequências práticas desse postulado são amplamente conhecidas e demonstram bem como a função conforma a estrutura: não é indenizatória (e não deve, portanto, receber a respectiva disciplina jurídica) a pretensão de quem cobra, por exemplo, uma prestação contratual; não há dever de indenizar se quem postula a indenização não sofreu um dano certo; a parte lesada não faz jus a receber indenização em valor superior à efetiva extensão do prejuízo; o direito ao ressarcimento só é oponível a quem, com sua conduta ou atividade, deu causa direta e imediata ao dano ou às pessoas que por ele se responsabilizem, nos termos da lei ou do contrato. A compreensão abstrata que se tem da função da responsabilidade civil, portanto, permite identificar, no caso concreto, quais hipóteses devem efetivamente ser qualificadas como reparatórias, bem como explica a disciplina normativa dispensada a essas hipóteses e impede que o intérprete flexibilize seus limites em direções contrárias aos valores e finalidades que caracterizam o instituto.

Nenhum desses esclarecimentos seria necessário para a contextualização de um livro contemporâneo sobre responsabilidade civil não fosse a tendência, tão persistente quanto preocupante, de certo setor da doutrina brasileira de

---

8. A análise funcional não exclui a estrutural, ponto de partida natural (e inevitável) do raciocínio do intérprete. A função, porém, pode condicionar a estrutura, gozando, assim, não de exclusividade, mas de prioridade valorativa. A respeito, cf. PERLINGIERI, Pietro. *O direito civil na legalidade constitucional*, cit., p. 642.
9. Ilustrativamente, cf. o exemplo prático analisado pelo autor em: RODRIGUES, Cássio Monteiro. Distinções entre os prazos prescricionais e decadenciais para o exercício de pretensões por inadimplemento contratual nas relações de consumo. In: MONTEIRO FILHO, Carlos Edison do Rêgo et al. (Org.). *Responsabilidade civil nas relações de consumo*. Indaiatuba: Foco, 2022.
10. Cf. SOUZA, Eduardo Nunes de; SILVA, Rodrigo da Guia. Considerações sobre a autonomia funcional da responsabilidade civil no direito brasileiro. *Revista da AGU*, Brasília, v. 21, n. 3. jul./set. 2022.

utilizar um discurso alegadamente funcional para o propósito diametralmente oposto ao acima descrito, isto é, para qualificar hipóteses as mais diversas como se ostentassem natureza reparatória e, no processo, sustentar a irrelevância ou mesmo a obsolescência dos requisitos normativos do dever de indenizar, à revelia da função típica do instituto.

Os motivos para essa tendência não são unívocos. De um lado, parece haver certo fascínio em torno da introdução de "novidades" na teoria da responsabilidade civil, um luxo do qual a doutrina brasileira bem faria em furtar-se, sobretudo enquanto tantos problemas longevos e prementes em tema de reparação civil permanecem à espera de solução ou, pelo menos, de consensos mínimos. Nessa linha, surgem, a cada dia, novas propostas flexibilizando ou mesmo desconsiderando o requisito causal,[11] dispensando a existência de dano para o surgimento do dever de indenizar,[12] modificando o sentido da reparação integral[13] e assim por diante, muito embora ainda subsista franca insegurança entre os operadores acerca de tópicos quotidianos da maior relevância, tais como o método adequado de quantificação da compensação por danos morais, os próprios requisitos de configuração desses danos ou a teoria de causalidade (adequada ou direta e imediata) a ser aplicada no sistema jurídico pátrio – um contrassenso que já se denominou, em outra sede, o oxímoro da responsabilidade civil brasileira.[14]

De outra parte, muitas dessas propostas que subvertem a análise funcional para atribuir à responsabilidade civil funções totalmente alheias ao instituto, com grave prejuízo de seu regime normativo, partem de um bem-intencionado intuito de tutela da dignidade humana.[15] Várias delas afirmam até mesmo serem partidárias do pensamento civil-constitucional, metodologia que se tornou

---

11. Para um compêndio das diversas teorias que propõem a flexibilização do nexo causal, cf. FACCHINI NETO, Eugênio. Julgando sob o signo da incerteza: os novos ventos da responsabilidade civil sopram a favor da vítima de danos. *Revista Jurídica Luso-Brasileira*, a. 6, n. 5, 2020. Uma crítica contundente a essas teorias é formulada por RODRIGUES JÚNIOR, Otávio Luiz. Nexo causal probabilístico: elementos para a crítica de um conceito. *Revista de Direito Civil Contemporâneo*, São Paulo: Ed. RT, v. 8. jul./set. 2016.
12. Um resumo da proposta em viés crítico é oferecido por ALBUQUERQUE JÚNIOR, Roberto Paulino de. Notas sobre a teoria da responsabilidade civil sem dano. *Revista Jurídica Luso-Brasileira*, a. 4, n. 6, 2018.
13. A título meramente ilustrativo, cf. a proposta de FLUMIGNAN, Silvano José Gomes. Por uma reinterpretação do princípio da reparação integral: a teoria da *fair compensation*. *Revista de Direito Privado*, São Paulo: Ed. RT, v. 83. nov. 2017.
14. SOUZA, Eduardo Nunes de. Apresentação: o oxímoro da responsabilidade civil brasileira. In: SOUZA, Eduardo Nunes de; SILVA, Rodrigo da Silva (Coord.). *Controvérsias atuais em responsabilidade civil: estudos de direito civil-constitucional*. São Paulo: Almedina, 2018.
15. Nesse sentido, com particular destaque para a chamada "função punitiva" da responsabilidade civil, cf. LÔBO, Paulo. Em busca do pressuposto comum das classes de responsabilidade civil. *Migalhas*, 15.06.2023.

conhecida justamente por sua preocupação com a tutela prioritária da pessoa humana no direito civil brasileiro.[16]

Embora não caiba aqui descartar a validade argumentativa dessas propostas, cumpre indicar sua patente incompatibilidade com a escola civil-constitucional,[17] sendo esta a perspectiva de que parte a crítica ora formulada. Para o método civil-constitucional, a incidência direta da Constituição sobre as relações privadas e o imperativo de proteção privilegiada dos interesses extrapatrimoniais, dois dos seus mais emblemáticos pressupostos, não podem ser compreendidos como se conferissem ao intérprete carta branca para desconsiderar as escolhas do legislador ordinário sem qualquer fundamentação além da invocação genérica e descontextualizada de um princípio constitucional.[18]

Ao contrário, a abordagem civil-constitucional pressupõe um ajuste fino da normativa de cada caso concreto, que leve em conta as peculiaridades de cada hipótese fática e a totalidade dos valores do ordenamento, sem jamais desconsiderar o dado positivo. Desse modo, a incidência dos requisitos normativos para a produção de certo efeito jurídico apenas pode ser afastada mediante minuciosa fundamentação, capaz de evidenciar, seja a incompatibilidade da norma em abstrato com a Constituição, seja a produção de um resultado concretamente incompatível com a axiologia do ordenamento em determinado caso concreto.[19]

Trata-se, portanto, de abordagem decididamente positivista – dita pós-positivista pela prioridade que confere aos princípios constitucionais, como vetores valorativos que são, sobre as demais normas, a requalificar a noção de legalidade como legalidade constitucional.[20] Em um ordenamento tão plural e multifacetado como o brasileiro, caracterizado por uma ordem constitucional deliberadamente conciliatória, não pode haver espaço, portanto, na perspectiva civil-constitucional, para que qualquer pessoa que alegue fazer jus à reparação civil sempre tenha

---

16. Sobre a tutela da pessoa humana como traço distintivo da metodologia civil-constitucional, cf. BODIN DE MORAES, Maria Celina. O jovem direito civil-constitucional. *Civilistica.com*, a. 1, n. 1, jul./set. 2012.
17. Para um desenvolvimento dessa crítica, cf. SOUZA, Eduardo Nunes de. Em defesa do nexo causal: culpa, imputação e causalidade na responsabilidade civil. In: SOUZA, Eduardo Nunes de; SILVA, Rodrigo da Silva (Coord.). *Controvérsias atuais em responsabilidade civil*: estudos de direito civil-constitucional. São Paulo: Almedina, 2018, p. 41.
18. A questão é desenvolvida com especial detalhamento por KONDER, Carlos Nelson. Distinções hermenêuticas da constitucionalização do direito civil: o intérprete na doutrina de Pietro Perlingieri. *Revista da Faculdade de Direito da UFPR*, Curitiba: UFPR, v. 60, n. 1. jan./abr. 2015, passim.
19. A respeito, cf., com maior desenvolvimento, SOUZA, Eduardo Nunes de. Índices da aderência do intérprete à metodologia do direito civil-constitucional. *Revista da Faculdade de Direito da UERJ*, n. 41, 2022, p. 13 e ss. Particularmente sobre a noção de inconstitucionalidade no caso concreto, cf. SILVA, Rodrigo da Guia. Um olhar civil-constitucional sobre a 'inconstitucionalidade no caso concreto'. *Revista de Direito Privado*, São Paulo: Ed. RT, v. 73. jan. 2017, passim.
20. BODIN DE MORAES, Maria Celina. O jovem direito civil-constitucional, cit., p. 2.

razão. Ao revés, a injustiça do dano,[21] com o consequente surgimento do direito à reparação, há de decorrer de um cuidadoso juízo de merecimento de tutela[22] entre o interesse alegadamente lesado da vítima e os outros interesses em jogo, com respeito, ainda, aos demais pressupostos normativamente previstos para a imputação de eventual dever de indenizar a determinado agente.

A invocação vazia de princípios e a criação livre do direito pelo julgador em detrimento da escolha legislativa e sem embasamento claro no próprio sistema têm sido indevidamente atribuídas ao pensamento civil-constitucional nas mais diversas matérias.[23] A responsabilidade civil, porém, parece ser especialmente vulnerável a essa tendência, com repercussões ainda mais preocupantes. Afinal, o surgimento do dever de indenizar consiste na reação mais simples e imediata concebida pelo ordenamento jurídico para a tutela de incontáveis interesses que apenas recentemente se tornaram juridicamente relevantes, isto é, a cujo merecimento de tutela apenas recentemente atentou a comunidade jurídica.[24] Quanto mais complexa se torna a realidade social e técnica, mais frequente é o surgimento desses "novos" interesses para o jurista, inicialmente tutelados por meio da reparação civil.[25] Muito posterior será a criação de remédios mais complexos, que ofereçam ao titular do interesse uma tutela que se possa dizer verdadeiramente específica.[26] Justamente por representar uma espécie de guarda avançada de toda sorte de interesses juridicamente relevantes, a reparação civil ostenta um potencial expansionista, configurando-se de forma maleável o bastante para aplicar-se às mais diversas matérias.

No sistema brasileiro, em particular, tal maleabilidade foi viabilizada amplamente pelo legislador, que cogitou de duas grandes cláusulas gerais do dever de

---

21. A expressão "dano injusto", hoje amplamente admitida no Brasil, origina-se do direito italiano e deve sua difusão particularmente ao estudo seminal de GOMES, Orlando. Tendências modernas na teoria da responsabilidade civil. In: DI FRANCESCO, José Roberto Pacheco (Org.). *Estudos em homenagem ao professor Silvio Rodrigues*. São Paulo: Saraiva, 1989.
22. A noção de que a identificação do dano injusto traduz um juízo de merecimento de tutela foi desenvolvida mais detidamente em SOUZA, Eduardo Nunes de. Merecimento de tutela, cit., item 5.
23. Alguns exemplos são objeto de análise crítica em SOUZA, Eduardo Nunes de. Critérios distintivos do intérprete civil-constitucional, cit., passim.
24. Leciona Stefano RODOTÀ: "a responsabilidade civil tem sido, em toda a fase recente, o instrumento que permitiu fornecer uma primeira faixa de proteção jurídica a novos bens ou interesses" (Modelli e funzioni della responsabilità civile. *Rivista Critica di Diritto Privato*, Napoli: Jovene, v. 3. 1984, p. 605. Trad. livre).
25. A recusa de tutela de certo interesse pela via reparatória, porém, não necessariamente implica irrelevância jurídica, como sustentei, com amparo em Rodotà, em SOUZA, Eduardo Nunes de. O "equivalente" no direito das obrigações: uma proposta hermenêutica. Civilistica.com, a. 12, n. 1, p. 34. 2023.
26. Um exemplo desse processo foi estudado pelo autor em RODRIGUES, Cássio Monteiro; ANDRÉ, Diego Brainer. Memes imagéticos e 'pessoas públicas': um exame funcional e de merecimento de tutela. In: BODIN DE MORAES, Maria Celina Bodin; MULHOLLAND, Caitlin (Org.). *Privacidade hoje*: Anais do I Seminário de Direito Civil da PUC-Rio. Rio de Janeiro: Independent Publisher, 2018.

indenizar, uma de responsabilidade subjetiva e outra de responsabilidade objetiva (art. 927, *caput* e parágrafo único do Código Civil), além de inúmeras previsões normativas específicas. Mais do que isso: cada um dos elementos integrantes dessas cláusulas gerais apresenta, por si só, um conceito manifestamente aberto (o dano, o nexo causal, a culpa, o risco), acentuando sua flexibilidade.[27]

Em outros termos, o legislador delegou ao intérprete, em matéria indenizatória, um espaço notadamente amplo de atuação, impondo-lhe o poder-dever de completar o conteúdo dessas normas à luz do caso concreto e de forma sistematicamente coerente.[28] Essa amplitude parece ter convencido parte da doutrina de que tudo seria possível em sede de reparação civil, de que nenhum limite existiria à criatividade do intérprete, de que a responsabilidade civil poderia prestar-se a todos os fins que o estudioso pretenda lhe atribuir. Em verdade, muito ao revés, não apenas a abertura das normas citadas diz respeito muito mais aos limites de reparabilidade de certos danos e da imputação do dever de indenizar a certos agentes do que propriamente à função do instituto, como, mais ainda, essa textura aberta apenas confere uma responsabilidade agravada ao hermeneuta, que tem em mãos a difícil tarefa de aplicar referidas cláusulas gerais em conformidade com a lógica e com os valores do sistema, tendo por baliza última a legalidade constitucional.[29]

Alheia a essa responsabilidade (ou descompromissada com ela), parte da doutrina (não apenas no Brasil, mas também em outros países de *civil law*)[30] começou a propor, nos últimos anos, um sem-número de novas ou velhas "funções" para a responsabilidade civil, ora subsidiárias à função reparatória, ora equivalentes ou mesmo alternativas a ela. Eis que surgem, assim, a "função punitiva" (talvez a mais longeva na doutrina pátria e densamente motivada por

---

27. Contribuiu para essa flexibilidade a ampla difusão, no direito brasileiro, do conceito de injustiça do dano, oriundo do direito italiano (em que é utilizado expressamente pelo codificador) e que acabou por traduzir a inelutável constatação da textura aberta do conceito normativo de dano. Para Rodolfo SACCO, ao aludir ao dano injusto, o legislador italiano não mais se restringe à lesão de um direito; mas, "renunciando a esclarecer melhor esta ideia, vaga e quase filosófica, da 'injustiça', acaba por conceder ao juiz um verdadeiro poder discricionário" (*Introdução ao direito comparado*. Trad. Véra Jacob de Fradera. São Paulo: Ed. RT, 2001, p. 133).
28. Segundo Stefano RODOTÀ, ao mesmo tempo em que representa uma abertura de conteúdo da norma, a cláusula geral delimita o espaço de atuação do intérprete e "confirma, assim, o caráter residual da equidade no nosso ordenamento", de modo a excluir "intervenções puramente discricionárias do juiz" (Il tempo delle clausole generali. *Rivista Critica di Diritto Privato*. Napoli: Jovene, 1987, p. 733. Trad. livre).
29. Cf. PERLINGIERI, Pietro. *O direito civil na legalidade constitucional*, cit., p. 239-240.
30. Na Itália, por exemplo, justamente o ordenamento de origem do conceito de dano injusto, cogita-se de diversas funções para a responsabilidade civil, inclusive a função preventiva. Cf., ilustrativamente, ALPA, Guido. *Manuale di diritto privato*. Padova: CEDAM, 2017, p. 640 e ss.

juízos de moralidade),[31] a "função pedagógica" (a rigor, uma variação da anterior, embora por vezes tratada de forma autônoma),[32] a "função preventiva" (em geral, disposta a abrir mão por completo do requisito do dano e a flexibilizar ou suprimir o requisito causal em nome da prevenção de danos),[33] sua correlata "função precaucional" (voltada a riscos desconhecidos e igualmente tendente a desconsiderar os requisitos normativos)[34] e até mesmo a chamada "função distributiva" (uma aparente confusão entre os termos "justiça distributiva" e "distribuição de riscos").[35]

Alguns autores chegam a almejar um cenário em que a responsabilidade civil atenda ainda a uma "função restitutória" de ganhos ilícitos, isto é, assuma para si um papel de restituição do que geralmente se reconheceria como enriquecimento sem causa;[36] outros sugerem que o instituto poderia adquirir uma "função reivindicatória", isto é, de reclamação de direitos sem conteúdo patrimonial imediato e sem que de sua violação seja possível caracterizar dano em sentido técnico.[37] A expressão "responsabilidade", que por tanto tempo tem caracterizado a matéria nos países da família romano-germânica, tem se tornado um fardo cada vez mais pesado à coerência do instituto,[38] em tempos nos quais a análise se esgota muitas vezes no valor *prima facie* das palavras: dada a polissemia do termo na linguagem

---

31. Célebre defesa da chamada função punitiva da responsabilidade civil extrai-se da eminente lição de PEREIRA, Caio Mário da Silva. *Responsabilidade civil*. Rio de Janeiro: GEN, 2016, p. 14, que a vincula ao "sentimento social e humano". Para uma crítica à tese da função punitiva, com minuciosa análise de todos os óbices teóricos e práticos para sua adoção, cf. BODIN DE MORAES, Maria Celina. *Danos à pessoa humana*: uma leitura civil-constitucional dos danos morais. Rio de Janeiro: Processo, 2017, Capítulo 4.
32. A associação entre o caráter punitivo e pedagógico é reconhecida, entre muitos outros, por PEREIRA, Caio Mário da Silva. *Responsabilidade civil*, cit., p. 14.
33. Para uma crítica à chamada função preventiva, que, segundo boa parte de suas formulações, propõe um modelo de responsabilidade civil sem dano, cf. CARRÁ, Bruno Leonardo Câmara. *Responsabilidade civil sem dano*: uma análise crítica. São Paulo: Atlas, 2015, passim.
34. Sobre as chamadas funções preventiva e precaucional, cf., entre outros, FARIAS, Cristiano Chaves de; BRAGA NETTO, Felipe Peixoto; ROSENVALD, Nelson. *Tratado de responsabilidade civil*. São Paulo: Saraiva, 2018, p. 77 e ss.
35. Para uma crítica necessária à noção de "função distributiva" da responsabilidade civil, cf. RODRIGUES JÚNIOR, Otávio Luiz. Nexo causal probabilístico, cit., *passim* e, em particular, p. 117 e 126.
36. Cf. ROSENVALD, Nelson. *A responsabilidade civil pelo ilícito lucrativo*: o *disgorgement* e a indenização restitutória. Salvador: JusPodivm, 2019, passim. A aproximação entre restituição do enriquecimento sem causa e indenização é tradicionalmente refutada em doutrina, que costuma reconhecer nas duas noções fontes de obrigações absolutamente distintas. A respeito, dentre muitos outros, cf. NORONHA, Fernando. *Direito das obrigações*. São Paulo: Saraiva, 2013, p. 440; SILVA, Rodrigo da Guia. *Enriquecimento sem causa*: as obrigações restitutórias no direito civil. 2. ed. São Paulo: Thomson Reuters, 2022, p. 101 e ss.
37. Sobre o ponto, cf. ROSENVALD, Nelson. *Nominal damages*: indenização sem dano por violação de direitos fundamentais. *Migalhas*, 5.4.2021. Trata-se, em princípio, de responsabilidade independente de dano, à semelhança de algumas formulações da função dita preventiva e sujeita a críticas semelhantes.
38. O problema não é propriamente recente, sendo uma das possíveis raízes para a confusão conceitual quanto ao conteúdo das perdas e danos pelo inadimplemento e à própria natureza da responsabilidade

coloquial, para praticamente todas as hipóteses em que alguém se possa dizer "responsável" por um dever jurídico há quem afirme, ao que parece, que o caso seria de responsabilidade civil.[39]

Uma noção de responsabilidade civil capaz de abranger a construção de um amplíssimo "viver responsável" em sociedade,[40] sem dúvida, é cativante. Não deveria ser esse, porém, o objetivo global do inteiro ordenamento jurídico? Inevitável indagar, nesse passo: qual seria a identidade de um instituto ao qual se atribuíssem tantas funções distintas? A depender dessa tendência, o perfil funcional perderia por completo sua vocação para a qualificação de hipóteses fáticas e para a individuação de sua normativa.

É bem verdade que a doutrina civil-constitucional tem repetido há décadas a máxima segundo a qual uma mesma estrutura pode desempenhar variadas funções.[41] É preciso, porém, contextualizar a afirmativa para compreender seu real conteúdo: ela significa tão somente que a qualificação da *fattispecie* deve ocorrer prioritariamente a partir da função, conferindo-se à estrutura um papel meramente auxiliar, na medida em que duas hipóteses estruturalmente idênticas ou muito semelhantes podem, na prática, atender a funções distintas e, por isso, merecer qualificações distintas. A afirmação é aplicada sobretudo em tema de contratos, com vistas a ressaltar a relevância crucial da causa (função negocial, síntese de efeitos e interesses) para sua qualificação.[42]

Em nenhum momento se pode extrair dessas considerações que a responsabilidade civil ou qualquer outro instituto seria capaz de assumir funções as mais diversificadas sem prejuízo da unidade lógica e valorativa que permite sua própria identificação.[43] Ao contrário, o que a referida máxima indica é que, por

---

contratual, como critiquei em SOUZA, Eduardo Nunes de. O "equivalente" no direito das obrigações, cit., item 5.

39. Segundo Paulo LÔBO, por exemplo, como "houve verdadeira implosão dos pressupostos e requisitos tradicionais da responsabilidade civil em geral", o único pressuposto comum a todas as hipóteses de responsabilidade civil seria "a imputação legal da responsabilidade a alguém de obrigação pecuniária ou não, em face de determinado fato jurídico lícito ou ilícito" (Em busca do pressuposto comum das classes de responsabilidade civil, cit.).
40. Alguns autores afirmam que o fundamento moral da responsabilidade civil hodierna teria se tornado a "circunspecção": "a responsabilidade mantém a sua vocação retrospectiva – em razão da qual somos responsáveis pelo que fizemos –, acrescida de uma orientação prospectiva, imputando-nos a escolha moral pela virtude, sob pena de nos responsabilizarmos para o futuro" (FARIAS, Cristiano Chaves de; BRAGA NETTO, Felipe Peixoto; ROSENVALD, Nelson. *Novo tratado de responsabilidade civil*, cit., p. 39).
41. Segundo PERLINGIERI: "Estruturas idênticas se distinguem pela diversidade de função; funções idênticas se realizam mediante estruturas diversas" (*O direito civil na legalidade constitucional*, cit., p. 118).
42. Sobre o ponto, cf. KONDER, Carlos Nelson. Qualificação e coligação contratual, cit., p. 364.
43. A crítica foi formulada previamente em SOUZA, Eduardo Nunes de. O "equivalente" no direito das obrigações, cit., p. 39.

exemplo, na hipótese de intervenção indevida de alguém sobre bem alheio, pode acontecer que o titular do bem exija do interventor duas prestações pecuniárias estruturalmente semelhantes, mas que uma se preste à restituição do proveito indevido (lucro da intervenção) e a outra à reparação de um dano eventualmente causado à coisa.[44] Receberão, consequentemente, qualificações distintas correspondentes às distintas funções, e seguirão os respectivos regimes jurídicos.

A multiplicidade de funções que hoje se pretende atribuir à responsabilidade civil traduz, assim, uma subversão da própria função do intérprete, que avoca para si um papel político muito mais discricionário do que aquele que o legislador a ele conferiu quando lançou mão da técnica de cláusulas gerais na matéria. Essa exasperada "função política" da responsabilidade civil salta aos olhos quando se constata que os limites legais do dever de indenizar (inclusive a própria existência de dano) têm sido cada vez mais ultrapassados pelo intérprete sem qualquer fundamentação calcada na axiologia e na lógica do sistema, de forma francamente alheia ao dado normativo.

Nessa toada, todos os dias se propõem critérios "alternativos" de imputação do dever de indenizar, parâmetros inauditos de quantificação da reparação civil, novas situações geradoras do direito à indenização, tudo em nome de funções que não foram atribuídas por nenhuma norma ao sistema geral da responsabilidade civil. Este, dada a sua maleabilidade intrínseca, é a vítima preferencial dessa tendência, com repercussões preocupantes em todo o ordenamento. Parece hoje inegável, por exemplo, que o descontrole na quantificação da compensação por danos morais no Brasil se deve, ao menos em parte, à difusão da tese de que a reparação deveria ter um caráter pedagógico, punitivo e preventivo, até mesmo quando nenhuma lesão efetiva a interesse juridicamente relevante chegou a ocorrer.[45]

Ora, se comparada às searas administrativa e penal – enraizadas profundamente na noção de legalidade, dada a interpretação estrita que se deve conferir às penas jurídicas –, a responsabilidade civil aparenta ser um meio muito mais flexível para a consecução de uma finalidade punitiva. Frise-se, porém, à exaustão: essa flexibilidade decorre justamente da pressuposição, pelo legislador, de que a reparação civil não se prestará ao propósito de punir, *ultima ratio* do sistema, mas tão somente a recompor o patrimônio ou compensar a lesão a interesse extrapatrimonial da vítima.[46] Esperar que um mesmo instituto seja capaz de atender a funções tão distintas não implica apenas descaracterizar sua identidade, ao ponto

---

44. No mesmo sentido, cf. SILVA, Rodrigo da Guia. *Enriquecimento sem causa*, cit., p. 102 e ss.
45. A esse propósito, cf. BODIN DE MORAES, Maria Celina. Dano moral: conceito, função, valoração. *Revista Forense*, v. 413, 2011, passim.
46. Nesse sentido, cf. CARRÁ, Bruno Leonardo Câmara. *Responsabilidade civil sem dano*, cit., p. 274.

de não mais se justificar sua individuação teórica; muito mais do que isso, condena-se a reparação civil a se tornar um instrumento ineficaz e uma fonte potencial de assistematicidades – como o artesão que pretendesse cortar e cerzir utilizando apenas uma mesma tesoura, e depois se surpreendesse com a série de acidentes e resultados indesejados decorrentes do uso "multifuncional" do instrumento.

Evidentemente, as divergências em torno da multiplicidade de funções da responsabilidade civil refletem uma crise muito maior, atinente ao papel do intérprete e seus limites no direito brasileiro.[47] Não por acaso, tanto os defensores de uma ampliação das "funções" da responsabilidade civil quanto aqueles que propugnam pela hipertrofia da fonte jurisdicional em detrimento da fonte legislativa no Brasil parecem sofrer a influência, entre outros fatores, da lógica e de conceitos da *common law*.[48] Tampouco parece coincidência que essas tendências sejam por vezes acompanhadas de um discurso em torno da necessidade de "modernização" do direito brasileiro diante de sua incapacidade para lidar com as vertiginosas mudanças da realidade social e tecnológica.

A resistência de parte da doutrina a essas "novas" tendências é vista, assim, por seus defensores como autêntica falta de visão (ou mesmo de coragem) para enfrentar os atuais desafios e aceitar mudanças no sistema, apego injustificável ao que seriam empoeiradas tradições. Não deixa de ser irônico que parte da proposta desses autores consista em um inusitado retorno à falta de especialização entre direito civil e penal característica das sociedades antigas. De todo modo, embora a crise imposta pelos tempos atuais seja há muito indicada pela doutrina civil-constitucional como um dos fundamentos centrais para uma mudança metodológica fulcrada na análise funcional e valorativa do ordenamento,[49] semelhante ordem de argumentação jamais poderia ser admitida por essa escola hermenêutica. Ao contrário, o direito civil-constitucional tem como pressuposto o reconhecimento

---

47. Para uma perspectiva civil-constitucional do tema, cf. TEPEDINO, Gustavo. Ativismo judicial e construção do direito civil: entre dogmática e práxis. *Revista Novos Estudos Jurídicos*, v. 24, n. 1, jan./abr. 2019.
48. Por exemplo, a alegada função punitiva da reparação civil, como se sabe, foi fortemente impulsionada pela reprodução na jurisprudência brasileira, quase sempre desvinculada de seu sentido original, da expressão *punitive damages* (cf., a respeito, a análise crítica de BODIN DE MORAES, Maria Celina. Dano moral, cit., itens 2 e 3). Autores que defendem uma suposta função restitutória fazem referência à noção de *gain-based damages* (cf., em particular, ROSENVALD, Nelson. *A responsabilidade civil pelo ilícito lucrativo*, cit., p. 63 e ss. e p. 211-212). Entre os defensores da chamada função preventiva é onipresente a noção de *deterrence* (cf., por todos, LOPEZ, Teresa Ancona. *Princípio da precaução e evolução da responsabilidade civil*. São Paulo: Quartier Latin, 2010, p. 84). Já a ideia de uma função reivindicatória da responsabilidade civil relaciona-se com o conceito de *nominal damages* (cf. ROSENVALD, Nelson. *Nominal damages*, cit.).
49. Cf., entre outros, TEPEDINO, Gustavo. Liberdades, tecnologia e teoria da interpretação. *Revista da Academia Paranaense de Letras Jurídicas*, v. 3, 2014, passim.

da historicidade e da relatividade dos institutos, frutos de sua inserção em uma tradição social e cultural indissociável do processo hermenêutico.[50]

Em perspectiva civil-constitucional, portanto, os novos desafios devem ser enfrentados a partir da criação de instrumentos genuinamente compatíveis com o sistema brasileiro em seu contexto histórico, político, sociocultural e dogmático. A importação de soluções estrangeiras, embora não deva ser descartada *a priori*, apenas poderia ocorrer a partir de uma minuciosa análise de sua compatibilidade com o ordenamento brasileiro, acompanhada da implementação de eventuais adaptações que se façam necessárias. Para esse fim, é provável que as fontes romano-germânicas se revelem mais promissoras.

Que fique claro: considera-se imprescindível e mesmo inevitável a eventual criação de instrumentos jurídicos mais específicos para lidar com os desafios atuais, sobretudo no que tange ao imperativo de prevenção de riscos. O que se põe em dúvida é até que ponto a estrutura tradicional da responsabilidade civil pode ser esgarçada na tentativa de suprir uma demanda desse porte. A necessidade de novos instrumentos parece demandar a construção de mecanismos de contenção e responsabilização dos agentes de mercado no direito público – mecanismos, portanto, naturalmente menos flexíveis do que os de direito privado e dependentes da formação de maiorias parlamentares sobre as quais a doutrina e a jurisprudência têm pouca ou nenhuma ingerência. Ao contrário do que se supõe, porém, também seria indispensável a intervenção legislativa para a adoção de supostas funções não reparatórias da responsabilidade civil, cabendo apenas à lei, em regra, a escolha por dispensar determinados requisitos do dever de indenizar, criar novos requisitos, determinar a extensão da indenização e assim por diante.[51]

Ainda, porém, que o legislador viesse a positivar uma ou algumas das inusitadas funções alternativas hoje buscadas pela doutrina, tornando a reparação "multifuncional" uma realidade a ser administrada (com a possível dúvida sobre a sua sistematicidade e até mesmo sobre a sua constitucionalidade) e não apenas uma opção equivocada do intérprete, os defensores do modelo findariam provavelmente surpresos com a ineficiência e os previsíveis impactos nocivos dessa escolha. A perspectiva da reparação civil (ou de qualquer outra figura) como uma espécie de panaceia apta a oferecer uma resposta adequada a todos os desafios impostos pela realidade social e tecnológica e capaz de proporcionar uma suposta

---

50. Sobre o tema, cf. KONDER, Carlos Nelson. Apontamentos iniciais sobre a contingencialidade dos institutos de direito civil. In: MONTEIRO FILHO, Carlos Edison do Rêgo; GUEDES, Gisela Sampaio da Cruz Costa; MEIRELES, Rose Melo Vencelau (Org.). *Direito civil*. Rio de Janeiro: Freitas Bastos, 2015. v. II.
51. Sobre o ponto, permita-se remeter a SOUZA, Eduardo Nunes de. Em defesa do nexo causal, cit., p. 92 ss.

"modernização" do sistema estaria, ao que tudo indica, fadada ao fracasso e ao próprio empobrecimento do direito civil brasileiro.

De fato, a indenização, como se afirmou anteriormente, representa um remédio poderoso para a tutela de inúmeros interesses juridicamente relevantes; trata-se, porém, de uma tutela primária, genérica por natureza, que pressupõe a criação de ulteriores remédios específicos aptos a sofisticar o sistema normativo e, assim, a conferir maior efetividade aos seus valores norteadores. Por conseguinte, para que soluções eficazes para problemas mais específicos pudessem ser inseridas no âmbito da responsabilidade civil, seria necessário prever requisitos e efeitos tão particulares para cada uma delas que não restaria nenhuma utilidade em designá-las como modalidades de reparação civil, nem do ponto de vista estrutural, nem do ponto de vista funcional.

Impõe-se, portanto, resistir à atração exercida por (aparentes) novidades, não por miopia, medo ou apego à tradição, mas pela consciência da falibilidade da própria responsabilidade civil e de qualquer outro instituto. Conhecer os limites e as possibilidades da reparação civil, vale dizer, os problemas que essa técnica é ou não capaz de solucionar, representa o primeiro passo para uma aplicação prudente e sistematicamente adequada da matéria, que mais auxilie o intérprete do que dissemine confusão conceitual ou inspire insegurança jurídica.

A advertência, ao que parece, não se restringe ao direito de danos. Vive-se hoje uma época de crescentes expectativas (talvez excessivas) em torno do Direito como ferramenta de transformação social, na qual se espera cada vez mais que a norma jurídica, distando de sua função prescritivo-repressiva, opere certas reformas profundas na realidade[52] que apenas políticas públicas, mudanças culturais e até mesmo avanços tecnológicos seriam verdadeiramente capazes

---

52. Têm sido frequentes, nesse sentido, tentativas de revestir de exigibilidade jurídica matérias que, por natureza, dependeriam da livre vontade das partes (pense-se no crescente debate em torno do chamado dever de renegociar, objeto de crítica em SOUZA, Eduardo Nunes de. De volta à causa contratual, cit., p. 49-50). Da mesma forma, pode-se observar uma tendência à positivação de propostas que, embora de grande relevância social, acabam sendo convertidas em normas desprovidas de sanção e, aparentemente, de maior utilidade prática (pense-se no exemplo do recente instituto da tomada de decisão apoiada, analisado mais detidamente em SOUZA, Eduardo Nunes de. Estatuto da Pessoa com Deficiência e aspectos da proteção ao deficiente intelectual ou psíquico no direito contratual. In: TEIXEIRA, Ana Carolina Brochado; RODRIGUES, Renata de Lima (Coord.). *Contratos, família e sucessões:* diálogos interdisciplinares. Indaiatuba: Foco, 2019, p. 375 e ss.). Vale ainda lembrar que a entrada em vigor da LGPD (Lei 13.709/2018), embora tenha representado um passo fundamental em prol da proteção da privacidade no país, não logrou prevenir vazamentos massivos de dados pessoais poucos meses após o início das atividades da Autoridade Nacional de Proteção de Dados (sobre o caso, cf. o comentário de BERGSTEIN, Laís. Vazamento de dados pessoais: mais do que vigiar e punir. *Conjur,* 17.02.2021), evidenciando como a ampla informação à população e aos controladores e o desenvolvimento de ferramentas tecnológicas adequadas podem ser medidas tão necessárias para tal fim quanto a produção normativa.

de promover. É preciso reconhecer no Direito como um todo e nos institutos jurídicos em particular os limites intrínsecos de sua vocação, para que, assim, possa o intérprete abrir-se ao universo infindo de aprimoramentos e inovações na dogmática e na práxis que, embora talvez menos sedutores do que certas teses apoteóticas, como a das "funções" da responsabilidade civil, poderiam efetivamente produzir impactos positivos e significativos na realidade social.

Esta é, possivelmente, uma das maiores entre as muitas virtudes desta obra de Cássio Monteiro Rodrigues, que o público agora tem a oportunidade de conhecer. Trata-se de estudo que parte dos fundamentos normativos e dogmáticos da responsabilidade civil brasileira, situada em sua relatividade histórica e social, não os descartando como empecilhos, mas sim valorizando-os como o mais favorável dos terrenos para o desenvolvimento de uma nova hermenêutica, capaz de aprimorar de forma decisiva e sistematicamente adequada a reparação de danos no país.

Com isso, a obra logra oferecer à doutrina uma contribuição muito mais significativa (e possivelmente longeva) do que boa parte da produção dogmática dos últimos anos na matéria. Em sua investigação, iniciada já no primeiro semestre do curso de Mestrado em Direito Civil da Universidade do Estado do Rio de Janeiro,[53] o autor parte do dano como pressuposto inafastável da responsabilidade civil para indagar se e em que medida a noção de prevenção pode influenciar no dever de indenizar, sem sacrifício desse requisito e da disciplina normativa da reparação civil. A premissa, tal como formulada, resulta em aplicação exemplar do método civil-constitucional, pois percebe na prevenção não uma função intrínseca da responsabilidade civil, tendente a reconfigurar (ou mesmo desfigurar) o instituto, mas sim uma possível decorrência benéfica da reparação civil em sua função promocional.

Como se extrai da clássica lição de Norberto Bobbio, o ordenamento jurídico pode assumir não apenas sua tradicional função *repressiva* (que prescreve ou veda condutas), mas também uma função *promocional* (que estimula determinados comportamentos).[54] Se a função reparatória e as supostas outras "funções" atribuídas à responsabilidade civil competem para a qualificação do próprio instituto e sua singularização em relação a outras figuras, as funções repressiva e promocional são inerentes ao Direito como um todo, isto é, a todos os institutos jurídicos indistintamente – inclusive à responsabilidade civil, que,

---

53. Os estudos iniciais do autor podem ser encontrados em: RODRIGUES, Cássio Monteiro. A função preventiva da responsabilidade civil sob a perspectiva do dano: é possível falar em responsabilidade civil sem dano? In: SOUZA, Eduardo Nunes de; SILVA, Rodrigo da Silva (Coord.). *Controvérsias atuais em responsabilidade civil*: estudos de direito civil-constitucional. São Paulo: Almedina, 2018.
54. BOBBIO, Norberto. *Da estrutura à função*, cit., p. 13 e ss.

como qualquer outra figura jurídica, não precisa apenas exigir ou proibir condutas dos particulares, mas pode também incentivar determinados comportamentos promotores de valores juridicamente relevantes,[55] tais como a prevenção, dentro dos limites estruturais atraídos por sua função reparatória.

A obra aponta a prevenção de danos como um desses possíveis valores, cuja promoção se defende por um viés tão sutil quanto auspicioso: a indenizabilidade de despesas preventivas realizadas pela vítima e a possível influência que tais despesas podem surtir sobre o *quantum* indenizatório quando realizadas pelo causador do dano.

A abordagem é promissora, na medida em que detecta na prevenção, não um dever exigível das partes pela via estrita da responsabilidade civil (o que apenas poderia ocorrer por expressa deliberação legislativa e, preferencialmente, mediante instrumentos mais específicos que o dever de indenizar), mas sim um valor que se busca promover e tutelar no momento da identificação e quantificação do dano injusto. Como afirmado anteriormente, a injustiça do dano (e sua consequente indenizabilidade), em perspectiva valorativa e funcional, não deixa de traduzir um juízo de merecimento de tutela sobre os interesses em jogo na *fattispecie* danosa.

Assim, a inserção da prevenção nessa equação, privilegiando a tutela da parte que adota medidas preventivas, oferece ao intérprete um instrumento poderoso de efetivação dos valores do sistema, sem prejuízo às opções do legislador pátrio, na medida em que a definição dos contornos específicos do dano injusto foi legitimamente delegada por ele ao intérprete, à luz de cada caso concreto. Cuida-se, ademais, de solução já reconhecida em outros países da família romano-germânica, conforme abrangente pesquisa empreendida pelo autor e registrada nesta obra, com a devida análise de sua compatibilidade com o sistema brasileiro.

O leitor ainda encontrará neste estudo um minucioso desenvolvimento dos limites e dos requisitos para uma relevância indenizatória das despesas preventivas, tendo o autor se dedicado a esmiuçar os critérios capazes de auxiliar o intérprete na determinação do *an* e do *quantum debeatur* nessas hipóteses (tais como a existência de um perigo ou risco de dano iminente, concreto e específico; a razoabilidade das medidas preventivas adotadas em face do dano iminente; a eventual necessidade de se adotar a medida preventiva; a independência ou não vinculação ao resultado exitoso das medidas preventivas adotadas; além do estrito respeito aos requisitos normativamente previstos para a deflagração do dever de

---

55. Sobre o tema, cf. REIS JÚNIOR, Antonio dos. Por uma função promocional da responsabilidade civil. In: SOUZA, Eduardo Nunes de; SILVA, Rodrigo da Silva (Coord.). *Controvérsias atuais em responsabilidade civil: estudos de direito civil-constitucional*. São Paulo: Almedina, 2018, p. 593 e ss.

indenizar aplicáveis a cada caso concreto). A certeza do dano como pressuposto para a reparação civil pauta a tônica da argumentação e oferece à obra um fio condutor seguro em direção às conclusões alcançadas.

Acompanhar o desenvolvimento deste estudo concedeu-me não apenas o privilégio e a alegria da convivência com o autor, mas também a oportunidade de reconhecer na obra os reflexos de algumas das suas qualidades pessoais: o estilo claro e objetivo, que acolhe o leitor; a seriedade da pesquisa empreendida; a generosidade no compartilhamento de fontes e resultados de pesquisa; o equilíbrio da preocupação com a práxis, a partir de parâmetros concretos ciosamente construídos. Mesmo aqueles que não tiveram tamanha fortuna, porém, possivelmente constatarão, ao final da leitura, que é em propostas sutis e assertivas como a deste livro que se revelam a força transformadora da doutrina jurídica e o real compromisso com a promoção dos valores do sistema na forma de impactos sociais positivos. Eis uma das mais raras virtudes do trabalho acadêmico.

Eduardo Nunes de Souza

Doutor e mestre em Direito Civil pela UERJ. Professor Associado de Direito Civil da Faculdade de Direito da UERJ.

APRESENTAÇÃO

Afinal, para que serve ou deve servir a responsabilidade civil? O livro que o leitor tem agora em mãos se propõe a responder em definitivo a esta indagação, que tem desafiado os juristas nas últimas décadas. Fruto de dissertação de mestrado defendida com galhardia no âmbito do Programa de Pós-Graduação da Universidade do Estado do Rio de Janeiro, a presente obra espelha os predicados de seu autor. Cássio Monteiro Rodrigues é um civilista dedicado e um advogado aguerrido, que combina o talento para a pesquisa científica com a visão prática de sua atividade profissional.

Partindo da análise da noção de dano, o autor apresenta sua visão sobre os princípios da prevenção e da precaução, inserindo-os no contexto mais amplo do debate contemporâneo sobre as funções que devem ser desempenhadas pela responsabilidade civil.

De forma didática, Cássio discorre sobre a função reparatória, dissecando o chamado princípio da reparação integral a partir do exame de institutos ainda pouco presentes no cotidiano do foro, tais como o dever de mitigar os próprios danos, a *compensatio lucri cum damno* e a redução da indenização por excessiva desproporção entre a culpa e o dano (Código Civil, art. 944, p.u.).

A chamada função punitiva da responsabilidade civil também é abordada pelo autor, a partir de uma perspectiva crítica, que evidencia como a função "punitivo-pedagógica" aplicada por muitos tribunais brasileiros tem pouco ou nada em comum com a doutrina norte-americana dos *punitve damages*, carecendo de uma ordenação sistemática em nossa experiência jurídica. Superando a questão de forma pragmática, Cássio propõe parâmetros que auxiliem o intérprete a definir em quais situações deve ser aplicada a chamada indenização punitiva e como se deve dar a quantificação da indenização em tais situações, a fim de evitar excessos e arbitrariedades.

Por fim, o autor se dedica à chamada função preventiva da responsabilidade civil, examinando criteriosamente os mecanismos jurídicos que permitiriam a concretização dos princípios da prevenção e da precaução na ordem jurídica brasileira.

Ao invés de instrumentos inibitórios, tais como a aplicação de multas e sanções civis, Cássio defende a possibilidade de ressarcimento das despesas em que a vítima em potencial possa ter incorrido ao tentar prevenir um certo dano.

Neste ponto, merecem destaque os parâmetros elencados pelo autor para aferir, em cada caso, a ressarcibilidade dos custos relativos às medidas preventivas, que representam um avanço significativo no debate em torno deste tema.

Daí porque a obra já nasce como leitura indispensável para estudiosos da responsabilidade civil, bem como para advogados, defensores públicos, magistrados e todos aqueles que estejam de algum modo imbuídos da missão de impedir efetivamente a ocorrência dos danos na vida social, em vez de simplesmente repará-los.

Superar o caráter meramente *a posteriori* da responsabilidade civil, convertendo este campo de estudo em disciplina mais ampla, voltada a tutelar os interesses jurídicos *antes* da lesão, não é apenas uma tendência científica, mas uma necessária e urgente conquista civilizatória. Boa leitura a todos.

Rio de Janeiro, junho de 2023.

Anderson Schreiber
Professor Titular de Direito Civil da UERJ.

SUMÁRIO

AGRADECIMENTOS IX

PREFÁCIO – A "função política" e as chamadas funções da responsabilidade civil XI

APRESENTAÇÃO XXIX

INTRODUÇÃO XXXV

1. O DANO COMO ELEMENTO NECESSÁRIO DA RESPONSABILIDADE CIVIL 1
   1.1 Evolução do instituto da responsabilidade civil 1
   1.2 Ressignificação do conceito de dano: do ato ilícito ao dano injusto e o reconhecimento de novos interesses indenizáveis 4
   1.3 Características do dano ressarcível: certeza, atualidade e subsistência 9
       1.3.1 Certeza e prova do dano 10
       1.3.2 Atualidade 15
       1.3.3 Subsistência 17
   1.4 Dano-evento e dano-prejuízo: fronteiras da ressarcibilidade do dano 19
   1.5 Situações danosas limítrofes e seu tratamento na doutrina e na jurisprudência: o reconhecimento de novos danos 24
       1.5.1 Indenização pela perda de uma chance 25
       1.5.2 Indenização pela privação do uso 32
       1.5.3 Dano moral coletivo e a responsabilização por danos ambientais 36
       1.5.4 Relação dos princípios da prevenção e precaução com o dever de indenizar 40

2. AS FUNÇÕES DA RESPONSABILIDADE CIVIL REMODELADAS CONFORME OS NOVOS PAPÉIS ASSUMIDOS PELO INSTITUTO DO DANO 45
   2.1 Paradigmas da responsabilidade civil e sua constitucionalização 45
   2.2 A função reparatória: reparação integral e a ocorrência do dano como elemento de verificação do dever de indenizar 51

2.2.1 Dano patrimonial: distinção funcional entre danos emergentes e lucros cessantes 54

2.2.2 Critérios para identificação e qualificação dos lucros cessantes como dano injusto 57

2.2.3 Dever de mitigar os próprios danos 58

2.2.4 *Compensatio lucri cum damno* 61

2.2.5 Dano extrapatrimonial... 62

2.2.6 Limites à reparação integral: redução da indenização por excessiva desproporção entre a culpa do agente e o dano 67

2.3 A função punitiva como norteadora da quantificação do dano: compatibilidade com o ordenamento jurídico brasileiro 71

2.3.1 Origem da doutrina dos *punitive damages* 73

2.3.2 Aplicação da doutrina dos *punitive damages* 75

2.3.3 Pena civil x sanção civil... 80

2.3.4 O caminhar da função punitiva: necessidade de balizas à sua aplicação 81

2.4 Pressupostos da função preventiva e da restruturação da responsabilidade civil.. 83

2.4.1 Incorporação dos princípios da prevenção e precaução à responsabilidade civil.. 84

2.4.2 Papel preventivo da responsabilidade civil: constitucionalização do instituto e assunção da função de evitar a ocorrência de danos......... 90

3. ATUAÇÃO DO PARADIGMA PREVENTIVO DA RESPONSABILIDADE CIVIL E A REPARAÇÃO DE DESPESAS PREVENTIVAS AO DANO 103

3.1 Há de fato uma refundamentação da responsabilidade civil com base no paradigma preventivo?... 103

3.2 Reparação ou prevenção do dano? A função preventiva entre a tutela inibitória de condutas ilícitas e a configuração do dever de indenizar 107

3.2.1 Possibilidade de atuação (in)direta da função preventiva da responsabilidade civil... 110

3.2.2 Instrumentos de atuação do paradigma preventivo........................... 121

3.2.2.1 A tutela inibitória material 122

3.2.2.2 Multas e sanções civis... 124

3.2.2.3 O ressarcimento das despesas preventivas ao dano 128

3.3 A atuação da função preventiva no momento da quantificação do dano: possibilidade de reparação de despesas preventivas 134

3.3.1 A reparação de despesas preventivas na experiência estrangeira....... 135

3.3.2 Possíveis parâmetros para pautar o ressarcimento das despesas preventivas ao dano... 137

    3.3.2.1 Razoabilidade e necessariedade da medida adotada............ 138

    3.3.2.2 Existência de ameaça concreta e iminente 139

    3.3.2.3 Nexo causal entre perigo iminente de dano e medida adotada... 140

    3.3.2.4 Merecimento de tutela da reparação das despesas preventivas 141

CONCLUSÃO.. 145

REFERÊNCIAS.. 151

INTRODUÇÃO

Imagine-se que certo indivíduo herdou uma casa de família, situada na cidade do interior onde cresceu, com terreno próprio para plantio e cultivo. Cansado da sua vida corrida e estressante na cidade, ele resolve se mudar para realizar o sonho de infância de se tornar um floricultor renomado e iniciar um novo negócio.

Imagine-se, ainda, que o dono do imóvel vizinho ao seu instalou a sede da empresa dele nesse terreno, e que a atividade empresarial que pratica exige um potente sistema de canalização de água e de escoamento, que deve possuir manilhas e caixas coletoras.

Ao realizar a mudança, no início do ano, o potencial floricultor não possuía conhecimento desse fato e deu início à plantação e cultivo das mais diversas espécies, com a esperança de logo poder participar do festival da cidade, que ocorrerá na primavera. Contudo, dois meses depois, percebe que, após as chuvas de março, seu terreno apresentava diversos focos de bolsões d'água e umidade no solo e muros, apesar de seus cuidados.

Posteriormente, como esse episódio se repetiu algumas vezes, mesmo com chuvas de menor intensidade, ao investigar, o floricultor acaba descobrindo que o escoamento de águas do terreno vizinho tem saída para o seu imóvel e que, caso medidas não sejam tomadas em breve, a fim de melhorar o sistema ou abrir novas saídas de águas pluviais para outros locais, além de perder sua plantação para o festival, corre sérios riscos de danos ao solo do seu imóvel, de desabamento do muro que divide os terrenos e até mesmo à saúde de seus familiares. Ou seja, prejuízos incontáveis.

Sem hesitar, o floricultor atua em prol da solução do problema para eliminar a ameaça constante e iminente de dano à sua plantação e terreno, porque seu vizinho ou não se prontificou a atuar, ou indicou demora para solucionar o problema inconsistente com seu objetivo, e, assim, evitar a concretização dos prejuízos.

O caso construído nas linhas acima é uma adaptação de um caso real[56] julgado pelo TJRJ, em fevereiro de 2003. Felizmente, nenhum dos danos mencio-

---

56. TJRJ. AC 2002.001.29298. 18ª CC. Rel. Des. Cássia Medeiros. J. em 11.02.2003. DJ em 14.03.2003. Ementa: "Responsabilidade civil. Drenagem pluvial – Umidade excessiva – Acumulação de água em antigas tubulações que recebiam as águas pluviais provenientes do terreno da ré e passam sob o imóvel de propriedade do autor. Ação de dano infecto cumulada com indenização por danos materiais e morais.

nados nesse exemplo hipotético veio a ocorrer, já que proativamente o aspirante a floricultor adotou medidas de prevenção contra os danos que por mera questão de tempo ocorreriam.

Mas surge daí a questão: os custos incorridos para efetivar essas medidas, ou seja, o valor correspondente às despesas preventivas ao dano anunciado, podem ser ressarcidos ao protagonista cauteloso dessa história? Teria a pessoa na iminência de sofrer um dano que aguardar a configuração da lesão para buscar a tutela de seu interesse? Seriam esses gastos, esse decréscimo patrimonial sofrido por influência da conduta alheia, impossíveis de serem considerados como injustos ou merecedores de tutela pela ordem jurídica?

Num primeiro olhar, falar em ressarcimento sem que, aprioristicamente, tenha ocorrido um dano pode soar estranho. Por outro lado, como se sabe, a evolução do conceito de dano e o surgimento de novas situações lesivas na doutrina da responsabilidade civil podem ensejar um renovado atuar do instituto e a incorporação de novos perfis funcionais, de modo que, hoje, a doutrina alude, inclusive, à função preventiva da responsabilidade civil.

Diante disso, este livro volta-se a investigar a incorporação pela responsabilidade civil da chamada função preventiva, a forma de sua aplicação, em perspectiva funcional, junto à função reparatória que lhe é intrínseca, em compatibilização com a certeza do dano, elemento tido tradicionalmente como essencial para a configuração do dever de indenizar.

A análise das fontes sugere que o histórico do desenvolvimento da responsabilidade civil foi concebido por meio da lógica individualista e patrimonialista[57] moderna, tendo sido, desde os primórdios, estruturada pela ótica reparatória, pautada pelo binômio dano-reparação.

Ou seja, sua função basilar é a função reparatória,[58] e o enquadramento de certa obrigação como hipótese de responsabilidade civil justifica a recomposição

---

Conclusão do laudo pericial no sentido de que, muito embora as antigas tubulações pluviais encontradas sob o imóvel de propriedade do autor não sejam o motivo principal da umidade excessiva nele encontrada, contribuem elas negativamente, acumulando água em seu interior, razão pela qual há necessidade de retirá-las. Confirmação da sentença que julgou procedente em parte o pedido, com a condenação da ré: 1º) a realizar as obras necessárias à retirada das antigas tubulações utilizadas para drenagem de águas pluviais; 2º) a realizar as obras de reforma na residência do autor, no prazo de 30 dias ou, alternativamente, a pagar a título de danos materiais o valor de R$ 3.300,00, arbitrado pelo Perito; e c) a pagar indenização por danos morais de 50 salários mínimos. Desprovimento de ambos os recursos, principal e adesivo".

57. Nesse sentido, vide BODIN DE MORAES, Maria Celina. Constituição e direito Civil: tendências. *Revista dos Tribunais*, n. 779, 2000, p. 43; E, ainda, RAMOS, Carmem Lucia Silveira. A constitucionalização do direito privado e a sociedade sem fronteiras. In: FACHIN, Luiz Edson (Coord.). *Repensando fundamentos do direito civil contemporâneo*. Rio de Janeiro: Renovar, 1998, p. 5.

58. Nesse tocante, aduz-se à lição de San Tiago Dantas, que afirma que "sempre que se verifica uma lesão do direito, isto é, sempre que se infringe um dever jurídico correspondente a um direito, qual é a primeira

da vítima – com a exigência de comprovação de dano e a subsequente regra de reparação integral.[59]

Focadas no denominador comum de proteção da vítima, influenciadas pelo processo de personalização e despatrimonialização do direito civil, a doutrina elaborou novas formulações aptas a tutelar as situações desafiadoras da responsabilidade civil, com vistas a garantir a reparação integral do ofendido, como a ampliação dos danos indenizáveis ou a flexibilização do pressuposto da culpa.[60] Porém, cresce também na doutrina a ideia de que há hipóteses em que a reparação não será suficiente para restabelecer o *status quo* e tutelar adequadamente a pessoa humana.[61]

Essencial que se pense quais funções a responsabilidade civil deve assumir no ordenamento – sempre a conciliando com sua perspectiva estrutural. Parte da doutrina atual defende ser capital redesignar suas funções, de modo a compatibilizá-la com a tutela integral de direitos diante das novas exigências sociais,[62] de modo que caberia à responsabilidade civil, também, prevenir os danos e impor sanções mesmo sem a sua configuração, numa verdadeira responsabilidade sem dano. Por outro lado, há quem reafirme ser necessária a exaltação de seus pressupostos para evitar sua descaracterização.[63]

Deve-se ressaltar que tais (não tão) novos problemas não são apenas ligados à questão da verificação e da quantificação do dano ressarcível, mas ao sistema da responsabilidade civil como posto na atualidade (e que põem em xeque a sua essência), que passa a tratar, inclusive, das possibilidades de flexibilização ou de

---

consequência que daí advém? Já se sabe: nasce a responsabilidade" (DANTAS, San Tiago. *Programa de direito civil*. Aulas proferidas na Faculdade Nacional de Direito. Texto revisto com anotações e prefácio de José Gomes Bezerra de Barros. Rio de Janeiro: Ed. Rio, 1979, p. 376).

59. "A constitucionalização do direito dos danos impôs, como se viu, a releitura da própria função primordial da responsabilidade civil. O foco que tradicionalmente recaía sobre a pessoa do causador do dano, que por seu ato reprovável deveria ser punido, deslocou-se no sentido da tutela especial garantida à vítima do dano injusto, que merece ser reparada. A punição do agente pelo dano causado, preocupação pertinente ao direito penal, perde a importância no âmbito cível para a reparação da vítima pelos danos sofridos" (BODIN DE MORAES, Maria Celina. A constitucionalização do direito civil e seus efeitos sobre a responsabilidade civil. *Na medida da pessoa humana*: estudos de direito civil-constitucional. Rio de Janeiro: Renovar, 2010, p. 331).
60. Para maior aprofundamento quanto ao tema da flexibilização dos pressupostos da responsabilidade civil, vide SCHREIBER, Anderson. *Novos paradigmas da responsabilidade civil*: da erosão dos filtros da reparação à diluição dos danos. 5. ed. São Paulo: Atlas, 2013, cap. 1 e 2.
61. Nesse sentido, veja-se TEPEDINO, Gustavo. A tutela da personalidade no ordenamento civil-constitucional brasileiro. In: *Temas de direito civil*. Rio de Janeiro: Renovar, 2004, p. 23-58; Ainda, SCHREIBER, Anderson. *Novos paradigmas da responsabilidade civil*, cit., 2013. p. 91.
62. SCHREIBER, Anderson. As novas tendências da responsabilidade civil brasileira. *Revista Trimestral de Direito Civil*, v. 22, p. 45-69, 2005.
63. ANGELIN, Karinne Ansiliero. *Dano injusto como pressuposto do dever de indenizar*. Dissertação (mestrado). Faculdade de Direito da Universidade de São Paulo, São Paulo, 2012, p. 137.

superação desse elemento até então imprescindível,[64] sob construção teórica de que o instituto não deveria se contentar somente com a garantia da reparação das lesões, mas sim, ir além, a fim de evitar a ocorrência destas.

Destaca-se, assim, a importância da análise funcional dos institutos jurídicos[65] para a determinação de sua finalidade social. Contudo, a evolução da responsabilidade civil não pode significar o abandono de seus elementos essenciais ou, quando muito, sua aplicação desarrazoada, de forma a desnaturar sua atuação e, pior, prejudicar o cumprimento de sua função constitucional.

A presente obra partirá, no primeiro capítulo, da delimitação da figura do dano, sua ressarcibilidade, e das situações de flexibilização, com enfoque especial às suas características intrínsecas da certeza, atualidade e subsistência, de modo a averiguar e comprovar que, por mais que elas sejam relativizadas pela doutrina contemporânea para se admitir novos interesses e figuras lesivas, esse elemento é primordial para deflagrar a responsabilidade civil.

No segundo capítulo, após fixadas as bases de atuação do instituto atreladas à ocorrência de um dano certo e concreto, com a exclusão da indenização por danos hipotéticos, serão analisadas as funções reconhecidas à responsabilidade civil – reparatória, punitiva e, agora, preventiva –, à luz do princípio da reparação integral, destacando-se seus pressupostos e relevância da sua diferenciação relação com o dever de indenizar, mais especificamente quanto ao momento da quantificação da indenização.

No terceiro capítulo, após a identificação dos perfis funcionais da responsabilidade civil, serão investigadas as consequências da incorporação do paradigma preventivo à matéria e a sua adequação sistêmica, por meio dos instrumentos que a doutrina pontua como sendo de prevenção direta e sua relação com o dano e o dever de indenizar, especialmente aqueles atribuídos ao campo da tutela inibitória material.

---

64. "O dano é, dos elementos necessários à configuração da responsabilidade civil, o que suscita menos controvérsia. Com efeito, a unanimidade dos autores convém em que não pode haver responsabilidade sem a existência de um dano, e é verdadeiro truísmo sustentar esse princípio, porque, resultando a responsabilidade civil em obrigação de ressarcir, logicamente não pode concretizar-se onde nada há que reparar" (DIAS, José de Aguiar. *Da responsabilidade civil*. 11. ed. Atual. Rui Berford Dias. Rio de Janeiro: Renovar, 2006, p. 341).

65. Antes de se adentrar no estudo das funções da responsabilidade civil, relembre-se a lição de Salvatore Pugliatti, para quem a função é "a razão genética do instrumento, e a razão permanente de seu emprego, isto é a sua razão de ser. Por via de consequência, é a função que irá determinar a estrutura, pois o interesse tutelado é o centro de unificação em respeito do qual se compõem os elementos estruturais do instituto" (PUGLIATTI, Salvatore. *La proprietà nel nuovo diritto*. Milano: Giuffrè, 1954, p. 300. Tradução livre do original).

Por fim, tendo sido delineado o perfil funcional preventivo da responsabilidade civil, e uma vez analisados criticamente os instrumentos propostos para sua atuação e sua aplicabilidade, em especial, a relevância das chamadas medidas preventivas realizadas pela vítima, conclui-se possível cogitar de que a função preventiva do instituto atue no momento de quantificação da indenização, de modo que, ao serem observados os parâmetros colocados pela doutrina, sejam ressarcidos eventuais prejuízos preventivos injustos que a vítima teve ao adotar medidas de prevenção para evitar que o dano ocorra ou se perpetue.

1
O DANO COMO ELEMENTO NECESSÁRIO DA RESPONSABILIDADE CIVIL

1.1 EVOLUÇÃO DO INSTITUTO DA RESPONSABILIDADE CIVIL

Dogmaticamente, a estrutura da responsabilidade civil enfrentou diversas mudanças desde a consolidação do paradigma da culpa (que orientou seu arcabouço já nos códigos liberais do século XVIII), e tinha como base os elementos da conduta culposa, dano e nexo causal, para que fosse configurado o dever de indenizar.[1]

Inicialmente, a culpa ocupava lugar de extremo destaque, ao ponto de se afirmar que não haveria responsabilidade civil sem culpa,[2] ideia que criou a conhecida responsabilidade civil subjetiva.

Assim, imprescindível era para configurar o dever de indenizar a conduta culposa do ofensor. Construiu-se a responsabilidade civil baseada na existência de relação entre a conduta culposa e dano concreto causado ao lesado, vinculados por meio de patente nexo de causalidade, com um viés sancionador e pautado pela lógica reparatória.[3] Na falta de qualquer um dos seus elementos, descaberia falar em qualquer espécie de reparação.

---

1. Destaca-se na doutrina nacional os ensinamentos de: Agostinho Alvim, que alude a prejuízo, culpa e nexo casual (ALVIM, Agostinho. *Da inexecução das obrigações e suas consequências*. 3. ed. Rio de Janeiro-São Paulo: Ed. Jurídica e Universitária, 1962, p. 194). Ainda, Silvio Rodrigues que aponta como requisitos: a ação ou omissão do agente, a culpa do agente, a relação de causalidade e o dano experimentado pela vítima (RODRIGUES, Silvio. *Direito civil*: responsabilidade civil. 20. ed. São Paulo: Saraiva, 2003, v. 4. p. 14-18). Por fim, a lição de Fernando Noronha, que leciona serem o dano, cabimento do dano no âmbito de proteção de uma norma, fato antijurídico, nexo de causalidade e nexo de imputação (NORONHA, Fernando. *Direito das obrigações*: fundamentos do direito das obrigações; introdução à responsabilidade civil. 2. ed. rev. e atual. São Paulo: Saraiva, 2007, v. 1. p. 466-469).
2. JOSSERAND, Louis. Evolução da responsabilidade civil. *Revista Forense*. Rio de Janeiro, v. 86, n. 454, 1941, p. 551.
3. HIRONAKA, Giselda Maria Fernandes Novaes. *Responsabilidade pressuposta*. Belo Horizonte: Del Rey, 2005, p. 73.

O paradigma reparatório parecia satisfazer todas as demandas indenizatórias. Contudo, é a partir da revolução tecnológica e industrial que a sociedade experimenta novas formas de acidentes e riscos, cada vez maiores, tais como os acidentes de transporte ou de qualquer outra atividade que implique riscos a outrem por sua própria natureza, que demonstraram a insuficiência da responsabilidade subjetiva e do paradigma da culpa.[4]

As vítimas de lesões, em razão da complexidade das novas relações, enfrentavam imensa dificuldade em produzir prova da culpa do ofensor, quando muito o conseguiam identificar. De tal modo, a reposta da doutrina civilista, inicialmente, foi a criação de parâmetros e presunções da culpa do agente, inclusive com inversão do ônus probatório, a combater tais provas diabólicas, pois a culpa se demonstrava cada vez mais impossível de provar.[5]

Ainda, a própria noção de culpa foi alterada de culpa psicológica para culpa normativa,[6] que traduz a ideia de adoção de certos deveres de conduta pelo agente, ao se valer do modelo geral de comportamento objetivo, distanciando-se da moral e do subjetivismo, para a situação concreta (pelo parâmetro do homem médio), como destaca Bodin de Moraes:[7]

> Originalmente, a culpa era apenas a atuação contrária aos direitos, porque negligente, imprudente, imperita ou dolosa, que acarretava danos aos direitos de outrem. Modernamente, todavia, diversos autores abandonaram esta conceituação, preferindo considerar a culpa o descumprimento de um standard de diligência razoável, diferenciando esta noção, dita 'normativa' ou 'objetiva' da outra, dita 'psicológica'.

---

4. VINEY, Geneviève. As tendências atuais do direito da responsabilidade civil. Trad. Paulo Cezar de Mello. In: TEPEDINO, Gustavo (Org.). *Direito civil contemporâneo*: novos problemas à luz da legalidade constitucional: anais do Congresso Internacional de Direito Civil-Constitucional da cidade do Rio de Janeiro. São Paulo: Atlas, 2008, p. 42 e 45-46.
5. Nesse sentido, esclarece Rui Stoco: "Em determinadas circunstâncias é a lei que enuncia a presunção. Em outras, é a elaboração jurisprudencial que, partindo de uma ideia tipicamente assentada na culpa, inverte a situação impondo o dever ressarcitório, a não ser que o acusado demonstre que o dano foi causado pelo comportamento da própria vítima" (STOCO, Rui. *Responsabilidade civil e sua interpretação jurisprudencial*. 3. ed. São Paulo: Ed. RT, 1997, p. 65)
6. A culpa normativa, também denominada culpa objetiva, é entendida como "o erro de conduta, apreciado não em concreto, com base nas condições e na capacidade do próprio agente que se pretendia responsável, mas em abstrato, isto é, em uma objetiva comparação com um modelo geral de comportamento. A apreciação em abstrato do comportamento do agente, imune aos aspectos anímicos do sujeito, justifica a expressão culpa objetiva, sem confundi-la com a responsabilidade objetiva, que prescinde da culpa" (SCHREIBER, Anderson. *Novos paradigmas da responsabilidade civil*: da erosão dos filtros da reparação à diluição dos danos. 5. ed. São Paulo: Atlas, 2013, p. 34-35).
7. BODIN DE MORAES, Maria Celina. Risco, solidariedade e responsabilidade objetiva. In: TEPEDINO, Gustavo; FACHIN, Luiz Edson (Coord.). *O direito e o tempo*: embates jurídicos e utopias contemporâneas. Estudos em homenagem ao Professor Ricardo Pereira Lira. Rio de Janeiro: Renovar, 2008, p. 861.

Por sua vez, debates doutrinários frente às novas demandas, em especial guiados pelo ideal de solidariedade social, possibilitaram a passagem do paradigma da culpa para a responsabilidade civil objetiva, que prescinde do elemento culpa para configuração do dever de indenizar,[8] com o advento da teoria do risco, fundamento dessa nova espécie de responsabilidade, e retirando da culpa seu papel de destaque, a complementar o regime da responsabilidade aquiliana.

Destaque-se que esse processo se deu de modo a conciliar os modelos de responsabilidade, sem excluir o outro e sua aplicação.

O pressuposto do nexo causal também passa por inúmeras transformações e relativizações. Como se sabe, esse requisito se caracteriza pelo vínculo entre o dano e comportamento específico que lhe deu causa. Várias teorias desde então foram criadas para reconfigurar a causalidade,[9] ao determinar que em certos casos seja adequada, direta ou imediata, suficiente, alternativa, entre outras, para que se possa, independente da *fattispecie* que demande solução do direito, encontrar vínculo entre o ato ilícito e o dano injusto e, ainda, reconhecer em algumas situações o dever de indenizar independentemente do nexo causal,[10] a fim de que a estrutura estática não impeça a realização de sua função e dos valores constitucionais.

Ora, com a funcionalização da responsabilidade civil em prol da pessoa da vítima e a busca da indenização dos danos reputados como injustos, não há mais a preocupação central em punir a conduta culposa do ofensor, com estipulações de novas formas de flexibilização do nexo causal,[11] pautadas em *standards* de conduta e presunções que as fundamentem.

Originariamente direcionada para reprovar a conduta culposa, volta sua atenção, agora, para a proteção e reparação da vítima, sob novo fundamento da

---

8. BODIN DE MORAES, Maria Celina. Risco, solidariedade e responsabilidade objetiva, cit., p. 864.
9. Sobre o tema, vide GUEDES, Gisela Sampaio da Cruz. *O problema do nexo causal na responsabilidade civil*. Rio de Janeiro: Renovar, 2005. Ainda, vide FAORO, Guilherme de Mello Franco. Breves apontamentos acerca do enfraquecimento dogmático do nexo causal. In: SOUZA, Eduardo Nunes de; SILVA, Rodrigo da Guia (Coord.). *Controvérsias atuais em responsabilidade civil*. Rio de Janeiro: Almedina, 2018, p. 147-170.
10. "Situação que também emerge como exemplar é a imputação sem nexo de causalidade na responsabilidade por danos. Não raro se vê a reafirmação tradicional do nexo para imputar responsabilidade, o que, de todo correta, pode não ser, em determinados casos, o mais justo concretamente para a vítima. Quando assim, a direção pode indicar a renovação do conceito de causa, e especialmente do nexo causal. A imputabilidade tem no centro a preocupação com a vítima; a imputação é a operação jurídica aplicada à reconstrução do nexo. Da complexidade e da incerteza nascem fatores inerentes à responsabilização por danos. É de alteridade e de justiça social que deve se inebriar o nexo de causalidade, atento à formação das circunstâncias danosas" (FACHIN, Luiz Edson. *Direito civil*: sentidos, transformações e fim. Rio de Janeiro: Renovar, 2015, p. 86).
11. SCHREIBER, Anderson. *Novos paradigmas da responsabilidade civil*: da erosão dos filtros da reparação à diluição dos danos. 5. ed. São Paulo: Atlas, 2013, p. 64-79.

teoria do risco, ainda que distribua o dever de indenizar, em situações mais específicas, entre aqueles que potencialmente atuam ou se relacionam com o dano injusto experimentado, alterando seu *locus* para a solidariedade.[12]

Anderson Schreiber denomina tais fenômenos de "erosão dos filtros tradicionais da responsabilidade civil". Com isso, o autor quer revelar a perda da importância da culpa, sua prova, e relativizações do nexo de causalidade nas demandas atuais. Esses filtros atuariam de maneira a escolher quais interesses merecedores de tutela deveriam ser resguardados pelo ordenamento, com escopo de limitar a reparação não adequada à sua estrutura dogmática.

A partir da segunda metade do século XX, muitos conflitos gerados pelo desenvolvimento social foram potencializados. Dentre eles, em particular, a biotecnologia, que passou a interferir de modo profundo na vida humana, no âmbito individual e coletivo. Situações não imaginadas surgiram e repercutem até o presente no mundo jurídico sem que seus efeitos tenham encontrado tratamento apropriado em diferentes áreas do ordenamento, como a responsabilidade civil ante a verificação de danos patrimoniais ou extrapatrimoniais.

Essas transformações também afetaram o elemento do dano. Tradicionalmente, tanto doutrina quanto jurisprudência eram uníssonas em afirmar que o dano é o pressuposto inafastável da responsabilidade civil, sendo esta uma consequência do princípio do *neminem laedere*, e que não haveria que se falar em dever de indenizar se não há dano.

1.2 RESSIGNIFICAÇÃO DO CONCEITO DE DANO: DO ATO ILÍCITO AO DANO INJUSTO E O RECONHECIMENTO DE NOVOS INTERESSES INDENIZÁVEIS

De fato, toda a construção dogmática da responsabilidade civil foi feita a partir da figura do dano, o que lhe dá sentido, com o objetivo de reparar os prejuízos causados por condutas ilícitas. É o dano que exerce papel de fonte do dever de indenizar, a guiar a aplicação e flexibilização dos instrumentos e demais pressupostos da responsabilidade civil.

---

12. Nas palavras Maria Celina Bodin de Moraes, "A transformação da responsabilidade civil em direção à objetivação corresponde a uma mudança sociocultural de significativa relevância que continua a influenciar o direito civil neste início de século. Ela traduz a passagem do modelo individualista-liberal de responsabilidade, compatível com a ideologia do Código de 1916, para o chamado modelo solidarista, baseado na Constituição da República e agora no Código de 2002, fundado na atenção e no cuidado para com o lesado: questiona-se hoje se à vítima deva ser negado o direito ao ressarcimento e não mais, como outrora, se há razões para que o autor do dano seja responsabilizado" (BODIN DE MORAES, Maria Celina, Risco, solidariedade e responsabilidade objetiva, cit., p. 857).

E, novamente em crise, a responsabilidade civil passa por momento de total expansão dos danos ressarcíveis, sendo que parte da doutrina defende, agora, a possibilidade de alargamento para englobar riscos e ameaças de dano.

Conceitualmente, a responsabilidade civil consiste justamente na imputação do evento danoso a um sujeito determinado, que será obrigado a indenizá-lo. Etimologicamente, a palavra dano (do latim *damnum*) significa privar ou diminuir. Em acepção técnica, o termo significa "qualquer privação ou subtração sofrida por um sujeito em seu aspecto físico ou moral", tendo Agostinho Alvim conceituado a figura como toda e qualquer diminuição do patrimônio de alguém.[13]

Anderson Schreiber afirma que o dano "é elemento indispensável do ato ilícito. Tradicionalmente, conceitua-se o dano como a lesão a um interesse juridicamente protegido, a abranger tanto o dano patrimonial quanto o dano moral".[14] Nessa mesma linha, Marco Aurélio Bezerra de Melo aduz que o dano é

> o pressuposto mais importante da responsabilidade civil. (...) o dano indenizável (...) não é apenas lesão a um direito abstratamente considerado, mas sim um interesse que diante do caso concreto justifique a reparação civil, seja ela patrimonial ou por ofensa a valores existenciais, causando o chamado dano moral (...) definiremos dano indenizável como sendo a lesão a direito subjetivo sofrida por uma pessoa e que tem como consequência um prejuízo em sua esfera patrimonial ou moral que diante do caso concreto seja merecedora de tutela pela ordem jurídica.[15]

Por sua vez, para Paulo Lôbo, o dano é "a violação sofrida pela própria pessoa, no seu corpo ou em seu âmbito moral, ou em seu patrimônio, sem causa lícita. Significa perda ou valor a menos do patrimônio, na dimensão material, e violação de direitos da personalidade, na dimensão moral".[16]

Também na doutrina estrangeira tais definições podem ser encontradas. Hans Fischer, jurista alemão, estabelece que o dano em seu sentido vulgar é "todo o prejuízo que alguém sofre na sua alma, corpo ou bens, quaisquer que sejam o autor e a causa da lesão". Já em sentido jurídico, o dano abarcaria "todo o prejuízo que o sujeito de direito sofra pela violação de seus bens jurídicos, com exceção única daquela que a si mesmo tenha inferido o próprio lesado".[17]

---

13. ALVIM, Agostinho. *Da inexecução das obrigações e suas consequências*, cit., p. 185-188.
14. SCHREIBER, Anderson. *Manual de direito civil contemporâneo*. São Paulo: Saraiva Educação, 2018, p. 621-622.
15. MELO, Marco Aurélio Bezerra de. *Direito civil*: responsabilidade civil. 2. ed. rev. e atual. Rio de Janeiro: Forense, 2018, p. 59.
16. LÔBO, Paulo. *Direito civil*: parte geral. 4. ed. São Paulo: Saraiva, 2013, p. 304.
17. FISCHER, Hans Albrecht. *A reparação dos danos no direito civil*. Trad. Arruda Ferrer Correa. São Paulo: Saraiva, 1938, p. 7.

Seu conceito e importância para o fenômeno jurídico da responsabilidade civil é tamanha que os irmãos Mazeaud aduzem que dentre os elementos constitutivos daquela, o prejuízo é o que menos incita debates, já que responsabilizar implica, em regra, que "se trata de reparar, é preciso que haja alguma coisa a ser reparada. Eis por que, na essência, a responsabilidade civil se distingue da responsabilidade moral e da penal".[18]

Ao se voltar para o ordenamento positivo, não há no Brasil, diversamente dos países que adotam o regime fechado de tipificação de danos,[19] um conceito legal de prejuízo. No dispositivo normativo que positiva o princípio do *neminem laedere*, contido no art. 186 do Código Civil, o dano é mencionado como circunstância elementar da responsabilidade civil e, mais especificamente, como parte da conduta antijurídica que é imputável a uma pessoa e que tem como consequência o dever de indenizar, imposta a quem causou prejuízo a outrem.

Tradicionalmente, afirmava-se que o dano, em sua acepção jurídica, não poderia se confundir com o prejuízo material, com a lesão fática, eis que há lesões lícitas e permitidas pelo próprio ordenamento jurídico.[20]

De tal modo, a doutrina vinculou a noção de dano à noção de ilicitude da conduta culposa, o que levou à equivocada equiparação do dano a todo aquele prejuízo causado por um ato ilícito advindo de conduta culposa ou dolosa.

Essa aproximação do dano em seu conceito jurídico com o dano em sua dimensão natural, a do prejuízo, não se mostrou totalmente um empecilho, por conta justamente do marcante teor patrimonialista da indenização, calcada na teoria da diferença e na preocupação com o comportamento do ofensor, mas sofreu críticas por sua postura restritiva. Foi na seara do dano extrapatrimonial, por outro lado, que se tornou patente a insuficiência deste conceito de dano.

---

18. MAZEAUD e MAZEAUD. *Traité théorique et pratique de la responsabilité civile*. Paris: Montchrestien, 1955. v. 1, n. 208.
19. "(...) extrair um problema universal relativo à expansão do dano ressarcível e uma preocupação comum referente aos limites desta expansão, o caminho trilhado por cada ordenamento nacional até este ponto mostra-se substancialmente diverso. De fato, em matéria de dano ressarcível, os ordenamentos modernos dividem-se em duas vertentes bem definidas: (i) ordenamentos típicos ou fechados, que indicam taxativamente os interesses cuja violação enseja um dano reparável; e (ii) ordenamentos atípicos ou abertos, que não empregam semelhante restrição. (...) Nos ordenamentos atípicos, ao contrário, o legislador prevê tão somente cláusulas ferais, que deixam ao Poder Judiciário ampla margem de avaliação no que tange ao merecimento de tutela do interesse alegadamente lesado. (...) É atípico, por outro lado, o ordenamento brasileiro (...) limitando-se a prever uma cláusula geral de ressarcimento pelos danos patrimoniais ou morais" (SCHREIBER, Anderson. *Novos paradigmas da responsabilidade civil*: da erosão dos filtros da reparação à diluição dos danos. 5. ed. São Paulo: Atlas, 2013, p. 102).
20. BODIN DE MORAES, Maria Celina. *Danos à pessoa humana*: uma leitura civil-constitucional dos danos morais. Rio de Janeiro: Renovar, 2003, p. 176-179.

De fato, com o reconhecimento cada vez maior de interesses existenciais tuteláveis, a reparabilidade do dano moral não poderia mais ser questionada. Com o advento da CRFB/88, que previa expressamente o ressarcimento dos danos morais, não havia mais porque questionar a insuficiência do conceito.[21]

Diversas situações impunham a reparação tanto patrimonial quanto moral, embora da ilicitude da conduta danosa pudesse surgir lesão a interesse puramente extrapatrimonial, a demandar ressarcimento, ainda que nenhum prejuízo econômico de fato tenha surgido.

Constatou-se, assim, que o dano extrapatrimonial ultrapassa a barreira do ato ilícito, não se identificando com este. Soma-se a isso o advento da responsabilidade objetiva pautada na teoria do risco, na qual a conduta do agente, seja ela lícita ou ilícita, não importa para a configuração do dever de indenizar.

Da perda da importância da ilicitude na identificação do dano e da maior preocupação com a reparação da vítima ao invés de reprovação do ofensor, talvez tenha ocorrido a alteração mais significativa após o abandono do paradigma da culpa, fenômeno que Orlando Gomes denominou de giro conceitual,[22] a permitir o reconhecimento de outros interesses tuteláveis que não aqueles decorrentes do ato ilícito.

Configurou-se, então, a passagem do dano atrelado ao ato ilícito para o conceito de dano injusto, sendo este, nas palavras de Maria Celina Bodin de Moraes, configurado quando, "ainda que decorrente de conduta lícita, afetando aspecto fundamental da dignidade humana, não for razoável, ponderados os interesses contrapostos, que a vítima dele permaneça irressarcida".[23]

Efetivamente, o que se indeniza não é o dano pura e simplesmente, e sim o dano qualificado, chamado de dano injusto. Portanto, será considerado dano injusto todo aquele acontecimento que o ordenamento jurídico caracterize por intolerável e demande sua reparação ou eliminação.

---

21. BODIN DE MORAES, Maria Celina. A constitucionalização do direito civil e seus efeitos sobre a responsabilidade civil. In: NETO, Cláudio Pereira de Souza; SARMENTO, Daniel (Coord.). *A constitucionalização do direito*. Fundamentos teóricos e aplicações específicas. Rio de Janeiro: Lumen Juris, 2007.
22. Conforme BODIN DE MORAES, Maria Celina. *Danos à pessoa humana*, cit., p. 177: "Daí porque, há mais de duas décadas, O. GOMES qualificava como "a mais interessante mudança" na teoria da responsabilidade civil o que ele chamou de "giro conceitual do ato ilícito para o dano injusto", que permite "detectar outros danos ressarcíveis que não apenas aqueles que resultam da prática de um ato ilícito. Substitui-se, em síntese, a noção de ato ilícito pela de dano injusto, mais amplo e mais social". Ainda, vide GOMES, Orlando. Tendências modernas na teoria da responsabilidade civil. In: *Estudos em homenagem ao professor Silvio Rodrigues*. São Paulo: Saraiva, 1980, p. 293 e 295.
23. BODIN DE MORAES, Maria Celina. *Danos à pessoa humana*, cit., p. 179.

Tal releitura foi essencial para a evolução do instituto do dano e seu desentrelaçar com a ilicitude,[24] bem como demonstrou a necessidade de se afastar a identificação do dano em sua acepção jurídica com o prejuízo material, para consagrar o conceito de dano como lesão a um interesse juridicamente tutelado, digno de tutela pelo ordenamento jurídico.[25]

Desse modo, não se valorando a ilicitude da conduta, tem-se que apenas a geração do dano em si é tida como antijurídica. Logo, não há que se cogitar do dano pela ilicitude da conduta culposa, mas sim pela consequência gerada, isto é, a lesão a determinado interesse tutelável.

Não mais se identifica o dano injusto com o ato ilícito:[26] a injustiça do dano está, sim, na real consequência gerada pelo dano, a lesão a determinado interesse jurídico merecedor de tutela.[27-28] Mas, dada a vagueza da expressão, que tanto

---

24. Nesse sentido, veja-se a lição de Tereza Ancona Lopez, que aduz que "Com a separação entre o ato ilícito e a responsabilidade civil, fica claro que o dano é requisito fundamental da responsabilidade civil, tanto que a indenização, em princípio, mede-se pela extensão do dano (art. 944, *caput*), mas não do ato ilícito. Podemos ter ato ilícito sem dano (portanto sem responsabilidade) como no caso do vizinho perturbando a paz de outro e que não deverão necessariamente pagar perdas e danos, somente cessar suas interferências injustas ao do artigo 940 do Código civil, que determina que aquele que demanda por dívida já paga ficará obrigado a pagar ao devedor o dobro do que houver cobrado ou o equivalente do que dele exigir. Por outro lado, poderá trazer responsabilidade civil sem ato ilícito, como na hipótese do artigo 929 do Código Civil" (LOPEZ, Tereza Ancona. Principais linhas da responsabilidade civil no direito brasileiro contemporâneo. In: AZEVEDO, Antonio Junqueira de et al. (Coord.). *Princípios do novo Código Civil brasileiro e outros temas*. Homenagem a Tullio Ascarelli. São Paulo: Quartier Latin do Brasil, 2008, p. 663).
25. "Decisões como esta mostraram a necessidade de se rejeitar, de forma geral, a identificação do dano em sentido jurídico com o dano em sentido material (prejuízo econômico ou emocional), recuperando-se o conceito de dano como lesão a um interesse juridicamente tutelado. A vantagem desta definição está em concentrar-se sobre o objeto atingido – o interesse tutelado –, e não sobre as consequências econômicas ou emocionais da lesão sobre determinado sujeito. (...) A lesão ao patrimônio de um indivíduo sendo aferida por um critério matemático (teoria da diferença), corresponde, objetivamente, à consequência econômica que sobre ele repercute, sem que se vislumbre aí tanto espaço ao subjetivismo. O mesmo não acontece no dano moral, em que a lesão a um interesse tutelado (por exemplo, a saúde, a privacidade) repercute de forma inteiramente diferenciada sobre cada pessoa, não havendo um critério objetivo que permita sua precisa aferição. A definição de dano como lesão a um interesse tutelado, muito ao contrário, estimula a investigação sobre o objeto da lesão – o interesse da vítima efetivamente violado pelo ofensor –, a fim de se aferir o seu merecimento de tutela ou não, possibilitando a seleção dos danos ressarcíveis" (SCHREIBER, Anderson, *Novos paradigmas da responsabilidade civil*: da erosão dos filtros da reparação à diluição dos danos. 5. ed. São Paulo: Atlas, 2013, p. 108-109).
26. Para uma completa (re)leitura da evolução do instituto do dano, remeta-se a SCHREIBER, cit., cap. 3, 4 e 5; Ainda, Maria Celina Bodin de Moraes afirma que o dano injusto resta configurado quando "ainda que decorrente de conduta lícita, afetando aspecto fundamental da dignidade humana, não for razoável, ponderados os interesses contrapostos, que a vítima dele permaneça irressarcida" (BODIN DE MORAES, Maria Celina. *Danos à pessoa humana*, cit., p. 179).
27. SCHREIBER, Anderson. *Novos paradigmas da responsabilidade civil*, cit., p. 107 e ss.
28. Acerca da definição de merecimento de tutela, confira-se, por todos: SOUZA, Eduardo Nunes. Merecimento de tutela: a nova fronteira da legalidade no direito civil. *Revista de Direito Privado*, São Paulo: Ed. RT, n. 58, p. 75-107. abr./jun. 2014.

pode significar o objeto ou o próprio direito subjetivo, opta-se por conceituar dano como lesão objetiva a interesse merecedor de tutela.[29]

A vantagem deste conceito está no enfoque dado ao objeto atingido (interesse) e não nas consequências advindas da lesão, sejam materiais ou emocionais, a fim de aferir seu merecimento de tutela pelo direito e a afastar indenizações por meros aborrecimentos.

Exposta a evolução do conceito de dano e sua importância como pressuposto do dever de indenizar, cabe tecer breves comentários sobre seus atributos, para saber o que determinadas situações necessitam para configurar o dano indenizável, bem como analisar as hipóteses lesivas admitidas pela doutrina, mas que flexibilizam esses atributos.

1.3 CARACTERÍSTICAS DO DANO RESSARCÍVEL: CERTEZA, ATUALIDADE E SUBSISTÊNCIA

A doutrina destaca, em sua maioria, dois principais atributos do dano para que este seja indenizável. Este tem que ser certo e atual, pois que nem todo dano é ressarcível para o ordenamento jurídico.

Por mais que a doutrina possua formas distintas de apresentar os requisitos para que um dano seja passível de ressarcimento, é perceptível que duas características estão sempre presentes na definição de tal dano: a certeza e a atualidade. Tais requisitos permitem a proteção do lesado pelo ordenamento jurídico, e caracterizam a tutela *ex post* dano da responsabilidade civil:

> Define-se o dano como a lesão a um bem jurídico. A doutrina ressalva, todavia, que nem todo dano é ressarcível. Necessário se faz que seja certo e atual. Certo é o dano não-hipotético, ou seja, determinado ou determinável. Atual é o dano já ocorrido ao tempo da responsabilização. Vale dizer: em regra, não se indeniza o dano futuro, pela simples razão de que o dano ainda não há. Diz-se "em regra" porque a evolução social fez surgir questões e anseios que desafiam a ideia de irreparabilidade do dano futuro.[30]

Parte da doutrina ainda considera que o dano deve ser subsistente como um atributo a mais que esse elemento precisa reunir para fazer jus à reparabilidade. Ressalte-se, também, como dito no tópico anterior, que o dano indenizável atualmente é apenas o dano injusto, ou seja, além de se revestir dos seus elementos necessários, ele deve ser dotado de injustiça, o que impede que seja meramente suportado pela vítima.

---

29. OLIVA, Milena Donato. Dano moral e inadimplemento contratual nas relações de consumo. *Revista de Direito do Consumidor*, São Paulo: Ed. RT, v. 93. maio 2014.
30. TEPEDINO, Gustavo; BARBOZA, Heloisa Helena; BODIN DE MORAES, Maria Celina. *Código Civil Interpretado conforme a Constituição da República*. 2. ed. Rio de Janeiro: Renovar, 2007, p. 338.

1.3.1 Certeza e prova do dano

Pois bem. Tem-se que nem todo dano é indenizável, não bastando que seja somente injusto. Caio Mario da Silva Pereira, por exemplo, leciona que somente será indenizável aquele dano "que preencher certos requisitos: *certeza, atualidade e subsistência*".[31]

A certeza do dano está consagrada nos artigos 402 e 403 do Código Civil de 2002,[32] sendo rechaçados, de plano, aqueles danos tidos por incertos ou hipotéticos. Certo é aquele dano que efetivamente existe, que é real, fundando sobre um fato preciso, sendo suportado pela esfera jurídica do lesado.

Deve-se ressaltar que esses dispositivos da lei civil também se aplicam à responsabilidade extracontratual, apesar de estarem localizados topograficamente na legislação na parte que cabe à responsabilidade contratual.[33]

Assim, o dano será certo quando for possível determiná-lo, em oposição a prejuízo hipotético, ao dano não concretizado. Conforme afirma Caio Mário da Silva Pereira, o

> outro requisito do dano é que seja *certo*. Não se compadece com o pedido de reparação um prejuízo meramente *eventual*. No momento em que se tenha um prejuízo conhecido, ele fundamenta a ação de perdas e danos, ainda que seja de consequências futuras, dizem os Mazeaud.[34]

Judith Martins-Costa aduz quanto ao requisito da certeza que seu significado implica que o dano não poderá jamais ser uma mera hipótese, mas que, contudo, pode-se admitir o ressarcimento de um prejuízo futuro que seja certo, e não apenas hipotético.[35]

Marco Aurélio Bezerra de Melo, ao lembrar da lição de A. Tunc e dos irmãos Mazeaud, aduz que "para que o dano mereça a qualificação de certo, o juiz deve ter a certeza de que o demandante se encontrava em uma situação melhor se o demandado não tivesse cometido o ato que se reprocha em juízo".[36]

---

31. PEREIRA, Caio Mário da Silva. *Responsabilidade civil*. 11. ed. rev. e atual. Rio de Janeiro: Forense, 2016, p. 56.
32. "Art. 402. Salvo as exceções expressamente previstas em lei, as perdas e danos devidas ao credor abrangem, além do que ele efetivamente perdeu, o que razoavelmente deixou de lucrar".
    "Art. 403. Ainda que a inexecução resulte de dolo do devedor, as perdas e danos só incluem os prejuízos efetivos e os lucros cessantes por efeito dela direto e imediato, sem prejuízo do disposto na lei processual".
33. MELO, cit., p. 63.
34. PEREIRA, cit., p. 57.
35. MARTINS-COSTA, Judith. *Comentários ao Novo Código Civil*. In: TEIXEIRA, Sálvio de Figueiredo (Coord.). Rio de Janeiro: Forense, 2003, p. 109 e ss.
36. MELO, cit., p. 64.

Por sua vez, René Rodière aduz que, para a configuração do dano ressarcível, importa que o prejuízo seja certo, de modo que não é necessário que esteja plenamente realizado, mas sim que se exige a certeza de sua produção ou que possa ser mensurado e constatado na ocasião da sentença da respectiva ação judicial que o discute.[37]

Assim, como amplamente aceito pela doutrina, a certeza é elemento imprescindível para a qualificação de determinado prejuízo como indenizável, e sua avaliação implica, notoriamente, a análise de sua eventualidade e atualidade, sendo inadmitido o dano eventual ou hipotético, mas plenamente aceita a hipótese de reparabilidade de um dano futuro e certo.

Nessa linha, Caio Mario da Silva Pereira, ao comentar a lição de Marty e Raynaud na obra *Droit civil: les obligations*, aduz restar claro que

> a *certeza do prejuízo* "é tão grande quanto possível, quando o dano é *realizado, atual*, no momento em que os juízes são chamados a decidir, e notadamente quando se trata da destruição ou deterioração de uma coisa material, de custos e despesas já realizados". Assentados neste raciocínio entendem que um prejuízo atual não implica sempre "certeza absoluta". O que influirá na qualificação consiste em apurar se o prejuízo terá um desenvolvimento no futuro, aí intervindo "a distinção entre o dano eventual e o dano futuro.[38]

Ainda, de modo a se evitar o ressarcimento de danos eventuais, o autor destaca que é imprescindível, para qualquer espécie de reparação, que haja a identificação de seu causador. Isso porque afirma que "é necessário estabelecer quem deve ser responsabilizado e quem tem direito a reclamar a indenização" e que cumpre "indicar com precisão o responsável, e caracterizar o credor das perdas e danos".[39]

Cabe ressaltar que a certeza do dano não se confunde com os critérios e meios de sua quantificação, que podem ser incertos, assunto que será melhor tratado no capítulo seguinte, quando da análise da função reparatória do instituto, já que se refere a sua existência, esta sim, deve ser provada e evidenciada.[40]

Ainda, já que o dano certo é elemento indispensável ao dever de indenizar, importante destacar que a constatação da sua certeza não implica a desnecessidade de o ofendido provar a sua ocorrência. O problema da prova

---

37. RODIÈRE, René. *La responsabilité civile*. Paris: Rousseau, 1952. n. 1.598; No mesmo sentido, vide: CHARTIER, Yves. *La réparation du préjudice dans la responsabilité civile*. Paris: Dalloz, 1983, n. 17, p. 25.
38. PEREIRA, cit., p. 59.
39. PEREIRA, cit., p. 60.
40. Nesse sentido, veja-se: ARAÚJO, Vaneska Donato de. Generalidade sobre o dano. In: HIRONAKA, Giselda M. F. Novais (Org.). *Direito civil*: responsabilidade civil. São Paulo: Ed. RT, 2008. v. 5.

do dano é tratado com critério pela doutrina, que é unânime em afirmar sua necessidade seja qual for a modalidade de responsabilidade civil (contratual ou extracontratual).[41]

A principal questão seria o grau de exigência de prova a depender da natureza do dano cuja reparação se pleiteia, se patrimonial ou extrapatrimonial. O dano patrimonial, como já se afirmou, pauta sua quantificação pela teoria da diferença. Ou seja, caso o ofendido comprove por meio de documentos hábeis que experimentou uma diminuição patrimonial certa, efetiva, fará jus ao exato montante comprovado.[42] Tanto assim o é que o Código Civil, em seu artigo 944, preceitua que a indenização se mede pela extensão do dano.

Exemplo claro na jurisprudência brasileira é o da a discussão a respeito da necessidade de comprovação dos prejuízos sofridos pelas usinas de açúcar e álcool, devido à atuação do extinto IAA,[43] quanto ao critério de liquidação dos prejuízos a serem ressarcidos.

A jurisprudência consolidada do STF e do STJ reconhecem o dever de indenizar da União Federal, em razão da violação aos arts. 9º, 10 e 11 da Lei 4.870/1965 e em decorrência da sua responsabilidade civil objetiva, nos termos do art. 37, § 6º da Constituição Federal. Ao longo do tempo, a jurisprudência do STJ e do STF se dividiu em duas correntes de entendimento: (a) de um lado, afirma-se a necessidade de comprovação dos danos efetivos (prejuízos contábeis) sofridos pelas entidades do setor sucro-alcooleiro, mediante apresentação de balanços contábeis e documentos que comprovem os custos de produção individuais; e (b) de outro lado, entende-se que bastaria o dano econômico (prejuízo patrimonial) constatado pela diferença entre os custos médios de produção apurados pela FGV e os preços fixados pelo Governo Federal.

Com o julgamento do REsp 1.347.136/DF, sob o rito dos recursos repetitivos, a 1ª Seção do STJ fixou a tese de que é necessária a comprovação dos danos efetivos (prejuízos contábeis) pelas usinas e destilarias, sob pena de se indenizar

---

41. MELO, cit., 2018, p. 68.
42. Nesse sentido, vide BODIN DE MORAES, Maria Celina. *Danos à pessoa humana*, cit., p. 161-162; e SCHREIBER, Anderson. *Novos paradigmas da responsabilidade civil*, cit., p. 104-105.
43. O IAA consistia em uma autarquia federal criada pelo Decreto 22.789/1933 e tinha como objetivo orientar, fomentar e controlar a produção de açúcar e álcool e de suas matérias-primas em todo o território nacional. Foi extinto pela Lei 8.029/1990 e a União Federal sucedeu ao IAA nos seus direitos e nas suas obrigações, nos termos do art. 23 da referida lei. E nos termos do art. 25 da Lei 8.029/1990, as atribuições do IAA seriam transferidas a outros órgãos e entidades da Administração Pública Federal, no caso, a Secretaria do Desenvolvimento Regional da Presidência da República (art. 1º, Decreto 99.288/1990). E a partir da Lei 8.178/1991, a atribuição para a fixação dos preços passou a ser do Ministério da Economia, Fazenda e Planejamento (art. 1º, Lei 8.178/1991).

dano hipotético,[44] tese a ser aplicada apenas aos casos em que já se teria efetivado o trânsito em julgado, sob pena de violação da coisa julgada.[45]

---

44. STJ. REsp 1.347.136/DF. 1ª Seção. Rel. Min. Eliana Calmon. J. em 11.12.2013. DJ em 07.02.2014. Ementa: "Administrativo e processual civil. Intervenção no domínio econômico. Responsabilidade civil. Setor sucroalcooleiro. Instituto do açúcar e do álcool – IAA. Fixação de preços. Lei 4.870/1965. Levantamento de custos de produção. Fundação Getúlio Vargas – FGV. Responsabilidade objetiva do estado. Art. 37, § 6º, da CF/1988. Comprovação do dano. Necessidade. Apuração do quantum debeatur. Liquidação por arbitramento. Cabimento. Indenização. Natureza jurídica. Liquidação com "dano zero" ou "sem resultado positivo". Possibilidade. Eficácia da lei 4.870/1965. Recurso especial. Matéria repetitiva. Art. 543-C do CPC e resolução STJ 8/2008. Recurso representativo de controvérsia. 1. A União Federal é responsável por prejuízos decorrentes da fixação de preços pelo governo federal para o setor sucroalcooleiro, em desacordo com os critérios previstos nos arts. 9º, 10 e 11 da Lei 4.870/1965, uma vez que teriam sido estabelecidos pelo Instituto do Açúcar e Álcool – IAA, em descompasso do levantamento de custos de produção apurados pela Fundação Getúlio Vargas – FGV. Precedentes. 2. Tratando-se de hipótese de responsabilidade civil objetiva do Estado, prevista no art. 37, § 6º, da Constituição Federal, necessária a demonstração da ação governamental, nexo de causalidade e dano. 3. Não é admissível a utilização do simples cálculo da diferença entre o preço praticado pelas empresas e os valores estipulados pelo IAA/FGV, como único parâmetro de definição do *quantum debeatur*. 4. O suposto prejuízo sofrido pelas empresas possui natureza jurídica dupla: danos emergentes (dano positivo) e lucros cessantes (dano negativo). Ambos exigem efetiva comprovação, não se admitindo indenização em caráter hipotético, ou presumido, dissociada da realidade efetivamente provada. Precedentes. 5. Quando reconhecido o direito à indenização (*an debeatur*), o *quantum debeatur* pode ser discutido em liquidação da sentença por arbitramento, em conformidade com o art. 475-C do CPC. 6. Não comprovada a extensão do dano (quantum debeatur), possível enquadrar-se em liquidação com "dano zero", ou "sem resultado positivo", ainda que reconhecido o dever da União em indenizar (an debeatur). 7. A eficácia da Lei 4.870/1965, que previa a sistemática de tabelamento de preços promovida pelo IAA, estendeu-se até o advento da Lei 8.178/1991, que instituiu nova política nacional de congelamento de preços. 8. Resolução do caso concreto: inexistência de ofensa ao art. 333, I, do CPC, na medida em que o autor não comprovou a ocorrência de efetivo dano, necessário para fins de responsabilidade civil do Estado, por descumprimento dos critérios estabelecidos nos arts. 9º e 10 da Lei 4.870/1965. 9. Recurso especial não provido. Acórdão submetido ao regime do art. 543-C do CPC e da Resolução 8/2008 do STJ. [Trecho do voto]: Na hipótese dos autos, entretanto, não há espaço para lucros cessantes ou prejuízo hipotético, nos moldes preconizados, porque a própria lei é quem fornece os parâmetros para a fixação do preço e este não é por unidade e sim por cálculo do custo da produtividade de cada empresa, pelas suas características de situação geográfica, otimização de produção, custos de matéria prima e outros insumos de produção. Em outras palavras, a indenização devida diz respeito ao que a empresa consumiu e produziu, gastando além do preço fixado pela autarquia, com reflexo no seu resultado econômico como um todo e não por cada unidade de preço. Para isto é imprescindível seja verificada a contabilidade da empresa, onde estão os registros dos elementos necessários à estimativa do prejuízo. Ao reconhecer o Poder Judiciário o dever de indenização às empresas do setor sucroalcooleiro, não pretendeu premiá-las pelo sacrifício do controle estatal de preços. Buscou naturalmente, dentro dos parâmetros da tese, o dever de indenizar, recompor os reais e efetivos prejuízos. Assim sendo, a prova pericial é indispensável, não apenas para se ter a fixação do preço de cada produto, mas também para a identificação do prejuízo efetivo. Afinal, nem todas as empresas tiveram otimização de produção, nem todas as empresas produziram e nem todas as empresas tiveram prejuízo, mesmo com a venda dos produtos pelos preços fixados pelo governo. (...) Assim, comprovada a defasagem do preço, o an debeatur, faz-se necessária a realização de nova perícia para apuração do quantum debeatur, nos moldes do art. 475-C, II, do CPC, que prevê a liquidação por arbitramento, se na primeira perícia não se cuidou de dimensionar [sic] o custo de produção. (...) Data venia, não é admissível a utilização do simples cálculo da diferença entre o preço praticado pelas empresas e os valores estipulados pelo IAA/FGV, como único parâmetro de definição do quantum debeatur. (...) A dispensa de comprovação pericial do prejuízo é inteiramente irreal, como pode ser demonstrado, em hipótese, para o só efeito de exercício".

Por sua vez, a prova do dano extrapatrimonial é a que gera maiores problemas para a doutrina e jurisprudência, ainda em busca de critérios objetivos e sólidos para a prova de sua configuração.

Isso porque, como se sabe, a prova e reparação integral do dano extrapatrimonial já enfrenta dificuldade inicial de plano, pois, como afirma Geneviève Viney, os danos morais revelam "prejuízos que, por definição, não possuem dimensão econômica são intraduzíveis em termos monetários".[46]

Ou seja, a sua reparação satisfatória não significa, necessariamente, reparação de toda sua extensão, já que sua verificação e mensuração não podem ser plenamente aferidas pelo julgador. Desse modo, conforme será exposto no próximo capítulo deste trabalho, a reparação dos danos extrapatrimoniais se traduz não em uma equivalência, mas sim em compensação.

Talvez por isso, a doutrina passou a admitir a teoria da presunção do dano extrapatrimonial, não se exigindo a comprovação efetiva de sua ocorrência para ensejar a indenização.[47]

Desse modo, em diversas hipóteses de reparabilidade de danos extrapatrimoniais, a doutrina e jurisprudência admitem não ser exigida a prova do dano, já que este decorria do próprio fato danoso (chamado dano *in re ipsa*, do qual o maior exemplo nos tribunais brasileiros seria o caso de negativação do nome do consumidor nos cadastros protetivos ao crédito).[48]

---

45. O REsp 1.347.136/DF foi objeto de recurso e submetido à apreciação do STF, no ARE 884.325, o qual teve a repercussão geral reconhecida pelo Tribunal Pleno. A controvérsia identificada pelo relator Min. Edson Fachin residiria na qualificação jurídica dos danos sofridos pelas entidades do setor sucro-alcooleiro, se: (a) danos econômicos (prejuízo patrimonial) decorrentes da diferença entre os preços de venda fixados pelo Governo Federal e os custos de produção estimados pela FGV, ou (b) danos efetivos (prejuízos contábeis), calculados a partir dos custos individuais de cada usina e destilaria, a partir dos documentos contábeis apresentados. O julgamento do recurso ainda não teve início no STF e desde 30.04.2018 se encontra pendente de julgamento.
46. VINEY, cit., p. 139.
47. Afirma Sérgio Cavalieri Filho que "o dano moral existe *in re ipsa*; deriva inexoravelmente do próprio fato ofensivo, de tal modo que, provada a ofensa, ipso facto está demonstrado o dano moral à guisa de uma presunção natural, uma presunção *hominis* ou *facti*, que decorre das regras da experiência comum" (CAVALIERI FILHO, Sérgio. *Programa de responsabilidade civil*. 2.ª ed. São Paulo: Malheiros, 1999, p. 20); "No caso da prova, o posicionamento majoritário caminha na direção de que o dano moral se faria presente em razão do próprio fato danoso, o que comumente tem se chamado de dano moral *in re ipsa*. Não se trata propriamente de dispensa da prova do dano moral, pois o agravo à dignidade humana deverá ser demonstrado pelo interessado na reparação. Na realidade, significa dizer que eventual sofrimento que possa advir da ofensa não precisa ser demonstrado" (MELO, cit., p. 147).
48. Vide: MELO, cit., 2018, p. 69; e, ainda, a lição de Roberto Senise Lisboa, que afirmar que "o dano presumido é, assim, comprovado mediante a prova da existência do fato alegado pela vítima. Trata-se de um dano *in re ipsa*, devendo o julgador se valer dos elementos demonstrativos da existência do fato para, ao eventualmente reconhecê-lo, fixar a indenização cabível" (LISBOA, Roberto Senise. *Manual de direito civil*: obrigações e responsabilidade civil. 3. ed. São Paulo: Ed. RT, 2004, p. 496).

Desse modo, o dever de indenizar, seja oriundo de um dano patrimonial ou extrapatrimonial, exige a constatação de um dano certo (ou, ao menos, de um fato existente do qual se presuma a violação à dignidade humana ou aos direitos da personalidade da vítima), sem o qual não se pode falar em obrigação de reparação ou em responsabilidade civil. Ou seja, o dever de indenizar existe na medida da extensão do prejuízo certo, que deverá ser real e aferível.

Diante disso, conclui Paulo de Tarso Sanseverino que se considera

> a certeza como o principal elemento para a caracterização do dano, exigindo-se que a ofensa aos interesses do lesado seja efetiva sem qualquer margem de dúvida acerca da sua existência, não englobando os prejuízos hipotéticos ou de duvidosa verificação. (...) A certeza significa que a lesão ao interesse do prejudicado deve ser real e efetiva sem deixar dúvida acerca da sua existência ou realidade, ficando excluídos, assim, os danos hipotéticos.[49]

1.3.2 Atualidade

Mas o dano deve, ainda, ser atual. A atualidade do dano significa possuir contemporaneidade com a lesão, que o prejuízo já tenha ocorrido, excluindo danos eventuais. Porém, mesmo atrelada à certeza do dano, como evento real que ocorreu e lesou alguém, a doutrina já a vem flexibilizando, não sendo totalmente capital para a reparabilidade.

Afirma-se que não é correto eliminar o dano futuro das hipóteses de ressarcibilidade, eis que poderá ser indenizável "desde que, ao tempo da responsabilização, já se possam verificar os fatos que, com certeza ou com razoável probabilidade darão ensejo a prejuízos projetados no tempo".[50]

Destaca-se, nessa linha, o entendimento de Caio Mário da Silva Pereira, que afirma que o que se descarta da reparação é o dano meramente hipotético, eventual ou conjuntural, ou seja, aquele que nunca virá a se concretizar, e não o dano futuro. E prossegue, ao dizer que atual é o dano

> que já existe ou já existiu 'no momento da ação de responsabilidade (...) Mas ver-se-á que a regra não é absoluta (...). É o próprio Lalou quem ressalva que uma ação de perdas e danos por um prejuízo futuro é possível, quando este prejuízo é a consequência de um 'dano presente e que os tribunais tenham elementos de apreciação para avaliar o prejuízo futuro'.[51]

Portanto, isso significa dizer que não se exige que o prejuízo esteja totalmente realizado no momento da ocorrência do evento danoso, mas sim que se possa

---

49. SANSEVERINO, Paulo de Tarso Vieira. *Princípio da reparação integral*: indenização no Código Civil. São Paulo: Saraiva, 2010, p. 164.
50. GUEDES, Gisela Sampaio da Cruz. *Lucros cessantes*: do bom-senso ao postulado normativo da razoabilidade. São Paulo: Ed. RT, 2011, p. 57.
51. PEREIRA, op. cit., 2016, p. 56.

ter a certeza de que ele se produzirá ou que possa ser objeto de avaliação pelo julgador no momento da sentença da ação indenizatória.[52]

Ou seja, deve-se pontuar que o momento em que se produz o evento lesivo nada diz para a diferenciação pretendida, pois tanto aquilo que se efetivamente perdeu quanto o que se razoavelmente deixou de lucrar podem se verificar em momento concomitante à lesão ou no futuro.[53]

Por exemplo, os lucros cessantes representam interesse futuro, mesmo que decorrentes de evento presente. Na realidade, o critério temporal adota como marco decisivo "o período em que é proferida a decisão judicial (...), isto é, o momento em que será fixada a indenização".[54]

Assim, o atributo da atualidade do dano não deve ser visto como insuperável, pois é aceita pela doutrina e jurisprudência a indenização pelos danos futuros, alguns previstos até mesmo pela lei, que resguarda a vítima não somente quanto aos danos emergentes, mas também quanto aos lucros cessantes,[55] espécies de dano que serão analisadas no próximo capítulo.

---

52. RODIÈRE, René, cit., n. 1.598.
53. Nesse sentido, afirma Fernando Noronha que "são danos futuros não só aqueles que constituem prolongamento no tempo de um dano que já existe agora, como aqueles que só se manifestarão mais adiante, embora em decorrência do fato antijurídico lesivo que está sendo considerado" (*Direito das obrigações*, v. 1. São Paulo: Saraiva, 2003, p. 578). Ainda, vide SAVI, Sérgio. Inadimplemento das obrigações, mora e perdas e danos. In: TEPEDINO, Gustavo (Coord.). *Obrigações*: estudos na perspectiva civil-constitucional. Rio de Janeiro: Renovar, 2005, p. 479.
54. GUEDES, Gisela Sampaio da Cruz. *Lucros cessantes*, cit., p. 58.
55. Essa é a lição de Paulo de Tarso Vieira Sanseverino, já que o Ministro afirma que "além das perdas em geral já sofridas pela vítima até o momento da sentença prolatada na ação indenizatória, em que o requisito da certeza de sua existência é de fácil aferição, a reparação inclui também prejuízos futuros (danos emergentes e lucros cessantes), desde que mantenham relação de causalidade com o evento danoso. (...) Nos lucros cessantes, que frequentemente incluem prejuízos ainda não ocorridos, o próprio legislador estabelece os limites para sua indenização (art. 402 do CC/2002). (...) O importante, no momento, é deixar claro que, quer em relação aos lucros cessantes, quer em relação aos danos futuros, deve-se estabelecer, com razoável precisão, a relação de causalidade entre o fato gerador e os prejuízos sofridos pelo lesado. Em outras palavras, os danos alegados pela vítima devem ter sido provocados pelo fato imputado ao agente responsável, devendo-se estabelecer, pela formulação de um juízo de razoabilidade ou verossimilhança, essa ligação. A existência da relação de causa e efeito é evidente quando os danos emergentes ou os lucros cessantes futuros sejam apenas um prolongamento dos prejuízos atuais (...). Quando se busca o ressarcimento de novos prejuízos que a vítima venha a sofrer no futuro, a questão terna-se mais delicada (...). Nessas hipóteses, o juiz deve ter muito cuidado em estabelecer o nexo de causalidade entre o fato e os danos, devendo formular um juízo de probabilidade. (...) O importante é deixar claro que a reparação integral exige que a indenização compreenda não apenas os prejuízos já implementados no momento da decisão da demanda indenizatória, mas também os futuros a serem suportados pelo lesado, que, avaliados com razoabilidade, mantenham uma relação de causalidade com o fato gerador da responsabilidade civil. Desse modo, estar-se-á concretizando o princípio da reparação integral" (SANSEVERINO, Paulo de Tarso Vieira, cit., 2010, p. 165 e 188).

Portanto, os danos ressarcíveis serão aqueles dotados de certeza, atuais ou futuros, excluindo-se o ressarcimento de danos eventuais.[56] A doutrina também destaca, ao tratar do tema, a reparabilidade da perda de uma chance, tema que será abordado no último tópico deste capítulo, por opção sistemática do trabalho.

1.3.3 Subsistência

Por fim, quanto ao requisito da subsistência, a doutrina aponta que o dano, no momento da reparação, deve persistir na esfera jurídica da vítima, a fim de que seja reparável. Nesse sentido, Antônio Jeová Santos afirma que o prejuízo deve existir no momento da propositura da ação, de modo que o dano exista no momento em que a vítima efetuar seu pedido na órbita judicial.[57]

Na mesma linha, Caio Mário da Silva Pereira adere à característica da subsistência e comenta que não será ressarcível o dano que já tenha sido reparado pelo responsável, na medida em que "se resultar provado que, com a conduta reparatória do agente, o dano terá sido totalmente apagado, quando a vítima ajuizou o pedido".[58]

Por sua vez, Marco Aurélio Bezerra de Melo aduz que o dano deve ser subsistente, de modo que ainda "não tenha sido reparado pelo próprio ofensor ou por um terceiro, como acontece com a indenização securitária".[59]

Assim, a subsistência relaciona-se com a concretização do dano e que este ainda esteja sendo suportado pela esfera jurídica lesada quando exercida a pretensão, pois se o dano já foi reparado perde-se o interesse da responsabilidade civil, devendo ele subsistir no momento da exigibilidade em juízo.[60]

***

Como se viu, o dever de indenizar se configura a partir do surgimento do dano que decorre da violação de interesse objetivo merecedor de tutela pelo

---

56. "O prejuízo eventual, por sua vez, não é mais do que uma expectativa, com natureza hipotética e sem o requisito da certeza. Situa-se, nesse ponto, o delicado problema debatido pela doutrina e pala jurisprudência acerca da reparabilidade da perda de uma chance, pois alguns autores (...), a consideram apenas um prejuízo eventual e, consequentemente, insuscetível de ser indenizada" (SANSEVERINO, Paulo de Tarso Vieira, cit., p. 166).
57. Nesse sentido, vide: SANTOS, Antônio Jeová. *Dano moral indenizável*. São Paulo: Ed. RT, 2003; e, ARAÚJO, Vaneska Donato de, cit., 2008.
58. PEREIRA, cit., p. 57.
59. MELO, cit., p. 66.
60. GAGLIANO, Pablo Stolze; PAMPLONA FILHO, Rodolfo. *Novo curso de direito civil*: responsabilidade civil. 8. ed. São Paulo: Saraiva, 2010.

ordenamento.⁶¹ É o dano, certo, atual e subsistente, então, que desencadeia a responsabilidade civil, ramo que ainda está voltado à sua função reparatória.

Com o reconhecimento de novos interesses, flexibilização de seus pressupostos e a admissão de indenização de danos não revestidos totalmente de certeza e atualidade,⁶² cresce na doutrina a admissão da responsabilidade civil preventiva ou sem dano.⁶³

Para a configuração de uma atuação preventiva da responsabilidade civil, caberia falar em superação do requisito da certeza do dano ou no alargamento deste, a se admitir, por exemplo, danos de ameaça ou por exposição ao risco,⁶⁴ ou seja, por prejuízo futuro incerto? Ou se cogitaria do surgimento de dever de indenizar pela mera violação a um dever jurídico? É frente aos novos desafios da sociedade contemporânea que o desafio do jurista se torna, justamente, encontrar balizas e definir o *locus* de atuação desse instituto, de modo a compatibilizar suas funções com a tutela integral da vítima.

Uma distinção há muito debatida na doutrina pode vir a auxiliar o intérprete nesse árduo caminho de distinguir os interesses ressarcíveis e as hipóteses de incidência da responsabilidade civil, à luz da incorporação de seu paradigma preventivo: trata-se da diferenciação entre o dano-evento e o dano-prejuízo.

---

61. SCHREIBER, Anderson, *Novos paradigmas da responsabilidade civil*: da erosão dos filtros da reparação à diluição dos danos, cit., p. 109.
62. "Em regra, o simples perigo de sofrer um dano não pode se converter em indenização patrimonial, mas nas questões relativas à ofensa à dignidade humana, pode vir a ser admissível a ocorrência de dano moral" (MELO, Marco Aurélio Bezerra de. *Curso de direito civil*. São Paulo: Atlas, 2015, v. 4, p. 72).
63. Sobre a reformulação da responsabilidade civil em busca da internalização do viés preventivo, pautada, inclusive, na violação do dever geral de cuidado, v. GONDIM, Glenda Gonçalves. *Responsabilidade civil sem dano*: da lógica reparatória à lógica inibitória. Dissertação (mestrado). Pós-Graduação em Direito das Relações Sociais – Mestrado, Universidade Federal do Paraná. Curitiba, 2015.
64. "O reconhecimento dos danos por exposição é de extrema importância porque são eles que demarcam a fronteira última entre o dano e a mera ilicitude como pressuposto para a indenização. Parte dos teóricos da responsabilidade civil sem danos vê neles precisamente a manifestação da novel modalidade de responsabilidade que defendem" (CARRÁ, Bruno Leonardo Câmara. *Responsabilidade civil sem dano*: uma análise crítica – limites epistêmicos a uma responsabilidade civil preventiva ou por simples conduta. São Paulo: Atlas, 2015, p. 251). Vale reproduzir, ainda, relevante passagem de LOPEZ, Teresa Ancona. *Princípio da precaução e evolução da responsabilidade civil*. São Paulo: Quartier Latin, 2010, p. 240-241: "Em síntese, o princípio da precaução veio para ficar e para se expandir cada vez mais. Com a sua consagração, tivemos uma bipartição da responsabilidade civil em compensatória (reparação integral) e responsabilidade preventiva (precaução e prevenção). Enquanto na primeira precisamos do dano como pressuposto para sua efetivação, na segunda há a imputação da responsabilidade pela exposição de terceiros a riscos que podem se tornar danos irreversíveis. Ou seja, é a responsabilidade sem dano. A ameaça de dano e o medo dos indivíduos basta para sua aplicação".

1.4 DANO-EVENTO E DANO-PREJUÍZO: FRONTEIRAS DA RESSARCIBILIDADE DO DANO

Como visto, a responsabilidade civil se consolidou ao redor da existência do dano, sendo este o seu motivo de existência, de modo que a reparação é sua finalidade primordial, devendo a vítima ser recomposta ao estado que estava antes da lesão ou que poderia ter alcançado se ela não ocorresse.

Nesse sentido, a doutrina construiu a máxima de que sempre a constatação de consequência lesiva ao patrimônio da vítima seria o pressuposto essencial para deflagrar o dever de indenizar, justamente para restabelecer as partes ao momento anterior a sua ocorrência.[65]

Henri Lalou já falou de forma incisiva que não se pode deflagrar a obrigação de indenizar sem que haja prejuízo, já que este é elemento essencial da responsabilidade civil, ao dizer que *"Pas de préjudice, pas de responsabilité civile"*.[66]

Nessa linha, reforça-se que a responsabilidade civil, em qualquer modalidade, possui por finalidade a recomposição do patrimônio jurídico da vítima e, sem a falta de ocorrência do dano, não há nada o que ser reparado.

Cumpre destacar que Sérgio Cavalieri Filho afirma que o dano seria o grande vilão da responsabilidade civil, já que não há que se falar em indenização ou ressarcimento diante de sua ausência, ao destacar que pode haver responsabilidade sem culpa, mas nunca sem o dano comprovado. Isso porque a reparação ou indenização do dano, com o retorno da vítima ao *status quo ante*, é o objetivo da responsabilidade civil. Conclui que não haveria o que ressarcir à vítima se esta não sofreu dano, sendo descabida a imputação de responsabilidade civil.[67]

O dano está tão intimamente ligado à responsabilidade civil que Aguiar Dias aduz que seria grave truísmo afirmar que pode haver responsabilidade sem a

---

65. "Se o motorista, apesar de ter avançado o sinal, não atropela ninguém, nem bate em outro veículo; se o prédio desmorona por falta de conservação pelo proprietário, mas não atinge nenhuma pessoa ou outros bens, não haverá o que indenizar. (...) O ato ilícito nunca será aquilo que os penalistas chamam de crime de mera conduta; será sempre um delito material, com resultado de dano. Sem dano pode haver responsabilidade penal, mas não há responsabilidade civil" (CAVALIERI FILHO, Sérgio. *Programa de responsabilidade civil*. 10. ed. São Paulo: Atlas, 2012, p. 76-77).
66. LALOU, Henri. *Responsabilité civile*. Paris: Dalloz, 1962, n. 135.
67. CAVALIERI FILHO, Sérgio. *Programa de responsabilidade civil*, cit. p. 71. Destaca-se a seguinte passagem: "Sem dano pode haver responsabilidade penal, mas não responsabilidade civil. Indenização sem dano importaria enriquecimento ilícito; enriquecimento sem causa para que a recebesse e pena a quem a pagasse, porquanto o objetivo da indenização, sabemos todos, é reparar o prejuízo sofrido pela vítima, reintegrá-lo ao estado em que se encontrava antes da prática do ato ilícito. E se a vítima não sofreu nenhum prejuízo, a todo evidenciado, não haverá o que ressarcir".

ocorrência de dano, porque, como a responsabilidade civil implica em obrigação de ressarcir, "logicamente não pode concretizar-se onde nada há que reparar".[68]

Mas, da conceituação de dano como violação a interesse jurídico da parte lesada, devido à amplitude do termo e sua conceituação aberta, importante destacar que o dano ressarcível deve ser visto como "toda afetação negativa da esfera jurídica alheia".[69]

A partir dessa base, parte da doutrina passou a analisar a questão por meio de outra perspectiva, a de que o dano só seria compreensível a partir de duas dimensões, uma natural e uma jurídica, que lhe são essenciais, divididas em dano-evento e dano-prejuízo.

Nessa perspectiva, o dano seria, sob um viés, a lesão ao direito subjetivo ou ao interesse juridicamente protegido (dano-evento). Por outro lado, o dano também seria a consequência da lesão, o chamado dano-prejuízo, de modo que, para a configuração jurídica do dano, ambas as faces seriam de necessária manifestação. Assim, percebe-se o dano como fenômeno jurídico dúplice, dividido entre o dano-evento e o dano-prejuízo.

Nesse sentido, Silvano Flumignan afirma que

> Na ótica da consequência, entende-se o dano como a alteração negativa de determinada situação da vítima, quer seja ela econômica, física ou psíquica. Já, para a outra, seria o contraste do resultado da conduta com regras ou princípios de proteção de interesses lesados. Uma noção completa do fenômeno do dano só é possível se forem levadas em conta essas duas vertentes. Nenhuma delas separadamente é suficiente para uma completa noção do termo. É nesse contexto que se insere a noção de dano-evento e de dano-prejuízo. Dano-evento, portanto, é a lesão ao direito subjetivo ou ao interesse protegido por uma norma. Já o dano-prejuízo é a consequência dessa lesão. Para a caracterização do fenômeno jurídico do dano, pressuposto da responsabilidade civil, e do dever de ressarcir, ambos precisam estar presentes.[70]

---

68. DIAS, José Aguiar. *Da responsabilidade civil*. 9. ed. Rio de Janeiro: Forense, 1994, v. 2, n. 224.
69. ANGELIN, Karinne Ansiliero. *Dano injusto como pressuposto do dever de indenizar*. Dissertação (mestrado). Faculdade de Direito da Universidade de São Paulo. São Paulo, 2012, p. 65. Ainda, afirma a autora que, em regra, "tanto o dano-evento quanto o dano-prejuízo estarão presentes. Entretanto, é perfeitamente possível que haja dano-evento sem que haja dano-prejuízo. Pode-se pensar no seguinte exemplo: um pedreiro quer demolir o muro de sua própria casa. Programa para executar o serviço em determinado dia. No dia anterior ao que iria executá-lo, um caminhoneiro embriagado perde a direção do veículo que conduzia e colide no muro, derrubando-o. Não há aqui dano-prejuízo. Há tão somente dano-evento. A conduta do caminhoneiro violou uma posição jurídica subjetiva alheia (ingerência ilegítima na esfera jurídica alheia), mas esse ato não gerou prejuízo, isto é, não gerou efetiva repercussão (afetação) negativa a essa posição jurídica. Logo, não há dever de indenizar. O que se indeniza é o dano-prejuízo".
70. FLUMIGNAN, Silvano José Gomes. *Dano-evento e dano-prejuízo*. Dissertação (doutorado). Faculdade de Direito da Universidade de São Paulo. São Paulo, 2009, p. 43-44.

Prossegue o autor aduzindo que "o dano-evento pode ser à pessoa, ao patrimônio, à figura social da pessoa ou a um terceiro, ou seja, trata-se de uma lesão ao direito ou ao interesse protegido". Por sua vez, o dano-prejuízo pode ser "patrimonial ou não-patrimonial, tendo por base o indivíduo, e social, tendo por base a sociedade como um todo".[71]

Silvano Flumignan conclui que o dano deve ser encarado como "consequência da lesão (...) que se refletirá no objeto da indenização", sendo o resultado de uma conduta lesiva e que se expressa de duas formas: o dano-evento e o dano-prejuízo, divisão que "guiará o interprete na compreensão e na aplicação de toda a responsabilidade civil". Ainda, aduz que o dano é o resultado da conduta e com ela não se confunde para a responsabilidade civil, pois "um ato ou uma atividade podem ser lícitos ou ilícitos. O dano é o resultado desse ato ou atividade".[72]

Em termos práticos, quem sustenta essa corrente de configuração do evento danoso aduz que

> A diferença entre dano-evento e dano-prejuízo explica a diferença entre dano e quantificação do dano. Enquanto o dano está ligado ao fato lesivo – e, portanto, ao *an debeatur* – a quantificação dos danos está ligada às consequências do dano – ao *quantum debeatur*.[73]

Ainda sobre essa teoria, seus defensores destacam que o dano representa um fenômeno unitário e que essa distinção somente pode se dar no plano ideológico. A unicidade do dano não traria um problema para a dogmática da responsabilidade civil; pelo contrário, essa distinção auxilia o intérprete por gerar diferenciação entre a lesão ao direito e a consequência prejudicial.

Assim, como é consequência direta da lesão ao interesse jurídico, o dano-prejuízo será mediato e, sem o prejuízo, apenas se poderia falar em responsabilidade penal, mas nunca na ocorrência de responsabilidade civil, já que uma indenização sem dano importaria, então, em enriquecimento sem causa de quem a reclama.

---

71. O simples prejuízo, sem a lesão ao direito, faz parte apenas dos fatos naturais sem consequências jurídicas. O lesado, para exigir o ressarcimento, precisa demonstrar que existe um interesse violado ou agravado, que a lesão afeta, em sua esfera própria, a satisfação ou gozo de bens jurídicos sobre os quais exerça faculdade de agir. O mesmo ocorre com o prejuízo, que por si só não indica a necessidade de reparação; é apenas um pressuposto" (FLUMIGNAN, Silvano José Gomes. *Dano-evento e dano-prejuízo*. Dissertação (mestrado). Faculdade de Direito da Universidade de São Paulo. São Paulo, 2009, p. 14-15).
72. FLUMIGNAN, Silvano José Gomes. Uma nova proposta para a diferenciação entre o dano moral, o dano social e os punitive damages. *Revista dos Tribunais*, v. 958, p. 2, ago. 2015.
73. CARVALHO, Henrique Araújo de. *Aspectos jurídicos da quantificação do dano em ações reparatórias individuais por danos decorrentes da prática de cartel*. Monografia (Graduação). Faculdade de Direito da Universidade de Brasília, Brasília, 2017, p. 7.

Na mesma linha, Antonio Junqueira de Azevedo afirma que há uma diferença funcional entre a responsabilidade civil e penal, de modo que a simples conduta ou violação de dever jurídico não seria suficiente a atrair a obrigação de indenizar, sendo imprescindível a ocorrência de dano prejuízo. Isso, para o autor, fica bem claro na superação da ideia de que o dano estaria atrelado ao ato ilícito, já que o foco da responsabilidade civil se deslocou "para a vítima e o dano", e que "não há, porém, responsabilidade sem dano".[74]

E prossegue o autor, ao afirmar que

> O ideal seria sempre se referir a dano-evento (1º momento) e a dano-prejuízo (2º momento); o dano-evento pode ser ou na pessoa ou no patrimônio ou na figura social da pessoa ou, até mesmo, em terceiro, enquanto o dano-prejuízo, como consequência daquele, somente pode ser patrimonial ou não patrimonial (dano moral). Assim: o dano-evento pode ser na pessoa e o dano-prejuízo, ser patrimonial, se, por exemplo, por causa de lesão à integridade física, se passarem muitos dias não trabalhados; ou o dano-evento ser no patrimônio e o dano-prejuízo ser não patrimonial, se, verbi gratia, se trata de destruição de objeto com alto valor de afeição; ou, ainda, o dano-evento ser em terceiro (vítima) e o dano-prejuízo ser do pai ou do filho da vítima. Percebe-se que, na linguagem normal, pode se dizer que constituem "lesão", ou "dano", tanto os primeiros fatos dos exemplos dados – lesão ou dano ao bem protegido – quanto os segundos – lesão ou dano como prejuízo patrimonial ou não patrimonial.[75]

Com base nessa teoria e com o novo paradigma assumido pela responsabilidade civil no direito personalizado e funcionalizado à luz da dignidade humana e dos valores constitucionais, parte da doutrina defende que a existência do dano-evento bastaria para configurar a responsabilidade civil do ofensor.

Desse modo, ao se conceber a responsabilidade civil com o escopo amplo de desestimular condutas censuráveis e violadoras (dano-evento), seria cabível defender uma responsabilidade civil sem dano.[76]

Nessa linha, ao pontuar acerca da possibilidade de responsabilidade civil sem dano, a doutrina destaca que, se se olhar para os termos e requisitos da responsabilidade civil clássica, a resposta seria sempre negativa. Com razão, já que pelo paradigma reparatório, não é plausível se valer de uma responsabi-

---

74. AZEVEDO, Antonio Junqueira de. O direito como sistema complexo e de segunda ordem; sua autonomia. Ato nulo e ato ilícito. Diferença de espírito entre responsabilidade civil e penal. Necessidade de prejuízo para haver direito de indenização na responsabilidade civil. *Civilistica.com*. Rio de Janeiro, a. 2, n. 3, , p. 9, jul./set. 2013. Disponível em: http://civilistica.com/o-direito-como-sistemacomplexo--e-de-segunda-ordem/. Acesso em: 15 out. 2018.
75. Ibidem, p. 11.
76. BONNA, Alexandre Pereira; LEAL, Pastora do Socorro Teixeira. Responsabilidade civil sem dano-prejuízo? *Revista Eletrônica Direito e Política*. v. 12. n. 2, p. 56-71. 2017.

lidade-civil sem dano, porque a responsabilidade civil se resumiria a reparar e nada mais.[77]

Com a já exposta renovada interpretação e construção do direito civil, a responsabilidade civil deve ser guiada pelo ideal protetivo da pessoa humana, como instrumento de realização de seus direitos básicos. Fomenta-se a tutela da pessoa humana, ao seguir os ditames constitucionais, de modo a inibir condutas que potencialmente possam causar danos à pessoa humana, por causa da verba indenizatória a ser imposta ao ofensor, o que configuraria verdadeiro desestímulo.

Para essa corrente, é precisamente nesse momento que a responsabilidade civil, revigorada e dotada de uma função preventiva, atuaria como instrumento de efetividade da dignidade humana e solidariedade naqueles casos em que houvesse a violação de interesse jurídico em abstrato, mas sem configurar prejuízo à vítima.

Parte da doutrina defende que a responsabilidade civil atuaria de modo a impor verba indenizatória de cunho punitivo-preventivo, notadamente por meio dos *punitive damages*, como forma de desestimular o ofensor a atividades ou condutas que violem interesses e que são, potencialmente, causadoras de danos-prejuízo e, ainda, impor padrões de condutas socialmente desejáveis, para contribuir com essa função de inibir o ofensor e para que não incorra na mesma prática lesiva.[78]

Ou seja, para essa corrente, com adoção do paradigma preventivo, poderia se tornar plausível a sanção ao ressarcimento, com viés punitivo ou preventivo, a fim de fixar o padrão de comportamento desejável, e configurando, mesmo sem a ocorrência de dano-prejuízo, repressão por parte do ordenamento jurídico, de modo a inibir ou mitigar a chance de ocorrer um dano-prejuízo futuro, ao tutelar as situações de condutas meramente violadoras de interesses jurídicos (dano-evento).

Permita-se concordar com Antonio Junqueira de Azevedo, pois mesmo com a divisão apresentada, não significa dizer que haverá deflagração do dever de reparar pela simples ocorrência do dano-evento, já que o prejuízo, para ser indenizável, como se viu, deve principalmente ser certo, de modo a evitar a indenização de danos eventuais e, caso algum evento não gere consequências negativas ao patrimônio da vítima, não haverá indenização a ser pleiteada.

---

77. FARIAS, Cristiano Chaves de; BRAGA NETTO, Felipe Peixoto; ROSENVALD, Nelson. *Novo tratado de responsabilidade civil*. São Paulo: Atlas, 2015, p. 57.
78. BONNA, Alexandre Pereira; LEAL, Pastora do Socorro Teixeira. Responsabilidade civil sem dano--prejuízo? *Revista Eletrônica Direito e Política*, cit., p. 63 e 65.

Assim, o que se tem, na realidade e até então, são situações em que o intérprete flexibiliza algum dos atributos do dano ressarcível, para que se torne possível admitir o dever de indenizar. Mas isso não significa que há responsabilidade civil sem dano, muito menos que a adoção ou reconhecimento da função preventiva da responsabilidade civil signifique que o dano possa ser desconsiderado, de modo a se admitir responsabilização por meras condutas ilícitas.

* * *

A fim de exemplificar essa premissa, cumpre analisar as recentes e corriqueiras figuras lesivas admitidas pela jurisprudência e que prescindem da totalidade da certeza ou atualidade do dano, mas, mesmo assim, não deixam de desconsiderar o prejuízo para deflagrar a obrigação reparatória.

1.5 SITUAÇÕES DANOSAS LIMÍTROFES E SEU TRATAMENTO NA DOUTRINA E NA JURISPRUDÊNCIA: O RECONHECIMENTO DE NOVOS DANOS

Como visto, na atualidade, o elemento do dano alcançou papel central na responsabilidade civil. Os valores da solidariedade social e da dignidade humana, alçados a fundamentos da ordem jurídica, aliados ao maciço crescimento tecnológico, alteraram o escopo da responsabilidade civil, que passou a se preocupar mais com a tutela da vítima e dos danos ressarcíveis do que com a conduta ou punição do ofensor. Assistiu-se, assim, ao reconhecimento de novos interesses tuteláveis e ao surgimento de inúmeros novos danos, na esteira do avanço tecnológico e do incremento de riscos, instituindo verdadeira "era dos danos".[79]

Ou seja, ampliam-se os danos ressarcíveis, principalmente com o reconhecimento de novas e diferentes lesões a interesses extrapatrimoniais[80] e novas figuras de danos patrimoniais são construídas pela doutrina e acolhidas pela jurisprudência. É o caso, por exemplo, das violações à integridade psicofísica, do chamado dano estético,[81] e do controvertido dano pela privação do uso. Para-

---

79. Sobre o surgimento dos novos danos, vide VINEY, Geneviève. *De la codification du Droit de la responsabilité civile*: l'expérience Française. Disponível em: http://www.cslf.gouv.qc.ca. Acesso em: 30 set. 2018.
80. TEPEDINO, Gustavo. A tutela da personalidade no ordenamento civil-constitucional brasileiro. *Temas de Direito Civil*. 4. ed. Rio de Janeiro: Renovar, 2008, passim; e, SCHREIBER, Anderson. *Novos paradigmas da responsabilidade civil*: da erosão dos filtros da reparação à diluição dos danos. 5. ed. São Paulo: Atlas, 2013.
81. Pode-se dizer que o dano estético representa "qualquer modificação duradoura ou permanente na aparência externa de uma pessoa" (LOPEZ, Teresa Ancona. *O dano estético*. São Paulo: Ed. RT, 1999, p. 38). Ainda, destaca-se a lição de Carlos Edison do Rêgo Monteiro Filho, que, acertadamente, aduz que o dano estético representa modalidade de dano moral, caracterizada pela lesão estética, que o singulariza (MONTEIRO FILHO, Carlos Edison do Rêgo. *Elementos de responsabilidade civil por dano*

lelamente, multiplicam-se as demandas com base em direitos supraindividuais, tais como os relativos ao meio ambiente e a direitos coletivos dos consumidores, a se admitir o dano moral coletivo.

Essas construções, de maior ou menor modo, representam a desvinculação do dano ao conceito de ato ilícito e a passagem para a tutela do interesse lesado. Ainda, representam como a doutrina da responsabilidade civil evoluiu os seus elementos, de modo a flexibilizá-los, já que, por exemplo, nessas e em outras figuras, os elementos da atualidade e, principalmente, da certeza do dano, são relativizados para possibilitar o ressarcimento da vítima e o cumprimento da função reparatória.

Deve-se destacar que, com a expansão dos danos ressarcíveis, o elemento central da responsabilidade civil passa a abarcar novos interesses, de modo que não se exclui, *a priori*, a ressarcibilidade de danos provenientes de situações antes não reconhecidas pelo ordenamento jurídico como aptas a gerar o dever de indenizar, em atenção à dignidade e à solidariedade, para cumprir com a função da responsabilidade de reparar a vítima integralmente.

Como exemplo dessas situações, e sem a pretensão de esgotar as discussões existentes, serão analisados os casos da perda de uma chance, do chamado dano por privação do uso, da admissibilidade do dano moral coletivo e da reparação do dano ambiental, que se valem de espectros de tutela diferenciados.

1.5.1 Indenização pela perda de uma chance

Com o reconhecimento de novos interesses, a flexibilização de seus pressupostos e a admissão de indenização de danos não revestidos totalmente de certeza e atualidade,[82] ganhou espaço na doutrina a admissão da indenização de danos decorrentes da perda de uma chance, apesar de suas tormentosas fronteiras entre certeza e probabilidade, bem como atualidade e posterioridade.

---

moral. Rio de Janeiro: Renovar, 2000, p. 51). Por fim, deve-se ressaltar que é admitida na jurisprudência a cumulação de pretensões ressarcitórias extrapatrimoniais e estéticas, vide STJ. REsp 65.393/RJ. 4ª Turma. Rel. Min. Ruy Rosado de Aguiar Jr. J. em 30.10.1995. DJ em 18.12.1995), bem como que tal possibilidade está firmada na Súmula n. 387 do STJ, *in verbis*: "É lícita a cumulação das indenizações de dano estético e dano moral".

82. "Vimos que apenas o dano que for certo, isto é, determinado, é passível de reparação e, por outro lado, não poderá sê-lo o dano suposto ou hipotético. Entre um e outro se coloca o dano pela perda de uma chance (*perte d'une chance*), em que se postula uma indenização material ou moral em razão da privação de se evitar um prejuízo ou de ter uma vantagem. (...) Em regra, o simples perigo de sofrer um dano não pode se converter em indenização patrimonial, mas nas questões relativas à ofensa à dignidade humana, pode vir a ser admissível a ocorrência de dano moral" (MELO, Marco Aurélio Bezerra de. *Curso de direito civil*: responsabilidade civil. São Paulo: Atlas, 2015, v. 4. p. 65 e 69).

A teoria da perda de uma chance, importada da doutrina francesa,[83] aduz que a chance em si mesma, de obter certo benefício[84] ou evitar um prejuízo,[85] seria um interesse tutelável que, caso violado, poderia gerar pretensão indenizatória para o seu titular.

O interessante a destacar para fins deste estudo é que, diferentemente das perdas e danos, a indenização aqui se dá pela legítima oportunidade perdida e não pela vantagem em si.[86] A indenização pela perda de uma chance "aplica-se, portanto, àquela situação em que a vítima se vê privada de uma oportunidade de vir a ganhar determinado benefício ou de impedir um dano, em razão da conduta de terceiro, contra quem poderá, com base nesta teoria, pleitear uma indenização correspondente".[87]

Essa indenização correspondente à chance perdida não é voltada para acolher pretensões de cunho hipotético. Como visto, o dano é revestido das características de certeza e atualidade, e a chance perdida não foge a essa regra, já que a teoria não acolhe meras expectativas, mas sim prejuízo concreto e real à esfera do ofendido, representado pela perda da chance.[88] O resultado pretendido, esse sim, é hipotético, pois não se sabe se seria alcançado futuramente.

---

83. SILVA, Rafael Peteffi. *Responsabilidade civil pela perda de uma chance*. 3. ed. São Paulo: Atlas, 2013, p. 11.
84. "Nesta modalidade de perda de chances houve, em razão de determinado fato antijurídico, interrupção de um processo que estava em curso e que poderia conduzir a um evento vantajoso; perdeu-se a oportunidade de obter uma vantagem futura, que podia consistir tanto em realizar um benefício em expectativa como em evitar um prejuízo futuro" (NORONHA, Fernando. *Direito das obrigações*. 3. ed. São Paulo: Saraiva, 2010, p. 701-702).
85. "[P]ara que se possa falar em perda da chance de ter evitado um prejuízo que efetivamente se verificou (e por isso é dano presente), é imprescindível que já estivesse em curso o processo que levou ao dano e que houvesse possibilidades de ele ser interrompido por uma certa atuação, que fosse exigível do indigitado responsável, mesmo que não seja possível garantir que com tal atuação o dano teria sido evitado. Também aqui o resultado almejado (evitar um prejuízo) tinha natureza mais ou menos aleatória" (NORONHA, Fernando. *Direito das obrigações*, cit., p. 706). O autor ainda trata de uma terceira hipótese: a perda de uma chance por falta de informação. "A diferença desta submodalidade em relação à anterior prende-se ao fato de que a chance aqui está ligada a um ato do próprio lesado, quer dizer, depende exclusivamente de sua atuação" (NORONHA, Fernando. *Direito das obrigações*, cit., p. 715-718).
86. "Nas hipóteses de privação de chances, é indiscutível que a conduta do réu lesiona um interesse da vítima. (...) Em vez de visar à vantagem aleatória desejada pela vítima (...) os juízes devem conceder a reparação de outro prejuízo: a chance que a vítima tinha de obter essa vantagem" (EHRHARDT JÚNIOR, Marcos; PORTO, Uly de Carvalho Rocha. A reparação das chances perdidas e seu tratamento no direito brasileiro. *Civilistica.com*, a. 5. n. 1. p. 14 e 16. 2016. Disponível em: http://civilistica.com/wp-content/uploads/2016/07/Ehrhardt-J%C3%BAnior-e-Porto-civilistica.com-a.5.n.1.2016.pdf. Acesso em: 20 abr. 2018).
87. GUEDES, Gisela Sampaio da Cruz, *Lucros cessantes*, cit., p. 105.
88. Nesse sentido, veja-se a lição de Judith Martins-Costa que aduz que embora "a realização da chance nunca seja certa, a perda de uma chance pode ser certa. Por estes motivos não vemos óbice à aplicação criteriosa da Teoria. O que o art. 403 afasta é o dano meramente hipotético, mas se a vítima prova a adequação do nexo causal entre a ação culposa e ilícita do lesante e o dano sofrido (a perda da probabilidade séria e real), configurados estarão os pressupostos do dever de indenizar" (MARTINS-COSTA, Judith, cit., p. 358).

Aliás, além dos requisitos de todo e qualquer dano, a chance, para ser indenizada, para ser indenizada, deve ser séria e real.[89] Isso porque "[a] reparação da perda de uma chance repousa em uma probabilidade e uma certeza; que a chance seria realizada, e que a vantagem perdida resultaria em prejuízo".[90]

A chance, então, pode ser conceituada como "a possibilidade de um benefício futuro provável, consubstanciada em uma esperança para o sujeito, cuja privação caracteriza um dano pela frustração da probabilidade de alcançar esse benefício possível".[91]

O conceito, assim, nada de complexo possui e logo se vê a distinção da chance para a vantagem final que não veio a acontecer. Na verdade, trata-se de reparação pela legítima oportunidade perdida, que já se considera inserida no patrimônio do ofendido e que venha a decorrer de um evento danoso. Ademais, essa chance só será indenizável se dotada de certo grau de probabilidade de que a obtenção da vantagem ou afastamento do prejuízo viesse a ocorrer.

Quanto ao tema, parte da doutrina se filia à corrente de que a chance deve ser valorada quando tal probabilidade for superior a 50%[92] e, obviamente, nunca corresponder a 100%, pois aí o que estaria sendo indenizado seria a própria vantagem em si.[93] Todavia, tal assertiva não é imune a críticas, sendo que parte da doutrina considera, de forma majoritária, que a chance não deve ser pautada por critérios percentuais, mas sim pela detida análise das circunstâncias concretas do caso, de modo que se possa aferir uma real e séria possibilidade de se obter uma vantagem ou evitar um prejuízo.[94] Por fim, vale ressaltar o teor do enunciado 444

---

89. Nesse sentido, v. CAVALIERI FILHO, Sérgio. *Programa de responsabilidade civil*. 10. ed. São Paulo: Atlas, 2012, p. 81; e SILVA, Rafael Peteffi da. *Responsabilidade civil pela perda de uma chance*, cit., p. 138; Destaca-se, ainda que "É o prejuízo constituído pela perda da chance que vai ser objeto de reparação. (...) E para se saber se a oportunidade perdida era real e séria, haverá que recorrer às 'regras de experiência comum subministradas pela observação do que ordinariamente acontece', como se dispõe no art. 335 do CPC" (NORONHA, Fernando, "Responsabilidade por perda de chances", *Revista de Direito Privado*. São Paulo: Ed. RT, jul./set. , n. 23, p. 28-35. 2005).
90. PEREIRA, Caio Mário da Silva. *Responsabilidade civil*, cit., p. 59.
91. SANSEVERINO, Paulo de Tarso Vieira. *Princípio da reparação integral*. São Paulo: Saraiva, 2010, p. 167-172.
92. "Somente será possível admitir a indenização da chance perdida quando a vítima demonstrar que a probabilidade de conseguir a vantagem esperada era superior a 50%. Caso contrário, deve-se considerar não produzida a prova da existência do dano, e o juiz será obrigado a julgar improcedente o pedido de indenização" (SAVI, Sérgio. Responsabilidade civil por perda de uma chance. 3. ed. São Paulo: Atlas, 2012, p. 101-102).
93. Para melhor estudo do tema e de seus pressupostos, vide FAJNGOLD, Leonardo. Premissas para a aplicação da responsabilidade civil por perda de uma chance. *Revista de Direito Privado*, São Paulo: Ed. RT, v. 69, p. 69-102. 2016.
94. "Esta é, aliás, a tendência da jurisprudência italiana. Com base neste raciocínio, entretanto, chega-se a soluções nada equânimes, como, por exemplo, a de se admitir a indenização quando o lesado tem a seu favor 51% de chance de atingir o resultado final, negando-a, em caso idêntico, quando a vítima

da V Jornada de Direito Civil, que afirma que "(...) a chance deve ser séria e real, não ficando adstrita a percentuais aprioristicos".

Caberá ao julgador determinar as qualidades dessa chance que se esvaiu, por conta da conduta do agente externo que interrompeu o processo.[95] Assim, se diz que essa chance deverá ser real, afastando-se a figura do dano hipotético, que não enseja reparação no ordenamento jurídico pátrio. Logo, a responsabilidade da perda da chance não permite que sejam indenizados os chamados danos hipotéticos ou eventuais.[96]

No Brasil, a decisão proferida na apelação cível 89069996, de relatoria do ex-Ministro do STJ, Ruy Rosado de Aguiar Júnior, foi a precursora da aplicação da teoria da perda da chance em nosso ordenamento. O caso tratava de cirurgia de correção de miopia que resultou em visão turva e hipermetropia:

> Responsabilidade civil. Médico. Cirurgia seletiva para correção de miopia, resultando névoa no olho operado e hipermetropia. Responsabilidade reconhecida, apesar de não se tratar, no caso, de obrigação de resultado e de indenização por perda de uma chance (RIO GRANDE DO SUL. Tribunal de Justiça. Apelação Cível 589069996. Quinta Câmara Cível. Relator Ruy Rosado de Aguiar Júnior. Julgamento em 12 de junho de 1990).

Porém, o caso que realmente atraiu os holofotes da doutrina brasileira foi o emblemático Recurso Especial 788.459/BA, conhecido como o "caso do Show do Milhão". Trata o recurso de participante que, ao chegar à última etapa do programa, se deparou com pergunta que não possuía qualquer alternativa correta.

---

tem apenas 2% a menos, quer dizer, diante de 49% de chance de o lesado obter a vantagem esperada. Daí se vê que este critério é, no mínimo, bastante questionável" (GUEDES, Gisela Sampaio da Cruz. *Lucros cessantes*, cit., p. 120).

95. Exemplos de casos em que a teoria da perda de uma chance é aplicada: (i) erro de advogado que priva o cliente da chance de êxito na demanda (STJ. REsp 993.936/RJ. 4ª Turma. Rel. Min. Luis Felipe Salomão. J. em 27.03.2012. DJ em 23.04.2012); (ii) erro médico que retira do paciente chances de cura (STJ. REsp 1.254.141/PR. 3ª Turma. Rel. Min. Nancy Andrighi. J. em 04.12.2012); (iii) falha em sistema antifurto a retirar a chance de impedir a subtração indevida de bens (STJ. AgRg no AREsp 553.104/RS. 4ª Turma. Rel. Min. Marco Buzzi. J. em 1º.12.2015. DJ em 07.12.2015); (iv) exclusão injusta de concorrente de sorteio (STJ. EDcl no AgRg no AI 1.196.957/DF. 4ª Turma. Rel. Min. Isabel Galloti. J. em 10.04.2012. DJ em 18.04.2012).

96. Nesse sentido, Noronha leciona que a "distinção entre certos e eventuais é necessária para evitar o risco de confusão de chances perdidas com danos eventuais. O dano da perda de chance, para ser reparável, ainda terá de ser certo, embora consistindo somente na possibilidade que havia, por ocasião da oportunidade que ficou perdida, de obter o benefício, ou de evitar o prejuízo; mais ou menos incerto será apenas saber se essa oportunidade, se não tivesse sido perdida, traria o benefício esperado: por isso é que, como veremos melhor na exposição subsequente, o valor da reparação do dano certo da perda de chance ficará dependendo do grau de probabilidade que havia de ser alcançada a vantagem que era esperada ou, inversamente, do grau de probabilidade de o prejuízo ser evitado." (NORONHA, Fernando, cit., p. 671).

Assim, entendeu o STJ que a organizadora do famoso programa de televisão, ao elaborar a indigitada questão, usurpou do participante a possibilidade de ganhar o prêmio máximo, de modo que teria restado configurada a chance séria e real para fins de reparação pela perda da chance.[97]

De maneira geral, são duas as principais correntes que buscam definir sua natureza jurídica: a que defende que a chance representa um dano autônomo, merecedor de tutela por si só, e uma segunda corrente que agrupa as hipóteses de reparação da chance perdida como um problema de dano ou de causalidade, a depender da situação fática.

Assim, há quem defenda que a perda da chance traduziria um agregador do dano extrapatrimonial.[98] Essa corrente, inobstante o mérito de seus adeptos, não parece estar com a razão, já que a perda de uma chance pode dar ensejo a danos de natureza patrimonial,[99] o que, inclusive, é o entendimento consignado no mencionado Enunciado 444 da V Jornada de Direito Civil do CJF.[100]

Por sua vez, há quem entenda que a perda de uma chance seria uma verdadeira hipótese de lucros cessantes. Essa é a lição de José de Aguiar Dias,[101] que aduz que a probabilidade objetiva estaria englobada num conjunto de benefícios que seriam regularmente obtidos pelo lesado. Todavia, esse entendimento levaria a óbices intransponíveis pela vítima, devido à dificuldade de sua prova,[102] bem como diante da incerteza de realização da vantagem almejada, pautada pela lógica probabilística, sendo incompatível com o lucro certo que razoavelmente se deixou de ganhar.[103]

---

97. STJ. REsp 78.459/BA. 4ª Turma. Rel. Min. Hélio Quaglia Barbosa. J. em 08.11.2005. DJ em 13.03.2006.
98. SANTOS, Antônio Jeová. *Dano moral indenizável*, cit., p. 110; SANTOS PEREIRA, Agnoclébia; TORRES, Felipe Soares. O dano decorrente da perda de uma chance: questões problemáticas. *Revista dos Tribunais*, São Paulo: Ed. RT, v. 958, p. 42. ago. 2015.
99. No sentido de que a perda de uma chance também pode originar reparação por danos patrimoniais, vide SAVI, Sérgio. *Responsabilidade civil por perda de uma chance*, cit., p. 60; GUEDES, Gisela Sampaio da Cruz. *Lucros cessantes*, cit., p. 108.
100. "A responsabilidade civil pela perda de chance não se limita à categoria de danos extrapatrimoniais, pois, conforme as circunstâncias do caso concreto, a chance perdida pode apresentar também a natureza jurídica de dano patrimonial. A chance deve ser séria e real, não ficando adstrita a percentuais apriorísticos".
101. AGUIAR DIAS, José de. *Da responsabilidade civil*, cit., p. 296.
102. GUEDES, Gisela Sampaio da Cruz. *Lucros cessantes,* cit., p. 104.
103. "[E]m se tratando de lucro cessante, o autor deverá fazer prova não do lucro em si mesmo considerado, mas, sim, dos pressupostos e requisitos necessários à sua configuração, enquanto que, nas hipóteses de perda de uma chance, estará no campo do desconhecido, pois, em tais casos, a vantagem final esperada é realmente hipotética. (...) [N]os casos de perda de uma chance, não deve conceder-se a indenização pela vantagem perdida, mas, sim, pela perda da possibilidade de se conseguir esta vantagem, o que é muito diferente" (GUEDES, Gisela Sampaio da Cruz. *Lucros cessantes*, cit., p. 122-123); SCHREIBER, Anderson. *Direito Civil e Constituição*. São Paulo: Atlas, 2013, p. 204.

Ainda há quem defenda que a perda da chance configura hipótese de dano emergente, sendo a oportunidade perdida ensejadora de efetiva perda patrimonial, que pelo ato de terceiro não foi evitada e, por isso, deve ser reparada.[104] Contudo, tal como destacado, a reparação da perda da chance não se resume à esfera patrimonial.[105]

A corrente que parece ser a mais razoável é a que defende a chance como dano autônomo indenizável,[106] seja patrimonial ou extrapatrimonial, pois não configura evento incerto ou remoto, mas sim se qualifica como perda real da oportunidade de um ganho ou de evitar um prejuízo, interesse este merecedor de tutela pelo ordenamento jurídico pátrio e que integra o patrimônio do lesado. Assim, pode-se concluir, na lição de Marco Aurélio Bezerra de Melo,[107] que

> com fundamento na reparação integral (...), é cabível a indenização por perda de uma chance, não sendo legítimo que as dificuldades em se demonstrar a sua ocorrência e, sobretudo, quantificá-la, afastem essa espécie de dano ressarcível. Não se trata de indenização pelo resultado almejado, mas sim pela perda da oportunidade de ganhar ou de evitar a perda de alguma coisa. O resultado almejado é hipotético, eventual, incerto e não pode ser passível de reparação, mas a chance perdida deve ser reparada patrimonial ou moralmente dentro de um juízo de probabilidade aferido casuisticamente.

Por fim, no grupo dos que defendem que a perda de uma chance encerra duas categorias, ora como uma questão de dano, ora como problema de causalidade, afirma-se que a chance ora "estaria embasada em um conceito específico e independente de dano", ora "estaria respaldada no conceito de causalidade parcial em relação do dano final".[108]

---

104. SAVI, Sérgio. Responsabilidade civil por perda de uma chance, cit., p. 122.
105. "O dano decorrente da perda de uma chance nem sempre, porém, poderá ser qualificado como dano emergente, porque pode também envolver interesses extrapatrimoniais" (GUEDES, Gisela Sampaio da Cruz. *Lucros cessantes*, cit., p. 123-124).
106. Nesse sentido, vide, na doutrina, VENOSA, Sílvio de Salvo. *Direito civil*. 8. ed. São Paulo: Atlas, 2008, v. 4, p. 292-295; BRASILINO, Fábio Ricardo Rodrigues; CORREIA, Alexandre Adriano; GONÇALVES, Fábio Henrique. A (in)aplicabilidade da teoria da perda de uma chance no direito brasileiro e comparado. *Revista de direito privado*, São Paulo: Ed. RT, v. 65. jan./mar. 2017. Na jurisprudência, há também entendimentos nesse sentido, vide "A teoria da perda de uma chance busca responsabilizar o causador por um dano diferente daqueles previstos no art. 403 do CC, emergente e lucro cessante, construindo modalidade *sui generis* pela frustração de uma posição pessoal mais vantajosa que poderia ser alcançada não fosse o ato ilícito do terceiro" (TJRS. AC 70073529695. 18ª CC. Rel. Des. João Moreno Pomar. J. em 25.05.2017. DJ em 30.05.2017). No mesmo sentido: STJ. REsp 1.190.180/RS. 4ª Turma. Rel. Min. Luis Felipe Salomão. J. em 16.11.2010. DJ em 22.11.2010.
107. MELO, Marco Aurélio Bezerra de. *Direito civil*: responsabilidade civil. 2. ed. rev. e atual. Rio de Janeiro: Forense, 2018, p. 74.
108. "[T]odas as vezes em que o processo aleatório em que se encontrava a vítima é interrompido, com a perda definitiva da vontade esperada e a total aniquilação das chances da vítima, está-se diante de chances perdidas como dano específico e autônomo. Porém, quando o processo aleatório chegou até o final, como costuma acontecer na seara médica, a noção de causalidade parcial é chamada a depor" (SILVA, Rafael Peteffi da. *Responsabilidade civil*, cit., p. 106).

Prevalece, para parte da doutrina, que a perda da chance seria verdadeiro problema de nexo de causalidade e não de dano, já que ligada ao limite causal da responsabilidade do ofensor, de modo a configurar uma nova situação lesiva que pode vir a gerar um dano patrimonial ou extrapatrimonial, conforme a natureza do interesse violado no caso concreto.[109]

Já quanto à sua quantificação, a chance deve ser reparada na medida da seriedade e concretude da possibilidade de se obter a vantagem ou evitar o prejuízo. A dificuldade enfrentada pela doutrina e jurisprudência é, justamente, a aferição e delimitação da oportunidade *in concreto*.

Deve-se ressaltar que a quantificação da reparação deverá ser sempre inferior à vantagem pretendida. Vale-se, naturalmente, de um critério matemático e probabilístico para se obter o valor da oportunidade perdida, para, então, estender esse resultado ao benefício que se obteria e definir a indenização. Se a chance de obter o resultado pretendido era de 60%, e esse benefício seria de R$ 10.000,00 (dez mil reais), a reparação deverá ser de R$ 6.000,00 (seis mil reais) ao ofendido que se viu impedido de alcançar o resultado vantajoso.

Ou, ainda, imagine-se uma sociedade empresária do ramo esportivo que tenha adquirido, na cidade do Rio de Janeiro, um imóvel comercial na planta para realizar, no período das Olimpíadas, além das vendas, verdadeira exibição mundial de sua marca. Todavia, o atraso injusto na entrega do bem causará não apenas o dano emergente (valor do imóvel) e os lucros cessantes (razoável lucro com vendas), sendo possível também cogitar da indenização pela perda da chance de levar sua marca a um novo patamar, no maior evento esportivo do planeta.

Importante destacar, por fim, que, para a aferição da reparação da chance perdida, devem-se examinar dois planos distintos: o da existência e o da perda.[110] Não importará para a verificação da reparação da chance perdida um percentual determinado, mas apenas que ela reúna os atributos do dano indenizável e seja

---

109. "[A] perda da chance envolve também um problema de nexo de causalidade. Isto porque, conforme já se registrou na academia, "(...) a perda de uma chance liga-se ao limite causal da responsabilidade do agente causador do dano", e não apenas à qualificação desta hipótese como dano emergente ou lucro cessante, ou até mesmo um terceiro gênero (...). [S]endo [a perda de uma chance] antes uma nova situação lesiva da qual pode originar um dano patrimonial ou extrapatrimonial, a depender do interesse em jogo" (GUEDES, Gisela Sampaio da Cruz. *Lucros cessantes*, cit., p. 110 e 125).
110. Nessa linha, cabe destacar a lição de Anderson Schreiber, que aduz que a "divisão em dois planos (existência e quantificação) é importantíssima para se entender que a perda da chance pode ocorrer mesmo que o resultado final não seja extremamente provável. (...) Tecnicamente, a relação probabilística entre a chance e o resultado final só ganha importância no momento da quantificação da perda, isto é, no momento da aferição do valor do dano. A análise da existência da perda da chance independe de ser a chance alta ou não" (SCHREIBER, Anderson. *Manual de direito civil contemporâneo*. São Paulo: Saraiva Educação, 2018, p. 625-626).

séria e real. Por sua vez, para fins de quantificação,[111] o percentual encontrado a título de oportunidade é justamente o que servirá para projetar a chance sobre o resultado pretendido, de modo a se delimitar o dano final equivalente à sua perda.

1.5.2 Indenização pela privação do uso

Por sua vez, também ganhou espaço na doutrina a figura da privação do uso como evento lesivo capaz de ensejar o dever de indenizar. A privação do uso, nesse âmbito, pode ser entendida como situação ilegítima em que o proprietário da coisa é privado, por ato de terceiro, de exercer as faculdades de usar e fruir do bem que lhe são garantidas pelo domínio, do que podem decorrer prejuízos indenizáveis.[112]

Quanto ao uso em si, importante é, mais do que conceituá-lo, destacar que, como faculdade integrante do domínio, configura situação subjetiva autônoma, valorável economicamente e merecedora de tutela pelo ordenamento jurídico,[113] o que justifica que da sua privação, temporária ou não, possam surgir consequências lesivas para a esfera jurídica de seu titular, e o consequente dever de indenizar por prejuízos patrimoniais ou extrapatrimoniais que dela decorram.

---

111. Para maior enfrentamento do tema da quantificação do dano pela perda de uma chance, vide VAZ, Marcella Campinho. A reparação pela perda de uma chance. In: SOUZA, Eduardo Nunes de; SILVA, Rodrigo da Guia (Coord.). *Controvérsias atuais em responsabilidade civil*. Rio de Janeiro: Almedina, 2018, p. 259-296. Apesar de não ser o enfoque desse trabalho, destaca-se que a perda da chance extrapatrimonial também é admitida pela doutrina e jurisprudência, principalmente nos casos inadimplemento da obrigação de colher o cordão umbilical para viabilizar futuro tratamento com células-tronco. Assim, acerca da sua quantificação, vide STJ. REsp 1.291.247/RJ. 3ª Turma. Rel. Min. Paulo de Tarso Sanseverino. J. em 19.08.2014. DJ. em 1º.10.2014.
112. Desde já, faz-se a ressalva que se adota o paradigma do dano injusto também em relação às situações de privação de uso, de modo que as consequências do evento lesivo só poderão ser indenizadas se revestidas de injustiça, pois de ato merecedor de tutela pelo ordenamento jurídico não decorrerá pretensão indenizatória por parte do lesado. Nesse sentido, destaca-se que "Em primeiro lugar, pode-se destacar que não restará configurado o dever de indenizar por danos supostamente decorrentes da privação do uso nas hipóteses em que se constatar que o titular apresenta comportamento de não uso reputado ilegítimo pelo ordenamento jurídico, pois constituiria efetivo contrassenso lançar mão da responsabilidade civil para amparar uma pretensão que já se sabe não merecedora de tutela. Tampouco se configurará o dever de indenizar quando o titular supostamente privado do uso houver previamente optado por não exercer tal faculdade, por um imperativo lógico de que não se pode falar em privação quando o titular voluntariamente decidira não usar a coisa." (SILVA, Rodrigo da Guia. Aspectos controvertidos dos danos por privação do uso. *Revista de Direito do Consumidor*, v. 115, jan./fev. 2018).
113. Veja-se a lição de Aline de Miranda Valverde Terra: "Identifica-se alhures tendência a conceber a mera privação do isso como causadora de dano autônomo de natureza patrimonial. Nesse sentido, afirma-se que o simples uso do bem constitui vantagem susceptível de avaliação pecuniária, pelo que sua privação acarreta naturalmente um dano, já que representa 'o corte definitivo e irrecuperável de uma fatia dos poderes inerentes ao proprietário', a configurar causa adequada de modificação negativa na relação entre o lesado e seu patrimônio" (TERRA, Aline de Miranda Valverde. Privação do uso: dano ou enriquecimento por intervenção? *Revista Eletrônica Direito e Política*, v. 9, n. 3, , p. 1.623, 3º quadrimestre de 2014).

O uso, no ordenamento pátrio, é tutelado por diversos institutos, tais como as indenizações em ações possessórias, os juros compensatórios devidos na desapropriação, a eventual taxa de ocupação, dentre outras.

Constata-se que as consequências jurídicas que o ordenamento pátrio atribui, normalmente, às situações de privação do uso não dependem da prova de prejuízo patrimonial ou extrapatrimonial ao proprietário ou posseiro, mas sim da prova de interferência no exercício da faculdade de seu domínio. A lesão decorrente dessa privação, essa sim, pode assumir contornos materiais ou morais, a depender do interesse jurídico a ser tutelado no caso concreto.

Isso significa que é a lesão ao legítimo interesse de usar o bem que constitui a espécie de dano ora em comento. Consegue-se, assim, justificar também que o dano dessa natureza pode ser suportado ainda pelo sujeito que não seja proprietário do bem, mas que esteja na posse do mesmo e possua interesse legítimo em sua utilização.[114]

Para que haja essa espécie de reparação, alguns pressupostos, além da comprovação dos já mencionados atributos do dano indenizável, são necessários. Sendo um dano eminentemente patrimonial, cabe ao lesado comprovar que a coisa estava afetada a consecução de lucro. A seu turno, caso o bem não seja utilizado em atividade lucrativa, ou possa ser substituído por outro que o titular possua, tal como no já conhecido exemplo da doutrina da chamada frota de reserva, estará configurado o dano emergente estritamente pela impossibilidade de usufruir da coisa.

Por óbvio, a privação do uso pode vir a gerar consequências e prejuízos extrapatrimoniais na esfera do lesado que, se comprovados, deverão ser compensados, como nas hipóteses de privação do uso do vestido de noiva, escolhido tão carinhosamente para o sonhado dia, ou até mesmo em caso de privação do uso do imóvel por atraso injustificado em sua entrega, quando o imóvel seria o local do nascimento do primeiro filho do casal adepto à prática do parto natural, que gostaria de poder contar a seus futuros netos que trouxeram seu genitor ao mundo naquela mesma casa.

Ademais, para o ressarcimento do dano pela privação do uso, é necessário que a lesão recaia sobre o bem, nunca sobre a pessoa ou atividade por ela exercida. Não resta configurado o dano injusto quando, por exemplo, o particular se vê impossibilitado de utilizar seu bem para o trabalho ou lazer por determinação

---

114. "No que tange à hipótese de desdobramento da relação possessória, tem-se que, via de regra, somente o possuidor direto sofrerá dano injusto em decorrência da privação do uso, uma vez que tal faculdade está usualmente associada ao exercício de poderio físico direto sobre a coisa" (SILVA, Rodrigo da Guia. *Aspectos controvertidos dos danos por privação do uso*, cit.).

do Poder Público, como se sabe que ocorre na cidade de São Paulo, que enfrenta grave problema de mobilidade urbana e poluição, a ponto de ser instituir um regime de rodízio de circulação de automóveis.

Ainda sobre os pressupostos, alude-se na doutrina que, para ocorrer a indenização pela privação do uso, o dano deverá ser concreto, de modo a trazer efetivas repercussões negativas sobre as vantagens que o bem poderia proporcionar ao lesado. O dano, assim, seria concreto quando comprovadas a intenção de uso, a possibilidade de uso,[115] e, também, a utilização não abusiva da coisa, em respeito à sua função social e aos ditames da boa-fé.[116]

Quanto à privação do uso, o dilema reside, precipuamente, no seu enquadramento dogmático,[117] a saber, se a simples privação de usar um bem, independentemente da demonstração do seu efetivo uso, seria indenizável *per se*, para além de configurar hipótese de dano emergente ou lucros cessantes, como no exemplo motriz desse estudo, em que o atraso na entrega do imóvel impede que o seu titular possa exercer as faculdades que a propriedade lhe confere.

Acerca da autonomia do dano pela privação do uso, duas são as principais correntes principais. A primeira, chamada de abstracionista, defende que o instituto se apresenta como dano emergente autônomo,[118] sem que se exija a verificação de danos de outras espécies, pois, conforme exposto no capítulo anterior, o uso seria interesse juridicamente relevante, que, quando violado, causa dano ressarcível, e mais, por ser suscetível de valoração econômica, sua privação, *per se*, acarretaria um dano.[119]

---

115. "Em primeiro lugar, pode-se destacar que não restará configurado o dever de indenizar por danos supostamente decorrentes da privação do uso nas hipóteses em que se constatar que o titular apresenta comportamento de não uso reputado ilegítimo pelo ordenamento jurídico, pois constituiria efetivo contrassenso lançar mão da responsabilidade civil para amparar uma pretensão que já se sabe não merecedora de tutela. Tampouco se configurará o dever de indenizar quando o titular supostamente privado do uso houver previamente optado por não exercer tal faculdade, por um imperativo lógico de que não se pode falar em *privação* quando o titular voluntariamente decidir não usar a coisa" (SILVA, Rodrigo da Guia. *Aspectos controvertidos dos danos por privação do uso*, cit.).
116. Acerca do tema, vide a coluna escrita por Paulo Eduardo Campanella Eugênio, disponível em: http://www.conjur.com.br/2017-ago-21/direito-civil-atual-dano-privacao-uso-configuracao-direito-nacional.
117. "Impõe-se verificar, primeiro, a atuação da responsabilidade civil nesta seara, perquirindo se a simples privação do uso encerra um dano em si mesmo, como categoria autônoma, ou se, por outro lado, consiste apenas em possível fato gerador de dano, cuja natureza dependerá do interesse violado" (TERRA, Aline de Miranda Valverde. Privação do uso: dano ou enriquecimento por intervenção? *Revista Eletrônica Direito e Política*, v. 9, n. 3, , p. 1.622-1.1623, 3º quadrimestre de 2014).
118. "[N]ão há lógica em condicionar a tutela reparatória do uso à prova dos ditos 'prejuízos concretos'. Ora, se o ordenamento confere tutela autônoma à faculdade de usar, seria contraditório supor que a sua supressão temporária somente traduziria dano ressarcível se provados *outros* prejuízos" (SILVA, Rodrigo da Guia. Danos por privação do uso: estudo de responsabilidade civil à luz do paradigma do dano injusto. *Revista de Direito do Consumidor*, v. 107, p. 89-122, 2016).
119. "[E]ntre os danos patrimoniais inclui-se naturalmente a privação do uso das coisas ou prestações, como sucede no caso de alguém ser privado da utilização de um veículo seu ou ser impedido de realizar uma

A segunda corrente é denominada concretista e adota a visão de que a privação do uso seria "*apenas uma fonte possível de dano, mas não já em si mesma um dano*".[120] Afirmam seus adeptos que a mera potencialidade abstrata do uso não constitui interesse jurídico merecedor de tutela.[121] Com isso, a privação do uso funcionaria sempre como um suporte fático apto a ensejar o dever de indenizar por eventuais danos patrimoniais ou extrapatrimoniais que dela decorram.[122]

Parte da doutrina e da jurisprudência associam o dano pela privação do uso aos lucros cessantes, como algo que razoavelmente se deixou de lucrar, principalmente na jurisprudência, no caso de atraso na entrega de imóveis adquiridos na planta, ao aduzir pelos chamados "lucros cessantes presumidos" ou desnecessidade de comprovação pela experiência comum.[123] A confusão se dá pois ambos os institutos decorrem de vantagens subtraídas de um bem e projetadas para o futuro, porém, os lucros cessantes, como demonstrado, está consubstanciado nos ganhos frustrados, já a privação do uso atua, precisamente, na frustração do usufruir da coisa.[124]

Diante do exposto, ao se adotar o paradigma de que a privação do uso pode ensejar um dano emergente autônomo, pelo fato de o ordenamento jurídico tutelar a prerrogativa de usar, que integra o patrimônio do lesado, não se justifica condicionar o ressarcimento pela privação do uso à prova de outros danos patrimoniais

---

viagem turista que tenha contratado. Efectivamente, o simples uso constitui uma vantagem susceptível de avaliação pecuniária, pelo que a sua privação constitui naturalmente um dano" (MENEZES LEITÃO, Luís Manuel Teles de. *Direito das Obrigações*. 5. ed. Coimbra: Almedina, 2006, v. I. p. 333).

120. MOTA PINTO, Paulo. *Interesse contratual negativo e interesse contratual positivo*, cit., p. 591.
121. "[A] mera potencialidade abstrata de uso não constitui interesse jurídico merecedor de tutela; o interesse jurídico tutelado é aquele que, patrimonial ou não, que pode restar violado pela supressão de alguma vantagem específica que poderia ser auferida pelo uso efetivo do bem, e apenas a lesão a interesse juridicamente tutelado configura dano, passível de indenização" (TERRA, Aline de Miranda Valverde. Privação do uso: dano ou enriquecimento por intervenção?, cit., p. 1.625).
122. "A identificação do dano causado pela supressão do uso – dano material ou moral – depende, portanto, do tipo de vantagem da qual foi privado e, consequentemente, do interesse merecedor de tutela que foi lesado. Apenas a análise do caso concreto permitirá identificar a natureza do dano causado ao titular do bem, de acordo com a vantagem que lhe foi suprimida" (Ibidem, p. 1.628).
123. STJ. Resp 644.984/RJ. 3ª Turma. Rel. Min. Nancy Andrighi. J em 16.08.2005. DJ em 05.09.2005; STJ. Resp 137.510/DF. 3ª Turma. Rel. Min. Ary Pargendler. J em 13.08.2001. DJ em 01.10.2001; STJ. AgRg no AREsp 689.362/RJ. 4ª Turma. Rel. Min. Maria Isabel Gallotti. J. em 16.06.2015. DJ em 22.06.2015; STJ, AgRG no AREsp 30.786/SC. 3ª Turma. Rel. Min. Paulo de Tarso Sanseverino. J. em 21.08.2012. DJ. Em 24.08.2012.
124. Nesse sentido, expõe Gisela Sampaio da Cruz Guedes que "Seja como for, ainda que não se reconheça o dano de privação de uso como figura autônoma (...) o fato é que não faz o menor sentido enquadrar no âmbito dos lucros cessantes prejuízos dessa índole. (...) Poder-se-ia, quando muito, aventar aí uma nova categoria de dano – como o fez o direito português, ao cogitar do chamado 'dano de privação do uso' –, com todos os problemas daí decorrentes, mas nunca utilizar o mecanismo da presunção, que tem por objetivo facilitar a prova do dano, para enquadrar na moldura dos lucros cessantes" (GUEDES, Gisela Sampaio da Cruz. *Lucros cessantes*, cit., p. 158).

efetivos, já que a via ressarcitória é resposta do direto a toda e qualquer lesão a situações jurídicas subjetivas. A privação do uso, nessa linha, possuiria aptidão, por si só e independentemente da certeza do uso pelo ofendido, para gerar um dano patrimonial e seu ressarcimento estará, inevitavelmente, associado à injustiça do dano, a ser constatada pelo intérprete à luz das circunstâncias concretas.

Por fim, e não menos tormentosa, é a questão concernente à quantificação do dano pela privação do uso, até porque seu substrato não se amolda perfeitamente à teoria da diferença, que, como dito, é o critério tradicional de aferição do *quantum debeaur* patrimonial.[125] Justamente por isso, a doutrina sustenta, além da flexibilização da teoria da diferença para essa hipótese, o recurso a outras técnicas capazes de auxiliar nessa árdua tarefa.[126]

Independentemente do critério a ser utilizado (vida útil do bem, tempo em que a coisa ficou inutilizável, valor de mercado x desvalorização da coisa, dentre outros),[127] caso presente a injustiça do dano, necessário, para sua reparação, investigar a exata extensão do prejuízo, ao comando do princípio da reparação integral, na forma do artigo 944 do Código Civil.

1.5.3 Dano moral coletivo e a responsabilização por danos ambientais

Por sua vez, a doutrina também repercute quanto à reparação do chamado dano moral coletivo, que não se confunde com o dano moral individual e possui difícil configuração e aferição de sua extensão, também apresentando mitigação com relação à prova do dano certo. O instituto é definido por Carlos Alberto Bittar Filho nos seguintes termos:

> Com supedâneo, assim, em todos os argumentos levantados, chega-se à conclusão de que o dano moral coletivo é a injusta lesão da esfera moral de uma dada comunidade, ou seja, é a violação antijurídica de um determinado círculo de valores coletivos. Quando se fala em dano moral coletivo, está-se fazendo menção ao fato de que o patrimônio valorativo de uma certa comunidade (maior ou menor), idealmente considerado, foi agredido de maneira

---

125. "Um problema em que a 'fórmula da diferença' encontrou manifestas dificuldades foi o da explicação da indenização pela privação do uso" (MOTA PINTO, Paulo. *Interesse contratual negativo e interesse contratual positivo*. Coimbra: Coimbra Editora, 2008, p. 568).
126. A propósito, Paulo Mota Pinto afirma: "(...) quem se preocupe em resolver coerentemente os problemas da avaliação do dano é forçado a admitir, quer para uma indenização 'abstrata' (independente da concreta possibilidade e vontade de uso), quer para a reparação pela perda das concretas vantagens de utilização da coisa, alargamento da noção de dano além da 'hipótese da diferença' entre situações patrimoniais (e incluindo, pelo menos, o dano real)" (MOTA PINTO, Paulo. *Interesse contratual negativo e interesse contratual positivo*, cit., p. 577). Sobre as principais críticas formuladas à teoria da diferença, v. GOMES, Júlio Manuel Vieira. O dano da privação do uso. *Revista de Direito e Economia*. p. 199-202. Coimbra, 1986.
127. Para um maior aprofundamento quanto à questão da quantificação da indenização pela privação do uso, remeta-se a SILVA, Rodrigo da Guia. *Aspectos controvertidos dos danos por privação do uso*, cit.

absolutamente injustificável do ponto de vista jurídico; quer isso dizer, em última instância, que se feriu a própria cultura, em seu aspecto imaterial. Tal como se dá na seara do dano moral individual, aqui também não há que se cogitar de prova da culpa, devendo-se responsabilizar o agente pelo simples fato da violação (*damnum in re ipsa*).[128]

No mesmo sentido, Xisto Tiago de Medeiros Neto afirma que:

> a adequada compreensão do dano moral coletivo não se conjuga diretamente com a ideia de demonstração de elementos, como perturbação, aflição, constrangimento ou transtorno no plano coletivo. Estabelece-se, sim, a sua concepção, de maneira objetiva, concernindo ao fato que reflete uma violação intolerável do ordenamento jurídico, a atingir direitos coletivos e difusos, cuja essência é tipicamente extrapatrimonial.[129]

Dessa forma, depreende-se dos dois trechos anteriores, que se referem ao conceito do dano moral coletivo, que este consiste na lesão a direitos que extrapolam a esfera individual, não podendo a lesão ser mensurada individualmente, mas sim, com relação a toda uma coletividade.

Antônio Junqueira de Azevedo esclarece que a doutrina negou validade a essa espécie de dano por muito tempo, já que pautada ainda pela corrente subjetiva do dano moral. Ressalta, ainda, que a corrente objetiva não o explica por completo, já que para esta o dano moral seria a lesão a um dos direitos da personalidade, não servindo para justificar o dano à coletividade.

Aduz, então, que não se devem importar para dentro do dano moral coletivo as divergências que pertencem à responsabilidade civil como um todo, já que questões quanto à prova do dano ou o caráter punitivo de sua reparação apenas dificultam a tutela desse interesse legitimamente reconhecido pelo ordenamento jurídico.[130]

Apesar dos percalços acima apontados, a doutrina reconhece a compatibilidade do dano moral coletivo com a ordem jurídica pátria, principalmente para tutelar os diversos interesses que recaem sobre toda uma coletividade, ainda que de forma residual em alguns casos:

> A Constituição brasileira reserva expressa proteção a diversos interesses que transcendem a esfera individual. A tutela do meio ambiente, da moralidade administrativa, do patrimônio histórico e cultural são apenas alguns exemplos de interesses cuja titularidade não recai sobre um indivíduo, mas sobre uma dada coletividade ou sobre a sociedade como um todo. Se a

---

128. BITTAR FILHO, Carlos Alberto. Do dano moral coletivo no atual contexto jurídico brasileiro. *Revista de Direito do Consumidor*, n. 12, p. 55. São Paulo: Ed. RT, 1994.
129. MEDEIROS NETO, Xisto Tiago de. O dano moral coletivo e o valor da sua reparação. *Revista do Tribunal Superior do Trabalho*. São Paulo, v. 78, n. 4, p. 289, out./dez. 2012.
130. AZEVEDO, Antonio Junqueira de. Por uma nova categoria de dano na responsabilidade civil: o dano social. *Revista Trimestral de Direito Civil*. Rio de Janeiro, v. 5, n. 19, p. 211-218, 2004.

ordem jurídica se dispõe a tutelar tais interesses, parece certo que a sua violação deve resultar em responsabilidade. Para prevenir ou remediar a lesão a tais interesses, a ordem jurídica pode até disponibilizar remédios específicos, mas o remédio residual, aplicável a qualquer caso, mesmo à falta de menção expressa do legislador, é a ação de reparação de danos.[131]

Justamente por esse caráter supraindividual e dificuldade de sua demonstração é que a doutrina e jurisprudência se valem da teoria da presunção do dano moral, a fim de possibilitar a sua reparação, de modo que bastará a prova do fato violador do interesse coletivo, sendo este mais um caso de dano *in re ipsa*.[132]

Pelo fato do reconhecimento de interesses coletivos relevantes que tutelam bens jurídicos de utilidade comum, entende-se que sua violação causará danos da mesma forma que a lesão a interesse individual, devendo haver ressarcimento em prol da coletividade atingida, a revelar, na lição de Anderson Schreiber, "a insuficiência da dicotomia dano moral-dano patrimonial", já que a figura pressupõe que "seja possível causar dano moral de forma difusa, afetando-se uma comunidade de pessoas, para além da individualidade".[133]

---

131. SCHREIBER, Anderson. Dano moral coletivo por corrupção. *Carta Forense*. Disponível em: http://www.cartaforense.com.br/conteudo/artigos/dano-moral-coletivo-por-corrupcao/17838. Acesso em: 14 out. 2018.
132. Nesse sentido, veja-se STJ. REsp 1.517.973/ PE. 4ª Turma. Rel. Min. Luis Felipe Salomão. J. 16.10.2017. DJ em 01.02.2018. Ementa: "Recurso especial. Ação civil pública. Dignidade de crianças e adolescentes ofendida por quadro de programa televisivo. Dano moral coletivo. Existência. 1. O dano moral coletivo é aferível *in re ipsa*, ou seja, sua configuração decorre da mera constatação da prática de conduta ilícita que, de maneira injusta e intolerável, viole direitos de conteúdo extrapatrimonial da coletividade, revelando-se despicienda a demonstração de prejuízos concretos ou de efetivo abalo moral. Precedentes. 2. Na espécie, a emissora de televisão exibia programa vespertino chamado 'Bronca Pesada', no qual havia um quadro que expunha a vida e a intimidade de crianças e adolescentes cuja origem biológica era objeto de investigação, tendo sido cunhada, inclusive, expressão extremamente pejorativa para designar tais hipervulneráveis. 3. A análise da configuração do dano moral coletivo, na espécie, não reside na identificação de seus telespectadores, mas sim nos prejuízos causados a toda sociedade, em virtude da vulnerabilização de crianças e adolescentes, notadamente daqueles que tiveram sua origem biológica devassada e tratada de forma jocosa, de modo a, potencialmente, torná-los alvos de humilhações e chacotas pontuais ou, ainda, da execrável violência conhecida por *bullying*. 4. Como de sabença, o artigo 227 da Constituição da República de 1988 impõe a todos (família, sociedade e Estado) o dever de assegurar às crianças e aos adolescentes, com absoluta prioridade, o direito à dignidade e ao respeito e de lhes colocar a salvo de toda forma de discriminação, violência, crueldade ou opressão. 5. No mesmo sentido, os artigos 17 e 18 do ECA consagram a inviolabilidade da integridade física, psíquica e moral das crianças e dos adolescentes, inibindo qualquer tratamento vexatório ou constrangedor, entre outros. 6. Nessa perspectiva, a conduta da emissora de televisão – ao exibir quadro que, potencialmente, poderia criar situações discriminatórias, vexatórias, humilhantes às crianças e aos adolescentes – traduz flagrante dissonância com a proteção universalmente conferida às pessoas em franco desenvolvimento físico, mental, moral, espiritual e social, donde se extrai a evidente intolerabilidade da lesão ao direito transindividual da coletividade, configurando-se, portanto, hipótese de dano moral coletivo indenizável, razão pela qual não merece reforma o acórdão recorrido. 7. Quantum indenizatório arbitrado em R$ 50.000,00 (cinquenta mil reais). Razoabilidade e proporcionalidade reconhecidas. 8. Recurso especial não provido".
133. SCHREIBER, Anderson. Novos paradigmas da responsabilidade civil, cit., p. 88.

De modo que prossegue e conclui que

> o tecido normativo brasileiro não parece deixar qualquer dúvida no tocante ao reconhecimento de tutela a interesses supraindividuais (...). Assim, embora o nome "dano moral coletivo" não seja o melhor (o dano extrapatrimonial supraindividual pode derivar da lesão a interesse coletivo, mas também da lesão a interesse difuso), não há base normativa para resistir à ideia central do instituto (...), a melhor solução seria rever o conceito de dano moral, e não negar guarida à pretensão de reparação de lesões a interesses coletivos ou difusos.[134]

Para fins desse trabalho, o dano coletivo que mais é útil para estudar os contornos e a incorporação da função preventiva pela responsabilidade civil é o dano ambiental.

A Lei 6.938/81, consagrando os comandos constitucionais do art. 225 da Constituição Federal, define o meio ambiente (art. 3º, I, da Lei 6.938/1981) como patrimônio público, de todos, que deve ser protegido em prol do uso coletivo e das futuras gerações, e que, como se sabe, constitui direito de terceira geração, difuso, imerso na solidariedade e com reflexos individuais e coletivos ao mesmo tempo.[135]

Não é por outro motivo que a doutrina classifica com outras regras o seu momento patológico, a classificar o dano ambiental como "dano diferente",[136] já que a dificuldade de identificar seu causador é notória e o número de lesados é incalculável, além de sua configuração partir de um certo nível de impacto (princípio da tolerabilidade).[137]

Como afirmado no início deste capítulo, o dano, para ser indenizável, deve ser certo, atual e subsistente, sendo o dano eventual, em razão da incerteza de sua ocorrência, não indenizável.

Apesar disso, a importância do interesse tutelado quando se fala do meio ambiente faz com que a doutrina admita que o problema do dano ambiental passe, necessariamente, pela intensidade do risco de dano que determinada atividade represente, tais como os riscos ambientais de radiação, poluição e devastação, pautados em teorias do risco e na responsabilidade objetiva.[138]

---

134. Ibidem, p. 90.
135. FERREIRA FILHO, Manoel Gonçalves. *Comentários à Constituição brasileira de 1988*. 2. ed. São Paulo: Saraiva, 1997, v. 1, p. 102.
136. GOLDENBERG, Isodoro H.; CAFFERATTA, Nestor A. *Daño ambiental*: problemática de su determinación causal. Buenos Aires: Abeledo-Perrot, [s.d.], p. 11.
137. ANTUNES, Paulo de Bessa. *Direito ambiental*. Rio de Janeiro: Lumen Juris, 2004, p. 39.
138. Sobre aspectos gerais da responsabilidade civil ambiental, apesar de não ser o escopo desta dissertação, cumpre ressaltar que "Entre outros aspectos, esse regime especial de responsabilidade civil está baseado a) na admissão da reparabilidade do *dano causado à qualidade ambiental* em si mesma considerada, reconhecida como bem jurídico protegido, e do *dano moral ambiental*; b) na consagração da *respon-*

Desse modo, já se afirmou que o dano ambiental não seria dotado da certeza com a qual a responsabilidade civil estaria acostumada, já que a complexidade de seus efeitos permite afirmar que "o risco de dano se incluirá no conceito global de dano ao meio ambiente e será necessário, para tanto, aplicar-se o mesmo regime de responsabilidade aplicável ao dano certo".[139-140]

Ainda, além da flexibilização (ou até mesmo exclusão) do elemento da certeza, a reparação do dano ambiental também mitiga o elemento da atualidade do dano ressarcível, pois a responsabilidade ambiental vai além, a fim de englobar os prejuízos em potencial, que podem vir a ocorrer, com o intuito de prevenir e precaver, em razão dos interesses coletivos em jogo.[141]

1.5.4 Relação dos princípios da prevenção e precaução com o dever de indenizar

Aliado a isso, deve-se destacar que a tutela do meio ambiente é pautada em outros princípios que não aqueles conhecidos pela responsabilidade civil, mas que passaram a ser absorvidos por ela, na medida em que a doutrina passou a destacar a insuficiência do paradigma reparatório e a necessidade de se evitar a ocorrência de danos. No tocante à prevenção do dano, merecem destaque dois princípios basilares da tutela ambiental, quais sejam, o princípio da prevenção e o da precaução, que como se verá no capítulo 3, possui extrema relevância para o paradigma preventivo da responsabilidade civil.

O princípio ambiental da precaução significa que ao existir risco de ocorrência de um dano grave ou irreversível, a mera falta de certeza científica não

---

sabilidade objetiva do degradador do meio ambiente, ou seja, responsabilidade decorrente do simples risco ou do simples fato da atividade degradadora, independentemente da culpa do agente, adotada a teoria do risco integral; c) na amplitude com que a legislação brasileira trata os sujeitos responsáveis, por meio da noção de poluidor adotada pela Lei da Política Nacional do Meio Ambiente, considerado poluidor a pessoa física ou jurídica, de direito público ou privado, *direta* ou *indiretamente* responsável pela degradação ambiental (artigo 3º, IV); e d) na ampliação dos efeitos da responsabilidade civil, que abrange não apenas a *reparação propriamente dita do dano ao meio ambiente*, como também a supressão do fato danoso à qualidade ambiental, por meio do que se obtém a *cessação definitiva da atividade causadora de degradação* do meio ambiente" (MIRRA, Á. L. V. Responsabilidade civil ambiental e a reparação integral do dano. *Consultor Jurídico*, 2016. Disponível em: https://www.conjur.com.br/2016-out-29/ambiente-juridico-responsabilidade-civil-ambiental-reparacao-integral-dano. Acesso em: 15 ago. 2018.

139. CATALÁ, Lucia Gomes. *Responsabilidad por daños ao médio ambiente*. Pamplona: Arazandi, 1998, p. 79.
140. Leite e Ayala aduzem que o risco ou é concreto ou abstrato, sendo o primeiro referente ao perigo produzido pelos efeitos nocivos da atividade perigosa, e o segundo com o risco inerente da própria atividade desenvolvida (LEITE, José Rubens Morato; AYALA, Patrick de Araújo. *Direito ambiental na sociedade de risco*. Rio de Janeiro: Forense Universitária, 2002).
141. VENOSA, Silvio de Saulo. *Direito civil*: responsabilidade civil. 9. ed. São Paulo: Atlas, 2009, v. 4, p. 214.

poderá ser alegada como escusa para que o ofensor em potencial adie a adoção de medidas eficazes, para evitar a degradação do meio ambiente.[142]

A precaução distingue o Direito Ambiental de outras searas que tradicionalmente lidavam com a tutela do meio ambiente e que cuidavam de coibir condutas, em especial o Direito Penal e o Direito Civil, já que possuem como fundamento de responsabilização a certeza e previsibilidade,[143] dois dos obstáculos que a normativa ambiental procura afastar com a precaução.

Por sua vez, a prevenção ambiental volta-se a riscos concretos, já conhecidos pela ciência, com extensão de eventual dano ambiental já delimitada, possibilitando a atuação estatal para impor ao praticante da atividade lesiva sanções ou condicionantes ao licenciamento ambiental, a fim de mitigar ou impedir os prejuízos ao meio ambiente.[144] Acerca desse princípio, Romeu Thomé destaca que o princípio da prevenção

> é orientador no Direito Ambiental, enfatizando a prioridade que deve ser dada às medidas que previnam (e não simplesmente reparem) a degradação ambiental. A finalidade ou o objetivo final do princípio da prevenção é evitar que o dano possa chegar a produzir-se. Para tanto, necessário se faz adotar medidas preventivas. Todavia, tal princípio não é aplicado em qualquer situação de perigo de dano. O princípio da prevenção se apoia na certeza científica do impacto ambiental de determinada atividade. Ao se conhecer os impactos sobre o meio ambiente, impõe-se a adoção de todas as medidas preventivas hábeis a minimizar ou eliminar os efeitos negativos de uma atividade sobre o ecossistema. Caso não haja certeza científica, o princípio a ser aplicado será o da precaução.[145]

Desse modo, ao se comparar o princípio da precaução com o da prevenção, tem-se que este demanda que os riscos comprovados sejam eliminados, e o primeiro determina atuação para eliminar eventuais impactos lesivos ao meio ambiente mesmo sem o estabelecimento de nexo causal pautado em evidência científica absoluta.[146]

---

142. CANOTILHO, José Joaquim Gomes. *Direito público do ambiente*. Coimbra: Faculdade de Direito de Coimbra, 1995, p. 40-41; e LEITE, José Rubens Morato; MELO, Melissa Ely. As funções preventivas e precaucionais da responsabilidade civil por danos ambientais. *Revista Sequência*, n. 55, p. 205, dez. 2007.
143. KÖNZ, Peider. Law and global environmental management: Some open issues. In: Edith Brown Weiss (editor). *Environmental Change and International Law. New Challenges and Dimensions*. Tokyo: United Nations University Press, 1992, p. 160.
144. AMADO, Frederico Augusto Di Trindade. *Direito ambiental esquematizado*. 6. ed. rev., atual. e ampl. São Paulo: Método, 2015, p. 47-48.
145. THOMÉ, Romeu. *Manual de Direito Ambiental*: conforme a Lei 13.081/2015. 5. ed. rev. ampl. e atual. Salvador: JusPodivm, 2015, p. 67.
146. ARAGÃO, Maria Alexandre e Sousa. *O princípio do poluidor-pagador*: pedra angular da política comunitária do ambiente. Coimbra: Coimbra, 1997, p. 68.

Justamente por lidar com interesses de natureza difusa e com diversas implicações para a dignidade e solidariedade dos indivíduos é que a doutrina afirma que a responsabilidade ambiental possui as funções tradicionais da responsabilidade civil, mas com pesos diferentes atribuídos a ela, aliando a reparação de danos com a prevenção de acidentes, inclusive com prioridade desta última.[147]

Segundo Herman Benjamin, na seara ambiental, a responsabilidade civil tem suas funções redesenhadas, com a prevenção em posição de destaque, para atacar "também a danosidade em potencial", afirmando que a doutrina "aponta a prevenção como objetivo prioritário à reparação, uma conquista da contemporânea teoria da responsabilidade civil",[148] pois já não bastaria reparar.[149]

Com base nisso, o autor afirma que é de fácil constatação o resultado preventivo indireto, já que a condenação, além de reparar, cumprirá com seu papel preventivo de encorajar terceiros em situação similar a adotar as medidas necessárias para evitar danos futuros, apesar de reconhecer que o efeito preventivo sempre fica "aquém do desejável", já que inexiste garantia de que a indenização refletirá efetivamente o dano causado.

Assim, na tarefa de adequação da responsabilidade civil ambiental às necessidades exigidas pela tutela do dano ao meio ambiente, já que "de nada adiantariam ações preventivas, se eventuais responsáveis por possíveis danos não fossem compelidos a executar seus deveres ou responder por suas ações", deve-se promover uma releitura das funções da responsabilidade civil, de modo a funcionar como "um sistema de retaguarda ou auxiliar e só ser acionada quando a ameaça de dano é iminente, ou no caso em que a lesão ocorreu e os outros mecanismos de tutela ambiental não responderam à imputação do agente".[150]

***

Como visto, o fenômeno da expansão dos danos ressarcíveis é resultado do giro conceitual pelo qual passou a responsabilidade civil, bem como do reconhecimento de novos interesses merecedores de tutela, de modo que a responsabilidade civil deve se adequar, ser relida, sob o olhar de novas estruturas e funções, de modo a prestar a tutela adequada à vítima.

Conforme exposto, o estudo dessas novas figuras lesivas, à luz do conceito e atributos do dano indenizável, permite concluir que mesmo com o alargamento e

---

147. BENJAMIN, Antonio Herman. Responsabilidade civil por dano ambiental. *Doutrinas Essenciais de Responsabilidade Civil*, v. 7, p. 453-515, out/2011, p. 457.
148. Ibidem, p. 457.
149. Paulo Affonso Leme Machado, *Direito Ambiental Brasileiro*. São Paulo: Malheiros, 1995, p. 231-232.
150. LEITE, José Rubens Morato; MELO, Melissa Ely, cit., p. 196 e 198.

admissão de novos danos, a realidade é que o elemento do dano é imprescindível para deflagrar a atuação da responsabilidade civil.

Todavia, diante da insuficiência da reparação para determinados danos, haveria que se cogitar em atuação da responsabilidade civil sem a figura do dano, ao se adotar a função preventiva como guia de sua aplicação?

O estudo das funções da responsabilidade civil e de sua relação com a indenização do dano e o princípio (e limite) da reparação integral é essencial para se compreender e estabelecer os limites de atuação do instituto, de modo a encontrar balizas e definir seu *locus* de atuação, inclusive do seu viés preventivo, sem que disso decorra a sua banalização. É o que se passa a expor.

2
AS FUNÇÕES DA RESPONSABILIDADE CIVIL REMODELADAS CONFORME OS NOVOS PAPÉIS ASSUMIDOS PELO INSTITUTO DO DANO

2.1 PARADIGMAS DA RESPONSABILIDADE CIVIL E SUA CONSTITUCIONALIZAÇÃO

Como visto, a responsabilidade civil é um dos instrumentos de pacificação e justiça social do direito, com enfoque principal de reparação dos danos injustos que decorrem de condutas contrárias ao ordenamento jurídico ou por ele excepcionadas. E teve seu sistema como um todo pensado na lógica patrimonialista, na qual o seu objetivo primordial e último seria, exclusivamente, a reparação de danos.[1]

Mesmo diante das controvérsias conceituais apontadas no capítulo anterior sobre a noção de dano, a doutrina reconhece que o dano é o pressuposto fundamental da responsabilidade civil,[2] eis que sem ele, não há que se falar em dever de indenizar.[3]

Nessa linha, destaca Paulo de Tarso Sanseverino que se

> o fato considerado não causar um prejuízo efetivo, poderá haver responsabilidade moral, penal ou administrativa, que se configuram independentemente da implementação do resultado, mas não haverá responsabilidade civil. (...) o dano passou a ocupar um lugar de destaque crescente na doutrina. Diferentemente da responsabilidade penal, que se preocupa com a punição de um ato ilícito necessariamente culposo, a responsabilidade civil centra-se primordialmente na busca da reparação mais completa possível dos prejuízos sofridos pela vítima. Nessa linha, a própria denominação da responsabilidade civil tem sido substituída eventualmente pelas expressões "direito de danos" ou "responsabilidade por danos" (...).

---

1. DIAS, José de Aguiar. *Da responsabilidade civil*. 11. ed. Atual. Rui Berford Dias. Rio de Janeiro: Renovar, 2006, p. 23 e ss.
2. RODOTÀ, Stefano. *Il problema della responsabilità civile*. Milano: Giuffrè, 1967, p. 78.
3. ZANNONI, Eduardo A. *El daño em la responsabilidad civil*. Buenos Aires: Astrea, 1987, p. 1.

Importante ressaltar que o elemento quantitativo não está inserido na acepção do dano como requisito do dever de indenizar. Seja o prejuízo matematicamente reduzido ou elevado, se foi causado injustamente, deve ser indenizado.

Dessa forma, é relativizada a importância quantitativa do dano para fins da configuração do dever de indenizar e, por isso, reafirma-se que o norte da imputação do dever de reparar deve ser a lesão ao direito ou interesse legítimo da vítima, pouco importando a sua extensão pecuniária.

Mas, mesmo assim, a valoração do prejuízo possui importância vital na equação da responsabilidade civil. Reconhece Geneviève Viney que, apesar da necessidade de "um dano para fazer aparecer uma dívida de responsabilidade civil", este não é apenas uma condição da obrigação de indenizar, mas exerce, também, a função de "medir a reparação", guiando a quantificação da indenização, a fim de se atender ao princípio da reparação integral.[4]

Isso corrobora o entendimento de que o papel central dado ao dano na responsabilidade civil é devido à ideia de que sua função essencial é a reparatória, a fim de garantir à vítima o retorno ao *status quo ante*.

Importante também destacar que, ao longo dos anos, a responsabilidade civil foi moldada para atender novos interesses e adquire novos contornos e funções que, apesar de distintas, se relacionam entre si, seja para punir alguém, restabelecer a paz social, retornar a vítima ao estado anterior ou, ainda, prevenir condutas reprováveis e antissociais.[5]

A evolução da realidade social cria uma nova ordem de valores e implica novos desafios a serem superados, do que decorre a crise dos modelos teóricos sedimentados pela ciência do direito, que ressalta o papel primordial dado à responsabilidade civil em face dos novos problemas trazidos, especialmente quanto às inovações tecnológicas.

Convém aqui destacar que a Constituição Federal passou a ocupar o centro da ordem jurídica, de onde emanam os valores a guiar a aplicação e interpretação do direito, superando-se a função de mero estatuto do poder público e mitigando a separação entre direito público e privado.[6]

Reconhece-se, então, uma ordem jurídica orientada pela norma fundamental da Constituição e por seus princípios, que exprimem os valores máximos da sociedade, como consequência do emaranhamento das relações sociais e do

---

4. VINEY, Geneviève. La responsabilité civile. In: GHESTIN, Jacques (Coord.). *Traité de droit civil*. Paris: Librairie Générale de Droit et de Jurisprudence, 1965, n. 247. (Tradução livre do original).
5. TUNC, André. *La responsabilité civile*. 2. ed. Paris: Economica, 1989. p. 133.
6. TEPEDINO, Gustavo. Premissas metodológicas para a constitucionalização do direito civil. *Temas de Direito Civil*. 3. ed. Rio de Janeiro: Renovar, 2004, p. 1-22.

reconhecimento da sua força normativa e da abertura e complexidade do ordenamento jurídico.[7]

Dessa forma, o direito civil deixa de ocupar o centro normativo de regulação da vida privada e o intérprete passa a se valer dos valores da Constituição para realizar a tarefa de reunificar o sistema, especialmente os princípios da dignidade humana e a solidariedade social, a fim de evitar antinomias e concretizar a segurança jurídica, para se pautar na lógica da função dos institutos em detrimento de sua estrutura na resolução dos casos concretos.[8]

A mudança desse paradigma representa o fenômeno da constitucionalização do direito civil e é inegável. Ao constatar essa alteração de perspectiva, Paulo Luiz Netto Lôbo afirma, em síntese que:

> É certo que as relações obrigacionais têm um forte cunho patrimonializante. Todavia, a prevalência do patrimônio, como valor individual a ser tutelado, fez submegir a pessoa humana, que passou a figurar como simples e formal polo de relação jurídica, como sujeito abstraído de sua dimensão real. A patrimonialização das relações obrigacionais, no sentido de primazia, é incompatível com os valores fundados na dignidade da pessoa humana, adotados pelas Constituições modernas, inclusive pela brasileira (art. 1º, III). A repersonalização reencontra a trajetória da longa história da emancipação humana, no sentido de repor a pessoa humana como centro do direito civil, ficando o patrimônio a seu serviço. O direito das obrigações, ainda que essencialmente voltado às relações econômicas da pessoa, tem relação com essa função instrumental, além de estar conformado aos princípios e valores constitucionais que a protegem.[9]

Já no tocante à responsabilidade civil, essa alteração de paradigma também é sentida pela doutrina. Ao falar sobre as novas tendências do instituto, José Aguiar Dias afirma que o foco passou a ser como reparar o dano e não mais punir o ofensor, destacando o novo papel assumido pela responsabilidade civil de tutela coletiva dos comportamentos sociais e do homem em coletividade.[10]

Assim, com a alteração do contexto social e do foco de sua atuação, logicamente que os parâmetros tradicionais da responsabilidade civil, que deflagram

---

7. KONDER, Carlos Nelson. Distinções hermenêuticas da constitucionalização do direito civil. In: SCHREIBER, Anderson; KONDER, Carlos Nelson (Org.). *Direito civil constitucional*. São Paulo: Atlas, 2016, p. 25-46.
8. TEPEDINO, Gustavo. Normas constitucionais e relações de direito civil na experiência brasileira. *Boletim da Faculdade de Direito Studia Jurídica*, n. 48. Coimbra: Coimbra, 2000, p. 332-3. Ainda nesse sentido: BODIN DE MORAES, Maria Celina. *Danos à pessoa humana*: uma leitura civil-constitucional dos danos morais, cit., p. 68.
9. LÔBO, Paulo Luiz Netto. *Direito civil*: obrigações. São Paulo: Saraiva, 2011, p. 17.
10. DIAS, José Aguiar. *Da responsabilidade civil*. 11. ed. Rio de Janeiro: Renovar, 2006, p. 50-51. Ainda, vide JONAS, Hans. *O princípio responsabilidade*. Ensaio de uma ética para a civilização tecnológica. Trad. Marijane Lisboa e Luiz Barros Montez. Rio de Janeiro, PUC, 2009, p. 166-167.

o dever de indenizar, devem ser repensados. Nessa linha, aduz Maria Celina Bodin de Moraes que:

> a doutrina, de fato, tem falhado na elaboração dogmática dos novos critérios de responsabilidade civil, e a jurisprudência, premida pelas necessidades impostas pela realidade social, vem desempenhando a tarefa por conta própria, criando um universo discricionário e, não raro, incoerente.[11]

Apesar das novas demandas sociais, a doutrina ainda desenvolve bases e parâmetros de atuação da responsabilidade civil, principalmente ao redor do seu elemento basilar, o dano, a fim de determinar a melhor forma de quantificar a indenização e solucionar as controvérsias levadas ao Judiciário.

Inclusive, essa mudança de escopo leva parte da doutrina a defender que a responsabilidade civil apenas preocupada em reparar não se mostra adequada ou suficiente. Acerca do tema, Alvino Lima afirma que "é preciso vencer o dano, o inimigo comum, fator de desperdício e de insegurança, lançando mão de todos os meios preventivos e reparatórios sugeridos pela experiência, sem desmantelar e desencorajar as atividades úteis".[12]

Assim, não mais se pode pensar a responsabilidade civil através da ótica individual e patrimonial, pois o instituto, no paradigma da constitucionalização do direito privado, volta-se à proteção de direitos fundamentais e da pessoa humana, não sendo possível que seja limitado ao binômio dano-reparação, cada vez mais vinculado à noção de dignidade e de solidariedade, fruto da funcionalização das situações patrimoniais às existenciais.[13]

Desse modo, inegável que a dignidade da pessoa humana assumiu de vez o papel de valor principal que conduz à aplicação da responsabilidade civil.[14]

---

11. Prefácio da obra *Novos paradigmas da responsabilidade civil*: da erosão dos filtros da reparação à diluição dos danos, 2013, de Anderson Schreiber, escrito pela autora – p. xii.
12. ALVINO LIMA. *Da culpa ao risco*. São Paulo: Ed. RT, 1960, p. 21 e ss.
13. TEPEDINO, Gustavo. O direito civil-constitucional e suas perspectivas atuais. In: TEPEDINO, Gustavo (Org.). *Direito civil contemporâneo*: novos problemas à luz da legalidade constitucional (anais do Congresso Internacional de Direito Civil-Constitucional da cidade do Rio de Janeiro). São Paulo: Atlas, 2008, p. 356-371. Ainda, nesse sentido, vide Paulo Luiz Netto Lôbo que conclui que "marcam a transformação contemporânea da responsabilidade civil: a primazia do interesse da vítima, a máxima reparação do dano e a solidariedade social" (LÔBO, Paulo Luiz Netto. *Direito civil*: obrigações. São Paulo: Saraiva, 2011, p. 23).
14. "A Constituição Federal de 1988 fortaleceu, de maneira decisiva, a posição da pessoa humana, e de sua dignidade, no ordenamento jurídico. Colocou-a no ápice da pirâmide que, plasticamente, dá forma ao sistema normativo. Em consequência – e este é apenas o reverso da medalha –, logrou implicitamente determinar a cabal reparação de todos os prejuízos causados injustamente à pessoa humana. A base legal encontra-se na cláusula geral de tutela da pessoa, que contém, nela implícito, o milenar preceito do *neminem laedere*. Apesar desta garantia constitucional, as leis continuam a se apresentar vagas, indefinidas, fluidas, de um lado, aumentando a responsabilidade do magistrado, mas, de outro, ampliando grandemente o seu arbítrio" (BODIN DE MORAES, Maria Celina. *Danos à pessoa humana*: uma leitura civil-constitucional dos danos morais, cit., p. 286).

Ao se considerar que o sistema da responsabilidade civil pode possuir e adotar diversas e variadas funções, a doutrina pontua que são chamadas a atuar: a função reparatória, que é a mais tradicional e predominante, estando (normalmente) positivada e sendo a essência do instituto; a função punitiva; e, a função preventiva com o objetivo de desestímulo (ou *deterrence*, do direito anglo-saxão).

Nessa linha, no direito italiano, em concepção também difundida no direito brasileiro, afirma Guido Alpa que as normas de responsabilidade civil possuem como principais funções "duas: as funções que na costumeira doutrina do *common law* (e, atualmente, nas expressões utilizadas de modo comum na doutrina pátria de cada país) se individualizam em palavras de compensação das vítimas e de desestímulo dos ofensores".[15] Então, para o autor italiano, prevalecem a função reparatória e a função preventiva (*deterrence*).

Na doutrina pátria, Teresa Ancona Lopez afirma que, apesar da divergência doutrinária sobre quais são as funções da responsabilidade civil, há "duas funções primordiais", quais sejam, a função reparatória e a função preventiva.[16]

Fernando Noronha, por sua vez, destaca que são reconhecidas outras duas funções da responsabilidade civil ao lado da função reparatória "uma sancionatória (ou punitiva) e outra preventiva (ou dissuasória)".[17]

Caroline Vaz, em sua obra, reconhece que são três as funções da responsabilidade civil, pois haveria "em tese, uma finalidade eminentemente de proteção da esfera jurídica de cada pessoa (ou manutenção do *status quo ante*) através da reparação ou da compensação", mas, ainda, "a doutrina e a jurisprudência, em especial no ordenamento jurídico alienígena, preveem atualmente outras funções: de punição (ou sancionatória) e prevenção (ou dissuasória)".[18]

Importante ressaltar que a posição hierárquica da função reparatória não é definitiva, pois, devido às alterações sofridas pelo direito privado e pela responsabilidade civil, admite-se, hoje, uma inversão de prevalência, de modo que, a depender das novas demandas sociais, ganhe papel de destaque a função que estaria menos reconhecida na atualidade.[19]

---

15. "si riducono a due: quelle funzioni che nella corrente letteratura di common law (e, ormai, nelle espressioni usualmente impiegate dalla dottrina di ogni paese) si individuano in parole di *compensation* delle vittime e di *deterrence* dei danneggianti" (ALPA, Guido. *La responsabilità civile*: parte generale. Torino: UTET Giuridica, 2010, p. 162. Tradução livre do original).
16. LOPEZ, Teresa Ancona. *Princípio da precaução e evolução da responsabilidade civil*. São Paulo: Quartier Latin, 2010, p. 62.
17. NORONHA, Fernando. Desenvolvimentos contemporâneos da responsabilidade civil. *Revista dos Tribunais*, São Paulo, v. 761, p. 40. 1999.
18. VAZ, Caroline. Funções da responsabilidade civil: da reparação à punição e dissuasão: os *punitive damages* no direito comparado e brasileiro. Porto Alegre: Livraria do Advogado, 2009, p. 36.
19. Há exemplo de quem afaste a aplicação da função punitiva do instituto, mas admite sua aplicação em certas hipóteses, no qual o foco inicial seria o de prevenir com condutas "diligentes, cuidadosas,

Comum na doutrina, então, reconhecer-se que as funções preventiva e punitiva do instituto devem ter o papel de guiar a fixação de indenizações. Com isso, pode-se concluir que, funcionalmente, a responsabilidade civil, num contexto histórico, é o remédio previsto pela ordem legal para a realização de processos de adaptação e continuidade social, de modo que "a aplicação do instituto deve garantir, mesmo diante de um complexo normativo, consequências justas e eficazes".[20]

Tais constatações de novas demandas sociais, em razão das relações massificadas pautadas na impessoalidade e no surgimento de novos danos, levaram a doutrina a indicar a necessidade de repensar a responsabilidade civil para além da função reparatória, voltada para a função preventiva de lesões e de reprimir condutas indesejadas.[21]

Segundo essa concepção, sua característica indenizatória persiste, mas deveria apenas surgir quando não houver modo de impedir a ocorrência do dano injusto, ressaltando-se a insuficiência da função reparatória do instituto, que deveria, em uma perspectiva constitucionalizada e preocupada com a tutela da pessoa, buscar, prioritariamente, impedir a ocorrência de danos e desestimular aquelas condutas socialmente reprováveis.

O surpreendente crescimento dos danos causados à coletividade e o surgimento de novas espécies ainda levou parte da doutrina a aduzir que a estrutura contemporânea da responsabilidade civil deve ou inclina-se a ser alterada para um "direito de danos",[22] conforme será exposto no terceiro item deste capítulo, justamente sob o fundamento da insuficiência diante dos anseios corriqueiros

---

celosas prudentes. Y luego, frente al error o al fracaso, reparar, recomponer, para satisfacción de la víctima inocente. La 'punición' no es propria del Derecho de Daños; puede colarse de 'rondón' en algunas situaciones; así en los 'daños punitivos', cuya incorporación apoyamos" (ITURRASPE, Jorge Mosset; PIEDECASAS, Miguel A. Código Civil comentado: doctrina, jurisprudencia, bibliografía: responsabilidad civil, artículos 1.066 a 1.136. Buenos Aires: Rubinzal-Culzoni, 2003, p. 296).

20. GIANCOLI, Brunno Pandori. *Função punitiva da responsabilidade civil*. Dissertação de mestrado. USP. Faculdade de Direito da USP. São Paulo, 2014, p. 25.
21. Sobre a constatação da insuficiência dos mecanismos tradicionais da responsabilidade civil, destaca-se a lição de Urick Bech, para quem "Los nuevos peligros están eliminando los cimentos convencionales del cálculo de seguridad. Los daños pierden sus limites espacio-temporales y se convierten en globales y duraderos. Ya es a duras penas posible responsabilizar a individuos concretos de tales daños: el principio de culpabilidad ha ido perdiendo su eficácia. Em numerosas ocasiones, no pueden asignarse compensaciones financieras a los daños causados; no tiene sentido asegurar-se contra los peores efectos posibles de la espiral de amenazas globales. Por tanto, no existen planes para la reparación en el caso de que ocurra lo peor" (BECK, Ulrich. *Sociedade de risco*. cit., p. 57).
22. Sobre o tema, Lucas Abreu Barroso e Pablo Malheiros da Cunha Frota afirmam que "o direito de danos altera a perspectiva do intérprete, ao deslocar o âmbito da investigação da conduta do lesante para o dano, já que prevalece a máxima *in dubio pro vitima*" (BARROSO, Lucas Abreu. *A realização do direito civil*: entre normas jurídicas e práticas sociais. Curitiba: Juruá, 2011, p. 146).

das pessoas de estarem sujeitas ao risco de sofrer danos, modelo que seria capaz de atender à demanda social e criar instrumentos de proteção contra danos potenciais.

Nesse âmbito de transformações, a doutrina aponta três funções da responsabilidade civil, a saber: i) a função reparatória: sua função principal, fundamentada no princípio da reparação integral dos prejuízos experimentados; ii) a função punitiva, que serviria para punir o autor do dano em valores além da sua extensão, com caráter de pena privada; e, por fim, iii) a função preventiva, calcada nos princípios da prevenção e da precaução, de modo a impedir a ocorrência de danos ou fazer cessar sua incidência.

A seu turno, as demais funções mencionadas foram estudadas e atreladas à função reparatória, relacionando-se, inicialmente, com a perspectiva patrimonialista da reparação, principalmente a influenciar no *quantum* indenizatório,[23] a depender da ocorrência de condutas que diminuam ou impeçam o dano de se configurar.

Destaca-se, ainda, a importância da análise funcional dos institutos jurídicos[24] para a determinação de sua finalidade social, ao se realizar o processo de qualificação das mais diversas situações jurídicas subjetivas e de sua estrutura.

A título de ilustração dessa releitura estrutural e funcional do dano e da própria responsabilidade civil, passa-se, sem pretensão de esgotar o tema, a analisar os arquétipos do instituto e a relação que o elemento do dano tem com cada uma de suas funções, com a ressalva de que estas acompanham as transformações sociais dos pressupostos essenciais da responsabilidade civil, numa perspectiva histórico-relativa.

2.2 A FUNÇÃO REPARATÓRIA: REPARAÇÃO INTEGRAL E A OCORRÊNCIA DO DANO COMO ELEMENTO DE VERIFICAÇÃO DO DEVER DE INDENIZAR

Como se sabe, a classificação das espécies de dano conforme sua natureza está intrinsecamente ligada à questão da reparabilidade e quantificação. Por esse

---

23. Vide MONTEIRO FILHO, Carlos Edison do Rêgo. *Elementos de responsabilidade civil por dano moral*. Rio de Janeiro: Renovar, 2000, p. 152.
24. Antes de se adentrar no estudo das funções da responsabilidade civil, relembre-se a lição de Salvatore Pugliatti, para quem a função é "a razão genética do instrumento, e a razão permanente de seu emprego, isto é a sua razão de ser. Por via de consequência, é a função que irá determinar a estrutura, pois o interesse tutelado é o centro de unificação em respeito do qual se compõem os elementos estruturais do instituto" (PUGLIATTI, Salvatore. *La proprietà nel nuovo diritto*. Milano: Giuffrè, 1954, p. 300. Tradução livre do original).

motivo, optou-se por tratar das espécies de dano e sua reparação justamente neste tópico, que cuida da função primordial do instituto, a reparatória.

Nesse sentido, a doutrina é unânime em afirmar que a função principal da responsabilidade civil é a ressarcitória, com o objetivo de retirar os danos injustos da esfera jurídica da vítima por atos praticados por terceiros.[25]

O ordenamento jurídico brasileiro admite e consagra o princípio da reparação integral, por meio do art. 944 do Código Civil,[26] o qual afirma que a indenização se mede pela extensão do dano, que é o mesmo que dizer que todo o dano sofrido deve ser indenizado à vítima.[27]

Contudo, esse artigo trouxe importante inovação legislativa, no tocante ao que consta em seu parágrafo único, que dispõe: "se houver excessiva desproporção entre a gravidade da culpa e o dano, poderá o juiz reduzir, equitativamente, a indenização".

Sobre o princípio da reparação integral, anota Carlos Edison do Rêgo Monteiro Filho:[28]

> Na essência, pouco importa se proveniente [o dano] de responsabilidade civil contratual ou extracontratual, se a vítima é contratante ou terceiro, se a relação é de consumo ou paritária. Em qualquer situação jurídica, presentes os pressupostos de configuração da responsabilidade civil, impõe-se o dever de reparar o dano.

Nessa linha, é a lição de Paulo de Tarso Sanseverino, que afirma que o princípio da reparação integral ou plena "busca colocar o lesado em situação equivalente à que se encontrava antes de ocorrer o ato ilícito, ligando-se diretamente à própria função da responsabilidade civil, que é fazer desaparecerem, na medida do possível, os efeitos do evento danoso".[29]

---

25. SANSEVERINO, Paulo de Tarso Vieira. *Princípio da reparação integral*, cit., 2010, p. 270; e, ALPA, Guido et al. *Obbligazioni contrattuali ed extracontrattuali*. Torino: G. Giappichelli, 2001, p. 981.
26. Sobre a defesa da constitucionalidade desse princípio, vide KONDER, Carlos Nelson. A redução equitativa da indenização em virtude do grau de culpa. *Revista Trimestral de Direito Civil*. Rio de Janeiro, ano 8, v. 29, p. 27-33. jan./mar. 2007; e CALIXTO, Marcelo Junqueira. Breves considerações em torno do art. 944, parágrafo único, do Código Civil. *Revista Trimestral de Direito Civil*. Rio de Janeiro, ano 10, v. 39, jul./set. 2009, p. 69.
27. Nesse sentido, Paulo de Tarso Sanseverino aduz que "o valor da indenização, na medida do possível, sem perder a sua natureza satisfatória, deve guardar correspondência com a extensão da ofensa ao interesse lesado, conseguindo-se, com isso, maior uniformidade entre os julgamentos de ações indenizatórias envolvendo fatos semelhantes, assim como maior coerência entre julgados de fatos de diferente gravidade" (SANSEVERINO, Paulo de Tarso Vieira. *Princípio da reparação integral*, cit., 2010, p. 270).
28. MONTEIRO FILHO, Carlos Edison do Rêgo. Rumos cruzados do direito civil pós-1988 e do constitucionalismo de hoje. In: TEPEDINO, Gustavo (org.). *Direito civil contemporâneo: novos problemas à luz da legalidade constitucional*. Rio de Janeiro: Renovar, 2008, p. 274.
29. SANSEVERINO, Paulo de Tarso Vieira. *Princípio da reparação integral*, cit., p. 19.

Ainda, no mesmo sentido, ao constatar a importância desse princípio norteador do sistema de responsabilidade civil brasileiro e sua compatibilidade funcional, Carlos Eduardo Pianovski assenta que a "fixação do quantum indenizatório é um dos momentos em que a responsabilidade civil pode atuar como instrumento para efetivação do princípio da dignidade humana".[30]

O princípio da reparação integral, ainda, tem sido o farol principal a guiar a doutrina e jurisprudência na árdua tarefa de quantificação dos danos, sejam eles de natureza patrimonial ou extrapatrimonial, inclusive nos casos de danos pessoais, principalmente a partir de sua positivação com o advento do Código Civil de 2002.[31]

A reparação integral, assim, é princípio que guia toda a atuação da responsabilidade civil e pressupõe que todo o dano seja reparado, independentemente de sua natureza. Ou seja, a cumulação de danos é possível, desde que a vítima tenha efetivado experimentado diversos danos.

Na lição de Anderson Schreiber, o direito brasileiro comporta duas espécies de dano: o dano patrimonial e o dano moral, sendo que o primeiro engloba as perdas e danos e é entendido como "a lesão a um interesse jurídico passível de valoração econômica" e o segundo como "a lesão a um interesse jurídico atinente à personalidade humana (...) insuscetível de valoração econômica".[32]

---

30. RUZYK, Carlos Eduardo Pianovski. A responsabilidade civil por danos produzidos no curso de atividade econômica e a tutela da dignidade da pessoa humana: o critério do dano ineficiente. In: RAMOS, Carmem Lucia Silveira et al. (Org.). *Diálogos sobre direito civil*: construindo uma racionalidade contemporânea. Rio de Janeiro: Renovar, 2002, p. 145 e ss.
31. Nessa linha, Paulo de Tarso Sanseverino afirma que para os "danos puramente materiais, a concretização do princípio da reparação integral é relativamente simples, ocorrendo de maneira ampla em face do seu conteúdo estritamente econômico ou patrimonial. Torna-se mais delicada a questão quando os prejuízos a serem reparados, ainda que conservando sua natureza econômica, derivem de anos pessoais (...). Mais complexo ainda é o problema concernente à reparação dos prejuízos extrapatrimoniais, pois, apesar de não possuírem conteúdo econômico ou patrimonial, devem ser transformados em uma indenização pecuniária". E prossegue ao afirmar que "como a responsabilidade civil tem como função prioritária a reparação mais completa do dano, dentro do possível, essa norma constitui diretiva fundamental para avaliação dos prejuízos e quantificação da indenização. O princípio pode ser invocado tanto na reparação natural como na indenização pecuniária. (...) Apresenta-se o princípio da reparação integral do dano em sua dimensão mais ampla, evidenciando toda a sua utilidade prática, quando se considera a indenização pecuniária. Os danos causados à vítima devem ser avaliados de tal modo a compensar integralmente todos os prejuízos por ela sofridos. Estabelece-se, assim, que, na quantificação da indenização, o juiz deve considerar a extensão efetiva dos prejuízos decorrentes do evento danoso. (...) positivou-se um princípio já consagrado em nosso sistema de responsabilidade civil, deixando clara a prevalência do dano sobre a culpabilidade na fixação da indenização correspondente aos prejuízos ensejados pelo ato ilícito" (SANSEVERINO, Paulo de Tarso Vieira. *Princípio da reparação integral*, cit., p. 28 e 48-50).
32. SCHREIBER, Anderson. *Manual de direito civil contemporâneo*, cit., p. 622. Acerca do chamado dano estético, vide nota de rodapé n. 91.

Com o abandono do grau de culpa do ofensor como termômetro da responsabilidade civil, para se olhar para a proteção do lesado, tendo como norte o princípio da reparação integral do dano,[33] que deve ser medido por sua própria extensão, como bem destacado pelo legislador brasileiro no art. 944 do Código Civil. Ou seja, *a priori*, nenhuma indenização poderá superar os prejuízos do evento danoso.

E, apesar de toda a evolução recente da responsabilidade civil, com o reconhecimento de novos interesses merecedores de tutela, fato é que, para a doutrina pátria, permanecem inabaláveis as duas categorias consagradas de dano:[34-35] o extrapatrimonial, – adota-se, aqui, a definição de dano moral como a lesão à dignidade da pessoa humana, como se verá adiante – que engloba todas as manifestações de lesões morais; e o patrimonial, que, majoritariamente, associa-se à expressão perdas e danos.

2.2.1 Dano patrimonial: distinção funcional entre danos emergentes e lucros cessantes

No tocante às perdas e danos, o ordenamento jurídico se vale da responsabilidade civil para viabilizar o retorno do ofendido ao *status quo ante* e realizar a pacificação social.[36] Manifesta-se por meio de suas duas facetas bem delineadas, quais sejam, o dano emergente, que alude à real diminuição do patrimônio, ou seja, aquilo que efetivamente se perdeu, e os lucros cessantes, tidos como o que razoavelmente se deixou de lucrar, seja pela diminuição do passivo, seja pelo não incremento do ativo patrimonial.[37]

---

33. RODRIGUES, Francisco Luciano Lima; VERAS, Gésio de Lima. Dimensão funcional do dano moral no direito civil contemporâneo. *Civilistica.com*. Rio de Janeiro, a. 4, n. 2, p. 12. 2015.
34. Cumpre ressaltar que se admite no direito pátrio a figura do dano estético, como terceira espécie de dano indenizável, que não configura *bis in idem* na apuração do *an* e do *quantum debeatur*. Inclusive, tal entendimento resta sumulado pelo Superior Tribunal de Justiça, por meio da súmula 387 desse Tribunal, ao aduzir que "É lícita a cumulação das indenizações de dano estético e dano moral". Nesse sentido, veja-se, também, LOPEZ, Teresa Ancona. *O dano estético*: responsabilidade civil. 2. ed. São Paulo: Ed. RT, 1999.
35. A divisão do dano patrimonial entre essas duas figuras é a que foi adotada por quase todas as legislações civis do sistema romano-germânico que tomam por base o Código Civil Francês e o Alemão.
36. "O fim da responsabilidade civil é a restituição do lesado ao estado em que se encontraria se não tivesse havido o dano. Indenizar significa tornar indene a vítima; reparar todo o dano por ela sofrido. Por isso, mede-se a indenização pela extensão do dano, ou seja, há de corresponder a tudo aquilo que a vítima perdeu, ao que razoavelmente deixou de ganhar e, ainda, ao dano moral" (DIREITO, Carlos Alberto Menezes; CAVALIERI FILHO, Sergio. Comentários ao Novo Código Civil: Da Responsabilidade Civil. Das Preferências e Privilégios Creditórios. In: TEIXEIRA, Sálvio de Figueiredo (Coord.). *Comentários ao Novo Código Civil*. Rio de Janeiro: Forense, 2004, v. XIII, p. 331-332).
37. Vide art. 402 do Código Civil. Ainda, para melhor compreensão sobre a definição de dano emergente e lucro cessante no direito brasileiro, veja-se GUEDES, Gisela Sampaio da Cruz. *Lucros cessantes*: do bom-senso ao postulado normativo da razoabilidade. São Paulo: Ed. RT, 2011.

A diminuição patrimonial, por muito tempo, confundiu-se com a própria ideia de dano e foi pautada pela ideia central da chamada teoria da diferença, atribuída à obra de Friedrich Mommsen, pela qual o dano seria a diferença entre o que se tem e o que se teria, caso o evento danoso não ocorresse, e o patrimônio da vítima deveria, então, ser recomposto até estar idêntico à situação anterior ao dano.[38] Contudo, apesar de sua importância para a responsabilidade civil clássica, essa teoria não se mostrou apta a resolver todas as hipóteses de dano patrimonial (e, mais ainda, extrapatrimonial), pois seu teor naturalista apenas denota a existência do dano, não a sua exata extensão.

Ressalta-se que essa mudança de paradigma, aliada à expansão quantitativa e qualitativa dos danos ressarcíveis, denota a necessidade de se reverem as categorias tradicionais do dano, bem como seus critérios de identificação e quantificação, sendo um dos principais desafios o correto enquadramento do dano em uma das categorias adotadas pela doutrina civilista. Mas qual o critério distintivo utilizado para a correta qualificação das duas facetas do dano patrimonial?

A doutrina pátria, normalmente, utiliza os critérios econômico e temporal para diferenciá-las. Todavia, ambos se mostram insuficientes para delimitar as fronteiras entre o dano emergente e os lucros cessantes.

Isso porque, com relação ao critério temporal, habitualmente se associa o dano emergente ao prejuízo presente e os lucros cessantes ao prejuízo futuro. Mas deve-se pontuar que o momento em que se produz o evento lesivo nada diz para a diferenciação pretendida, pois tanto aquilo que se efetivamente perdeu quanto o que se razoavelmente deixou de lucrar podem se verificar em momento concomitante à lesão ou no futuro.[39] Por exemplo, os lucros cessantes representam interesse futuro, mesmo que decorrentes de evento presente. Na realidade, o critério temporal adota como marco decisivo "o período em que é proferida a decisão judicial (...), isto é, o momento em que será fixada a indenização".[40]

O critério econômico também não é confiável para realizar essa tarefa, já que ambas as facetas representam, no fim das contas, uma diminuição do patrimônio do lesado, que é composto não apenas pelos bens e interesses já integrados à esfera jurídica da pessoa que sofre o dano, mas também pelas vantagens futuras.

---

38. Acerca da teoria da diferença, vide SEVERO, Sérgio. *Os danos extrapatrimoniais*. São Paulo: Saraiva, 1996.
39. Nesse sentido, afirma Fernando Noronha que "são danos futuros não só aqueles que constituem prolongamento no tempo de um dano que já existe agora, como aqueles que só se manifestarão mais adiante, embora em decorrência do fato antijurídico lesivo que está sendo considerado" (*Direito das obrigações*, São Paulo: Saraiva, 2003, v. 1, p. 578). Ainda, vide SAVI, Sérgio. Inadimplemento das obrigações, mora e perdas e danos. In: TEPEDINO, Gustavo (Coord.). *Obrigações*: estudos na perspectiva civil-constitucional. Rio de Janeiro: Renovar, 2005, p. 479.
40. GUEDES, Gisela Sampaio da Cruz. *Lucros cessantes*, cit., p. 58.

Vale dizer: não se mostra adequado distinguir o dano emergente dos lucros cessantes apenas pelo fato do prejuízo atingir bens de que o ofendido poderia dispor no momento da lesão ou somente em período posterior ao dano.

Por sua vez, ganhou força na doutrina a adoção do critério da teoria da diferença como hábil a diferenciar as facetas das perdas e danos ora em comento. Para os adeptos desse critério, o dano emergente representaria uma diminuição efetiva do patrimônio. Já os lucros cessantes restariam identificados no resultado do cálculo hipotético da diferença entre a situação em que se encontra o patrimônio da vítima por conta da lesão e aquela que existiria caso não tivesse ocorrido o evento danoso.

Por se aludir a situações hipotéticas, acaba-se por equiparar os lucros cessantes a um dano não efetivo, sem impacto no patrimônio do ofendido, o que se mostra incompatível com a razão de ser do próprio instituto, pois ambas as facetas do dano patrimonial representam violação a interesses concretos merecedores de tutela pelo ordenamento jurídico, cada um com sua função própria na reparação do dano injusto.

Por isso, a doutrina mais recente passou a adotar o critério funcional como o mais adequado para diferenciar tais figuras, com funções distintas e bem definidas no campo da reparação, mas que são complementares funcionalmente, de modo a abarcar todo o evento danoso e atender ao princípio da reparação integral, a fim de que todo interesse lesado seja reparado.

Veja-se, por todos, a lição de Gisela Sampaio da Cruz Guedes,[41] que aduz que

> Enquanto o dano emergente existe para que, na reparação, se leve em conta toda a diminuição do patrimônio da vítima, o lucro cessante atua para que se considere também o seu não aumento, porque, no fundo, pelo menos para efeito de reparação do dano, a diminuição equivale e é tão grave quanto o não aumento. Da mesma forma, na reparação do dano, o aumento do passivo (dano emergente) é tão prejudicial para a vítima como a sua não diminuição (lucro cessante).

Cumpre ressaltar que a figura dos lucros cessantes nem sempre será cessante ou representará lucro propriamente dito, no sentido financeiro, pois não se exige a prática de atividade lucrativa, muito menos sua habitualidade, para que chegue a cessar. Ainda, porque não se restringe a incremento pecuniário, podendo representar a obtenção de vantagem não pecuniária ou a diminuição de um débito. Ou seja, "tudo o que venha beneficiar a pessoa, conferindo um aumento no seu patrimônio, seja por meio de bens materiais ou simplesmente

---

41. GUEDES, Gisela Sampaio da Cruz. *Lucros cessantes*, cit., p. 68.

de vantagens, (...), deve ser entendido como lucro para efeito de quantificação desta faceta do dano patrimonial".[42]

2.2.2 Critérios para identificação e qualificação dos lucros cessantes como dano injusto

Com relação à injustiça dos lucros cessantes, consubstanciados no dano injusto com decorrência imediata e direta do ato lesivo, e que seja dotado de certeza, mesmo que flexibilizada, de certo modo,[43] conforme já exposto, estes devem decorrer de ofensa a um interesse juridicamente tutelado que seja merecedor de tutela pelo ordenamento jurídico. Assim, o dever de indenizar só nascerá mediante a ocorrência do dano injusto. E, justamente por isso, qualquer lucro que resultasse ou viesse a resultar de uma atividade ilícita, tal como o tráfico de entorpecentes, não poderá ser indenizado.

O lucro cessante deve ser revestido de imediatez e ser consequência direta da conduta do agente. Esse requisito incita o debate da extensão do dano indenizável e do nexo de causalidade como seu fator determinante. Isso porque, para deflagrar o dever de indenizar, necessário verificar a existência de causalidade entre a conduta danosa e o dano injusto. É o nexo de causalidade que determinará os eventos e lesões que compõem a cadeia danosa e que deverão ser indenizados.

Em adição, quando se fala em lucro cessante, além do nexo causal, há quem diga que haverá a necessidade de um juízo de razoabilidade, de modo a impor um controle negativo na quantificação, a fim de viabilizar que se procedam abatimentos na indenização.[44]

Por fim, resta o requisito da certeza do lucro cessante, que traz à tona o debate da prova do dano. Como dito, o dano emergente possui extensão melhor definida e não necessita de presunções ou recorrer a situações hipotéticas para sua quantificação. Já o lucro cessante deve se valer de um juízo de probabilidade, que apesar de levar a constatação de lesão a um interesse certo, não se pode demandar certeza absoluta do que viria a ser experimentado como prejuízo. Trata-se de uma projeção.

Aqui, o ganho frustrado deve ser probabilístico, com a ressalva de que não se torna o dano, assim, incerto. O que se tem é a flexibilização do requisito da certeza, presente em qualquer dano indenizável. É imposto ao lesado que comprove

---

42. GUEDES, Gisela Sampaio da Cruz. *Lucros cessantes*, cit., p. 74.
43. DINIZ, Maria Helena. *Curso de direito civil brasileiro*: responsabilidade civil. 27. ed. São Paulo: Saraiva, 2013, v. 7, p. 86.
44. DOHEMAN, Klaus Jochen Albiez. El tratamiento del lucro cesante en el sistema valorativo. *Revista de Derecho Privado*. Madrid, p. 364, maio/jun. 1998.

a repercussão negativa em seu patrimônio, por meio de juízo de probabilidade objetiva,[45] e do que razoavelmente deixou de lucrar, de modo a demonstrar a exata extensão do dano a ser indenizado.

Ou seja, tendo em vista a probabilidade de ocorrência de determinada lesão, o que se indenizaria, comprovados os demais requisitos, não é o que o lesado lucraria, mas o que razoavelmente poderia lucrar. Com isso, vale o destaque de que a indenização ora não repararia o dano em sua totalidade, ora ultrapassaria a expectativa de lucro do lesado. O desafio do intérprete é, então, encontrar parâmetros para, na medida exata, indenizar os lucros cessantes e realizar o princípio da reparação integral.

Para ilustrar com um exemplo muito comum da jurisprudência nacional, aquele consumidor que efetiva uma promessa de compra e venda de um imóvel em construção tem a legítima expectativa de receber o bem prometido em troca do preço acordado, tão logo a construção seja concluída, ao passo que, caso o promitente-vendedor não conclua a obra no prazo, impossibilitando a entrega do bem e configurando o inadimplemento, as parcelas pagas e perdidas pelo consumidor deverão ser ressarcidas a título de indenização pelos danos emergentes experimentados.

Também se configurará legítimo ao consumidor, mediante comprovação do que razoavelmente deixou de lucrar com o inadimplemento do incorporador, pleitear a indenização patrimonial dos lucros cessantes, como, por exemplo, o valor referente aos alugueis que poderia receber com futura locação do aludido bem imóvel, em pleno atendimento ao princípio da reparação integral.

Ao ainda tratar da reparação integral e da relação do dano com a quantificação da indenização, principalmente no que toca aos danos patrimoniais, cabe destacar a relevância crescente dos institutos do dever de mitigar os próprios danos e da *compensatio lucri cum damno*.

2.2.3 Dever de mitigar os próprios danos

Acerca do dever de mitigar os próprios danos, cumpre ressaltar sua importância para a quantificação do dano, principalmente na seara da responsabilidade contratual, eis que é instituto decorrente da boa-fé objetiva, configurando "posição jurídica ativa que permite ao devedor de determinada prestação instar o correspondente credor a reduzir seu próprio prejuízo".[46]

---

45. ALVIM, Agostinho. *Da inexecução das obrigações e suas consequências*, cit., p. 204-206.
46. RAMOS, André Luiz Arnt; NATIVIDADE, João Pedro Kostin Felipe de. A mitigação de prejuízos no direito brasileiro: *quid est et quo vadat?*. *Civilistica.com*. Rio de Janeiro, a. 6, n. 1, 2017. Disponível em: http://civilistica.com/a-mitigacao-de-prejuizos/. Acesso em: 17 nov. 2018. No mesmo sentido:

Por essa teoria, caso ocorra o inadimplemento e se a parte prejudicada "puder evitar ou mitigar o dano dele decorrente, mediante um esforço razoável e sem se submeter a risco, ônus ou degradação indevidos, e, ainda assim, deixar de fazê-lo, perderá o direito de ser ressarcida pelo valor total do dano que se concretizou".[47]

Costumeiramente, a doutrina identifica fundamentos de duas naturezas que pautam o dever de mitigar os próprios danos: um fundamento de eficiência, a impedir desperdícios econômicos e tutelar o interesse da coletividade, e outro advindo da boa-fé objetiva.[48]

Interessante notar que o dever de mitigar os próprios danos, para parte da doutrina, no tocante à responsabilidade aquiliana, está intrinsicamente ligado à questão de causalidade, sendo o vetor de sua medida o nexo causal, com a resolução da questão pela análise da causalidade e culpa concorrente da vítima em relação à extensão do dano.[49-50]

O dever de mitigar os próprios danos atua primordialmente com um intuito preventivo, a fim de evitar que a vítima nada faça e apenas espere a recomposição de suas perdas, que eventualmente poderia ter sido minimizada ou até mesmo evitada, objetivo essencial na tarefa de prevenção de danos. Por outro lado, atua

---

"Toda relação jurídica obrigacional é relação entre situações jurídicas correlatadas, e não apenas entre direitos e deveres. Desse modo, não só o devedor está numa situação subjetiva de dever, em relação ao credor: este também está, como apontou PERLINGIERI, em situação de dever em relação ao devedor. Um dos mais prestantes serviços do princípio da boa-fé foi ter proporcionado 'a descoberta dogmática da ocorrência, na relação obrigacional, de deveres de colaboração e lealdade imputados ambos os figurantes da relação obrigacional (CC, art. 422). Por isso mesmo, como escrevi alhures, pode o credor ofender a boa-fé pela violação do dever de não agravar os danos acaso existentes, na medida em que lhe cabe o dever de mitigação dos danos" (MARTINS-COSTA, Judith. Responsabilidade civil contratual. Lucros cessantes. Resolução. Interesse positivo e interesse negativo. Distinção entre lucros cessantes e lucros hipotéticos. Dever de mitigar o próprio dano. Dano moral e pessoa jurídica. In: LOTUFO, Renan et al. *Temas relevantes de direito civil contemporâneo*. São Paulo: Atlas, 2012, p. 585); e, ainda, FRADERA, Véra Maria Jacob. Pode o credor ser instado a diminuir o próprio prejuízo? *RTDC*, v. 19, p. 110 e 119, jul./set. 2004.

47. CARVALHO, Beatriz Veiga. O *"dever de mitigar danos" na responsabilidade contratual*: a perspectiva do direito brasileiro. Dissertação de mestrado. São Paulo: USP, 2014, p. 12.
48. Ibidem, p. 206.
49. CAVALIERI FILHO, Sérgio. *Programa de responsabilidade civil*, cit., p. 58; SOUZA, Eduardo Nunes de. Em defesa do nexo causal: culpa, imputação e causalidade na responsabilidade civil. In: SOUZA, Eduardo Nunes de; SILVA, Rodrigo da Guia. (Coord.). *Controvérsias atuais em responsabilidade civil*: estudos de direito civil-constitucional. São Paulo: Almedina, 2018, p. 57.
50. "(...) cada um dos agentes deve suportar o dano na medida em que o tenha produzido, isto é, na proporção em que sua conduta interferiu no evento danoso. Toma-se por base aqui não a gravidade da culpa de cada agente, mas a eficácia causal das condutas que concorreram para a produção do prejuízo. Isto porque, conforme já se explicitou, tem sempre o agente que atuou com maior grau de culpa foi o que teve maior participação no resultado nocivo" (GUEDES, Gisela Sampaio da Cruz. *Lucros cessantes*, cit., p. 333-334).

também a evitar ou desestimular a prática de atos não razoáveis que possam ampliar a extensão dos danos ao invés de limitá-la.

Nesse sentido, veja-se a lição de Ruy Rosado de Aguiar Júnior:

> deve ser lembrada a doutrina da mitigação ('doctrine of mitigation'), pela qual o credor deve colaborar, apesar da inexecução do contrato, para que não se agrave, pela sua ação ou omissão, o resultado danoso decorrente do incumprimento: "O lesado deve tomar todas as providências razoáveis para mitigar o dano, e não pode pretender o ressarcimento de perda que teria podido evitar, mas que não evitou, por injustificada ação ou omissão".[51]

Dessa forma, com o cumprimento pela vítima do dever de mitigação, a consequência direta é a manutenção da indenização daqueles danos que não puderam ser evitados, mesmo que ela tenha realizado a conduta mitigadora, em cumprimento ao seu dever de agir com a boa-fé. Por sua vez, caso a conduta obtenha êxito, haverá a redução da indenização, tendo em vista que o dano já foi minimizado.[52]

Há também que se destacar que outro efeito exsurge do atendimento do dever de mitigar os próprios danos, qual seja, a possibilidade de ressarcimento da vítima dos valores desembolsados na tentativa de evitar ou mitigar os danos decorrentes do inadimplemento ou ato ilícito.

Ressalta-se, desde já, que esse ressarcimento em especial só será cabível caso as despesas se mostrem razoáveis, proporcionais ao dano ou perigo iminente que se busca evitar, bem como que possuam nexo causal com o evento danoso, isto é, originadas pelo dano injusto, hipótese que será melhor analisada no terceiro capítulo, em relação à reparação de medidas preventivas em cotejo com o *duty to mitigate the loss*.

Cumpre destacar, ainda, que o reconhecimento do dever de mitigar os próprios danos não viola, em princípio, o princípio da reparação integral. Caso o prejudicado adote medidas para reduzir ou impedir o agravamento do dano, impõe-se a redução da indenização, seja porque o dano é mensurado conforme as circunstâncias do caso concreto, seja porque a indenização não deve superar a extensão do dano.[53]

---

51. AGUIAR JÚNIOR, Ruy Rosado de. *Extinção dos contratos por incumprimento do devedor*. Rio de Janeiro: AIDE, 2004, p. 136.
52. Nesse sentido, vide a lição de Pontes de Miranda, que afirma que "tem-se de considerar o prejuízo que o ofendido sofreu e ainda vai sofrer, e o que pode haver lucrado o ofensor, bem como a sua participação nas causas do dano ou no aumento desse. A base do dever de indenizar está no interesse do ofendido, isto é, da pessoa cujo patrimônio ou personalidade sofreu o dano" (PONTES DE MIRANDA, Francisco Cavalcanti. *Tratado de direito civil*. São Paulo: Borsoi, 1968, t. 26, p. 206).
53. Nesse sentido, "o lesado deve tomar todas as providências razoáveis para mitigar o dano, e não pode pretender o ressarcimento de perda que teria podido evitar, mas que não evitou, por injustificada ação ou omissão" (AGUIAR JÚNIOR, Ruy Rosado de. *Extinção dos contratos por incumprimento do devedor*. Rio de Janeiro: AIDE, 2004, p. 156).

Mesmo que a vítima deixe de agir de maneira colaborativa a impedir que o dano ocorra ou se propague em sua esfera jurídica, impositivo reconhecer a consagração do dever de mitigar os próprios danos como exceção à reparação integral, bem como que sua aplicação pode ser superada ou chamada a atuar caso se constate violação ao princípio da boa-fé ou pelo elo do nexo de causalidade entre a conduta omissiva ou comissiva da vítima não voltada a impedir o dano.

2.2.4 *Compensatio lucri cum damno*

Por sua vez, outro instituto da responsabilidade civil que dialoga com o princípio norteador da reparação integral é o da *compensatio lucri cum damno*. Esse instituto representa uma das limitações à reparação integral decorrente do teto de indenização que a extensão do dano impõe (art. 944 do Código Civil) e está consubstanciada na "determinação de que eventuais lucros ou benefícios obtidos pela vítima em decorrência do evento danoso devem ser compensados com a indenização dele decorrente",[54] ou seja, na redução do montante indenizatório quando o lesado obtiver lucro ou vantagem que derive do próprio evento lesivo.[55]

O instituto atua como um radar a identificar o *quantum* devido à vítima, pois focado em atender ao princípio da reparação integral, eis que a indenização não deve levar o lesado a estado mais favorável que o anterior à ocorrência do dano,[56] e, também, para parte da doutrina, atua como instrumento a impedir a configuração do enriquecimento injusto da vítima.[57]

Por sua vez, afirma Rodrigo da Guia Silva que "a vítima não deve receber indenização inferior nem o causador deve arcar com indenização superior à exata extensão do dano injusto concretamente verificado", de modo a voltar as atenções do intérprete para "o propósito tanto da definição (*an debeatur*) quanto da quantificação (*quantum debeatur*) do dever de indenizar".[58]

E o autor prossegue, ao aduzir que "a aplicação da regra *compensatio lucri cum damno* não consubstancia, propriamente, um limite à indenização (...) traduz, com efeito, uma simples questão de exata delimitação do dano ressarcível".[59]

---

54. SANSEVERINO, Paulo de Tarso Vieira. *Princípio da reparação integral*, cit., p. 63.
55. DE CUPIS, Adriano. *Il danno*. Milano: Giuffrè, 1966, p. 274.
56. FERRARI, Mariangela. *La compensatio lucri cum damno come utile strumento di equa riparazione del danno*. Milano: Giuffrè, 2008, p. 93 e ss.
57. MONTENEGRO, Antônio Lindbergh. *Responsabilidade civil*. Rio de Janeiro: Lumen Juris, 1966, p. 288.
58. SILVA, Rodrigo da Guia. *Compensatio lucri cum damno* no direito brasileiro: estudo a partir da jurisprudência do superior tribunal de justiça sobre o pagamento do DPVAT. *Revista Brasileira de Direito Civil – RBDCivil*. Belo Horizonte, v. 16, p. 141, abr./jun. 2018.
59. Ibidem, p. 153.

Ainda, cumpre destacar que a doutrina aponta que o requisito fundamental de incidência do instituto é que haja identidade entre o fato que produz o dano e o lucro, com o estabelecimento de uma relação de causalidade adequada, não se admitindo que decorram de causas distintas.[60]

Relevante destacar que, além de poder ocorrer seu reconhecimento de ofício pelo Judiciário, o máximo do abatimento ou compensação do dano com o lucro decorrente do evento lesivo é "a redução da indenização a zero, quando não se constatar efetiva perda patrimonial para a vítima".[61]

Os dois institutos acima tratados, sem a pretensão de esgotar as respectivas temáticas, são de grande valia ao intérprete na quantificação da indenização e, apesar de comumente aplicados a indenizações patrimoniais, não se descarta a possibilidade de aplicação à compensação pelos danos extrapatrimoniais,[62] mesmo diante das suas complexidades inerentes à quantificação, a qual cabe agora analisar.

2.2.5 Dano extrapatrimonial

Os danos extrapatrimoniais diferenciam-se dos patrimoniais, pois dizem respeito a outros bens jurídicos lesados, que tutelam interesses existenciais, que não aqueles vistos somente pelo prisma do patrimônio econômico da vítima, e sua compensação é um dos dilemas mais conturbados da responsabilidade civil.

Inicialmente, inadmitida sua indenização ou, então, "patrimonializada", mesmo que incompatível com o critério da diferença,[63] a discussão se encerrou na doutrina brasileira com a promulgação da Constituição Federal de 1988, que em seu art. 5º, inciso V e X, expressamente previu à indenizabilidade dos danos dessa natureza.[64]

---

60. DE CUPIS, Adriano. *Il danno*, cit., p. 274.
61. SANSEVERINO, Paulo de Tarso Vieira. *Princípio da reparação integral*, cit., p. 64-65.
62. Para uma análise acerca da possibilidade de aplicação da regra da *compensatio lucri cum damno* na seara do dano extrapatrimonial, v. PINTO, Paulo Mota. *Interesse contratual negativo e interesse contratual positivo*. Coimbra: Coimbra Editora, 2008. p. 735 e ss. v. I; e LEITE, Ana Margarida Carvalho Pinheiro. *A equidade na indemnização dos danos não patrimoniais*. Dissertação (Mestrado) – Universidade Nova de Lisboa, Lisboa, 2015, p. 48-49.
63. SCHREIBER, Anderson. *Novos paradigmas da responsabilidade civil*, cit., 2013, p. 107.
64. Nesse sentido, vide MONTEIRO FILHO, Carlos Edison do Rêgo. *Responsabilidade contratual e extracontratual*: contrastes e convergências no direito civil contemporâneo. 1. ed. Rio de Janeiro: Processo, 2016, p. 109-118. E, também, Maria Celina Bodin de Moraes, que aduz que apesar "do reconhecido aspecto não patrimonial dos danos morais, a partir de determinado momento tornou-se insustentável tolerar que, ao ter um direito personalíssimo seu atingido, ficasse a vítima irressarcida, criando-se um desequilíbrio na ordem jurídica, na medida que estariam presentes o ato ilícito e a lesão a um direito (da personalidade), por um lado, e a impunidade, por outro. Veio a Constituição de 1988 consolidar tal posição, já então majoritária, acerca do pleno ressarcimento do chamado dano moral puro" (BODIN DE MORAES, Maria Celina. *Danos à pessoa humana*, cit., p. 147).

O cunho patrimonialista dominava a indenização do instituto, que foi ressignificado à luz dos novos valores constitucionais e cada vez mais é afastada pela doutrina e jurisprudência a concepção subjetiva do dano moral, que o identifica com a dor ou sofrimento da vítima,[65] para se admitir a concepção objetiva, que o define como lesão concreta a algum aspecto da personalidade do lesado.[66]

Conforme leciona Anderson Schreiber: "o dano moral consiste justamente na lesão a um atributo da personalidade humana. Assim, a lesão a qualquer dos direitos da personalidade, sejam expressamente reconhecidos ou não pelo Código Civil, configura dano moral".[67]

Maria Celina Bodin de Moraes, pautada pela proteção decorrente da cláusula geral de tutela da pessoa humana e constitucionalização do direito civil, afirma que o dano moral pode ser identificado com "a injusta violação a uma situação jurídica subjetiva extrapatrimonial, protegida pelo ordenamento jurídico através da cláusula geral de tutela da personalidade", bem como que é "decorrente do princípio (fundante) da dignidade da pessoa humana".

Assim, a autora conceitua o dano moral como "a lesão a qualquer dos aspectos da dignidade humana – dignidade esta que se encontra fundada em quatro substratos e, portanto, corporificada no conjunto dos princípios da igualdade, da integridade psicofísica, da liberdade e da solidariedade".[68]

Se não há consenso quanto à definição do dano moral, muito menos há com relação à forma de sua quantificação para fins de indenização. Caio Mario da Silva Pereira afirma que, ao se tratar dessa espécie de dano, duas forças devem convergir na sua compensação, o caráter punitivo "para que o causador do dano, pelo fato da condenação, se veja castigado pela ofensa que praticou", bem como o caráter compensatório "para a vítima, que receberá uma soma que lhe proporcione prazeres como contrapartida do mal sofrido".[69]

A função reparatória da responsabilidade civil, por meio do princípio da reparação integral,[70] também atua e guia a indenização dos danos extrapatri-

---

65. Prova disso foi a aprovação do Enunciado 445, da V Jornada de Direito Civil do CJF, que afirma que "o dano moral indenizável não pressupõe necessariamente a verificação de sentimentos humanos desagradáveis como dor ou sofrimento".
66. Nesse sentido, vide MELO, Marco Aurélio Bezerra de. *Direito civil*: responsabilidade civil, cit., p. 119; SCHREIBER, Anderson. *Manual de direito civil contemporâneo*. São Paulo: Saraiva Educação, 2018, p. 626-627; e, TARTUCE, Flávio. *Direito das obrigações e responsabilidade civil*. 8. ed. São Paulo: Forense, 2013, p. 390.
67. SCHREIBER, Anderson. *Direitos da personalidade*. 2. ed. rev. e atual. São Paulo: Atlas, 2013, p. 16.
68. BODIN DE MORAES, Maria Celina. *Danos à pessoa humana*, cit., p. 327.
69. PEREIRA, cit., p. 75.
70. Quanto ao tema, Paulo de Tarso Sanseverino aduz que o princípio terá tríplice função e uma incidência mitigada na indenização dos danos morais, advindo dessa mitigação, três efeitos: (i) "a rejeição de

moniais. A questão da reparação ao lesado deve assumir caráter compensatório, destarte um viés punitivo que ela possa ser dotada, com o enfoque no desestímulo de condutas indesejadas,[71] o que será melhor analisado no próximo tópico.

Por ora, o que importa destacar é que, sem a noção de equivalência própria da reparação patrimonial, a indenização dos danos morais valerá como compensação pelo que tiver sofrido a vítima, devendo a indenização guardar "razoável relação de equivalência com a extensão dos prejuízos extrapatrimoniais sofridos".[72]

Nesse sentido, destaca Paulo de Tarso Sanseverino que a indenização pecuniária terá função "satisfatória, em face da ausência de conteúdo econômico dos prejuízos extrapatrimoniais, o que não impede uma aplicação mitigada do princípio da reparação integral, considerando-se (...): todo o dano; não mais que o dano; avaliação concreta dos prejuízos".[73]

Como se sabe, o dano se mede por sua extensão, nos termos do art. 944 do Código Civil. Tal critério se adapta bem aos danos patrimoniais, mas não aos danos de natureza extrapatrimonial, pois impossível restaurar totalmente o bem lesado, já que violado algum aspecto da personalidade da vítima.

Justamente pela impossibilidade e inconsistência de se utilizar o critério da diferença para quantificar o dano moral, diante da falta de padrão ou compreensão da dimensão da lesão a aspecto existencial, que represente o correspectivo a atender ao princípio da reparação integral, o que prevalece, de fato, é o papel do intérprete[74] no arbitramento da indenização.

Podem ser apontados, basicamente, dois sistemas desenvolvidos para o arbitramento do dano extrapatrimonial: o de livre atuação do magistrado, que fixará o valor que entender razoável de acordo com as circunstâncias do caso concreto, e o sistema de tarifação, em que a própria lei já estabelece parâmetros para a fixação do *quantum* devido. A ordem jurídica brasileira, apesar de possuir

---

qualquer forma de tarifamento indenizatório"; (ii) "assegurar (...) uma razoável igualdade de tratamento na fixação da indenização"; e (iii) "evitar que o arbitramento (...) seja feito em valores excessivamente elevados ou demasiadamente baixos, que não guardem correspondência (proporcionalidade ou razoabilidade) à extensão dos prejuízos sem conteúdo econômico sofridos pela vítima. Nessa perspectiva, mostra-se perfeitamente possível a utilização do princípio da reparação integral como subsídio para quantificação da indenização dos danos extrapatrimoniais à luz do postulado da razoabilidade" (SANSEVERINO, Paulo de Tarso Vieira. *Princípio da reparação integral*, cit., p. 269-270).

71. SILVA, Regina Beatriz Tavares da. Critérios de fixação da indenização do dano moral. In: DELGADO, Mario Luiz; ALVES, Jones Figueiredo (Coord.). *Questões controvertidas no novo Código Civil*. São Paulo: Método, 2003, v. 1. p. 261-262.
72. SANSEVERINO, Paulo de Tarso Vieira. *Princípio da reparação integral*, cit., p. 272-273.
73. Ibidem, p. 269.
74. TERRA, Aline de Miranda Valverde. Liberdade do intérprete na metodologia civil constitucional. In: SCHREIBER, Anderson; KONDER, Carlos Nelson. (Org.). *Direito civil constitucional*. São Paulo: Atlas, 2016, p. 47-70.

exemplos antigos de tarifação (como os da Lei de Imprensa, não mais em vigor), adotou o primeiro sistema.⁷⁵

Diversos parâmetros surgem na casuística dos tribunais nacionais, merecendo destaque (i) o grau de culpa do ofensor, (ii) a situação econômica das partes, (iii) a gravidade do dano, (iv) razoabilidade e proporcionalidade, e (v) ser dotada de teor punitivo-pedagógico, a ponto de desestimular novas ocorrências lesivas.⁷⁶ Ressalte-se que para Anderson Schreiber, apenas o parâmetro de gravidade do dano se justifica para a quantificação do dano moral.⁷⁷

Apesar de serem adotados há muito tempo nos tribunais pátrios, tais parâmetros não trouxeram a segurança jurídica adequada a pacificar a questão. Muitos são os casos em que, para lesão bastante semelhante, as indenizações variam de maneira demasiada.

E nessa árdua tarefa de compatibilizar a reparação integral com os danos extrapatrimoniais, em prol da segurança jurídica, a jurisprudência do STJ criou o chamado método bifásico da indenização, método que, apesar das críticas, se presta a trazer parâmetros para tão difícil questão da responsabilidade civil.

O STJ, dessa maneira, tem aplicado esse método no arbitramento do dano extrapatrimonial, para definir o *quantum debeatur*, e que consiste em duas etapas: verificar, numa primeira fase, o patamar de indenização normalmente atribuído a lesões similares a que trata o caso, a partir de um grupo de julgados semelhantes, para, já na segunda etapa, adequar a indenização à luz das circunstâncias do caso concreto e no interesse jurídico lesado.⁷⁸

Nas palavras de Paulo de Tarso Sanseverino:

> Na *primeira fase*, arbitra-se o valor básico ou inicial da indenização, considerando-se o interesse jurídico atingido, em conformidade com os precedentes jurisprudenciais acerca da matéria (grupo de casos). Assegura-se, com isso, uma exigência da justiça comutativa que é uma razoável igualdade de tratamento para os casos semelhantes, assim como que situações distintas sejam tratadas desigualmente na medida em que se diferenciam. Na *segunda fase*,

---

75. Nesse sentido, vide MELO, Marco Aurélio Bezerra de. *Direito civil*: responsabilidade civil, cit., p. 135-137; SILVA, Regina Beatriz Tavares da. Critérios de fixação da indenização do dano moral, cit., p. 263; GLAGLIANO, Pablo Stolze; PAMPLONA FILHO, Rodolfo. *Curso de direito civil*: responsabilidade civil. 10. ed. São Paulo: Saraiva, 2012, p. 415.
76. Como exemplo desses há muito adotados parâmetros, vide STJ. REsp 355.392/RJ. 3ª Turma. Min. Rel. Nancy Andrighi. J. em 26.03.2002. DJ em 17.06.2012. Ainda, nesse sentido: MELO, Marco Aurélio Bezerra de. *Direito civil*: responsabilidade civil, cit., p. 139-144.
77. SCHREIBER, Anderson. Arbitramento do dano moral. *Direito civil e Constituição*. São Paulo: Atlas, 2013, p. 180.
78. Como exemplo: STJ. REsp 1.669.680/RS. 3ª Turma. Rel. Min. Nancy Andrighi. J. em 20.06.2017. DJ em 22.06.2017; STJ. AgRg no REsp 1.493.022/PE. 3ª Turma. Rel. Min. Paulo de Tarso Sanseverino. J. em 05.02.2015. DJ em 18.02.2015.

procede-se à fixação definitiva da indenização, ajustando-se o seu montante às peculiaridades do caso com base nas suas circunstâncias. Partindo-se, assim, da indenização básica, eleva-se ou reduz-se esse valor de acordo com as circunstâncias particulares do caso (gravidade do fato em si, culpabilidade do agente, culpa concorrente da vítima, condição econômica das partes) até se alcançar o montante definitivo. Procede-se, assim, a um arbitramento efetivamente equitativo, que respeita as peculiaridades do caso.[79]

Marco Aurélio Bezerra de Melo também reconhece a utilidade do método e descreve que no primeiro momento "o julgador deverá comparar a situação de lesão a interesse jurídico extrapatrimonial a outros equivalentes", para encontrar valor "adotado em situações análogas". Após, "devem ser analisadas as questões específicas do caso concreto, (...) em outras palavras, a extensão do dano", sendo na segunda fase o momento "em que, fundamentadamente, será arbitrado o dano".[80]

E prossegue, citando julgado do Min. Luis Felipe Salomão, para afirmar que "o método evita a arbitrariedade judicial no tocante ao subjetivismo da fixação do dano moral e, ao mesmo tempo, se evita o equívoco de um tarifamento dos valores".[81]

Entende-se que esse método de quantificação do dano extrapatrimonial é o que melhor atende suas peculiaridades inerentes e, mesmo que de forma mitigada, representa a aplicação ao princípio da reparação integral, que deve pautar toda e qualquer indenização, que deve corresponder a "uma razoável satisfação dos prejuízos sem conteúdo econômico efetivamente suportados pela vítima".[82]

Por fim, cumpre destacar que parte da doutrina defende que a indenização por danos morais possuí dúplice função,[83] pois além de compensar, atua de modo a punir o ofensor, ou até mesmo tríplice,[84] pois visaria também a prevenir que novos danos sejam perpetrados.

Mesmo com o ponto positivo de estimular potenciais ofensores a adotar medidas preventivas para que o dano não ocorra e, com isso, evitar uma condenação pecuniária, essa invocação do caráter punitivo-pedagógico implica no viés

---

79. SANSEVERINO, Paulo de Tarso Vieira. *Princípio da reparação integral*, cit., p. 289.
80. MELO, Marco Aurélio Bezerra de. *Direito civil*: responsabilidade civil, cit., p. 145.
81. MELO, Marco Aurélio Bezerra de. *Direito civil*: responsabilidade civil, cit., p. 145. Vide: STJ. REsp 1.332.366/MS. 4ª Turma. Rel. Min. Luis Felipe Salomão. J. em 10.11.2016. DJ em 07.12.2016.
82. SANSEVERINO, Paulo de Tarso Vieira. *Princípio da reparação integral*, cit., p. 290.
83. BODIN DE MORAES, Maria Celina. *Danos à pessoa humana*, cit., p. 217-218. A autora aponta que "o novo Código Civil, em nenhuma de suas numerosas disposições sobre a responsabilidade civil contempla o caráter punitivo", além de indicar que são adeptos da função punitiva da indenização por danos morais: Caio Mário da Silva Pereira, Silvio Rodrigues, Carlos Alberto Bittar, Orlando Gomes, Carlos Edison do Rêgo Monteiro Filho, dentre outros.
84. SANSEVERINO, Paulo de Tarso Vieira. *Princípio da reparação integral*, cit., p. 272-275.

negativo de se confundir a reparação do dano moral com a indenização punitiva (*punitive damages*).[85]

A melhor doutrina, no entanto, aponta que o caráter punitivo da indenização, e não apenas do dano moral,[86] se revela incompatível com o que dispõe a Constituição Federal e o direito infraconstitucional brasileiro,[87] pois inexistente prescrição legislativa em contrário que admita essa característica,[88] inclusive porque a obrigação de indenizar, seja o dano material ou moral, decorre do princípio do *neminem laedere* e se configura em si a sanção elegida pelo ordenamento jurídico em face do ofensor.

Assim, a ideia de que a indenização dos danos extrapatrimoniais possui aspecto punitivo representa um equívoco, pois o que é indenizado é sempre o dano em toda a sua extensão.[89] Dessa forma, a ordem jurídica se coaduna com a tradição do *civil law*, que aduz que a responsabilidade civil volta-se "tão somente com a reparação do dano causado a outrem", e que seu foco está "não para o agente, mas para a vítima do dano injusto", pois "o dano provocado pelo agente terá a mesma extensão, tenha ele agido com dolo, com culpa grave ou com culpa levíssima"[90]

Ao se considerar que a função punitiva da reparação do dano moral usualmente é defendida com base na experiência dos *punitive damages* da *commom law*, maiores considerações sobre a relação entre a quantificação do dano moral e a função punitiva da responsabilidade civil serão feitas no decorrer deste livro.

2.2.6 Limites à reparação integral: redução da indenização por excessiva desproporção entre a culpa do agente e o dano

Ainda acerca da função reparatória da responsabilidade civil e o princípio da reparação integral, cumpre destacar que a ordem jurídica brasileira estabeleceu, no Código Civil, sua principal restrição, seja qual for a natureza do dano, consubs-

---

85. Ibidem, p. 275.
86. SCHREIBER, Anderson. Arbitramento do dano moral. *Direito civil e Constituição*. São Paulo: Atlas, 2013, p. 183-184.
87. TEPEDINO, Gustavo; BARBOZA, Heloisa Helena; BODIN DE MORAES, Maria Celina. *Código Civil interpretado conforme a Constituição da República*. 2. ed. Rio de Janeiro: Renovar, 2007, v. 1. p. 863.
88. BODIN DE MORAES, Maria Celina. *Danos à pessoa humana*, cit., p. 328-331; GUEDES, Gisela Sampaio da Cruz. *Lucros cessantes*, cit., p. 320.
89. "Do ato ilícito deriva a obrigação de reparar o dano, mas, no sistema brasileiro, não há na lei ou em qualquer outra fonte das obrigações nada que autorize a indenização superior ao prejuízo causado" (SCHREIBER, Anderson. Arbitramento do dano moral. *Direito civil e Constituição*. São Paulo: Atlas, 2013, p. 181).
90. TEPEDINO, Gustavo; BARBOZA, Heloisa Helena; MORAES, Maria Celina Bodin de. *Código Civil interpretado conforme a Constituição da República*, cit., p. 859.

tanciadas na cláusula geral de redução da indenização por excessiva desproporção entre a culpa do agente e o dano, prevista no parágrafo único do art. 944.

Destarte a gradação da culpa do ofensor não ser mais critério para a configuração do *an debeatur*,[91] o legislador brasileiro positivou nesse dispositivo exceção ao princípio da reparação integral, ao estipular que se "houver excessiva desproporção entre a gravidade da culpa e o dano, poderá o juiz reduzir, equitativamente, a indenização".

Assim, e em contramão da evolução da responsabilidade civil, a norma autoriza que o magistrado restrinja ou reduza a indenização devida mediante a valoração do grau de culpa do ofensor em face da gravidade do dano. Notadamente, o objetivo dessa disposição legal é o de impedir, "por meio do recurso à equidade, a desgraça do responsável que, por inexorável descuido momentâneo, produz enormes danos à vítima".[92]

Sobre a gravidade do dano, afirma Paulo de Tarso Sanseverino que os prejuízos sofridos "devem ter sido de grande monta, considerando-se não apenas a sua extensão objetiva, mas também o valor econômico da indenização correspondente. (...) A natureza dos danos (...) também deve ser considerada". E isso porque caso ocorra "a produção de danos pessoais graves, (...) não se deve determinar a redução, pois um outro *topoi* deve ser considerado, que é o princípio da dignidade da pessoa humana, (...) incomensuravelmente superior em relação a qualquer montante patrimonial".[93]

Já acerca da excessiva desproporção entre a conduta e o dano, o autor afirma que sua avaliação deve se dar de maneira equitativa, com base no postulado da razoabilidade e não meramente em simples análise entre o grau de culpa e o dano, pois essa expressão significa que o desequilíbrio "deve ser manifesto, o que

---

91. "A escolha legislativa pela irrelevância do grau de culpa foi uma opção de ordem lógica. Uma alternativa excluía a outra, porque das duas, uma: ou bem se determinava a indenização de todo o dano, e o grau de culpa não poderia ser levado em consideração, ou bem se media a conduta, permitindo a indenização menor do que seria necessário à reparação, em caso de culpa mais leve" (BODIN DE MORAES, Maria Celina. *Danos à pessoa humana*, cit., p. 297).
92. Essa é a lição de Carlos Edison do Rêgo Monteiro Filho, que aduz que o sacrifício da tutela especial da vítima (e do princípio da reparação integral) para se autorizar a redução equitativa da indenização só ocorrerá quando houver, em contraposição, um conjunto de circunstâncias de tal força que permita justificar o mecanismo. Não basta, como aparentemente se deduz do parágrafo único do art. 944, que haja excessiva desproporção entre a culpa e o dano. Para que a solução seja verdadeiramente condizente com a equidade, deve-se estar em presença de outros requisitos, como as situações patrimoniais do ofensor e da vítima – que se revelam, em definitivo, como componentes essenciais na equação. Serão o limite e o fundamento da redução" (MONTEIRO FILHO, Carlos Edison do Rêgo. Limites ao princípio da reparação integral no direito brasileiro. *Civilistica.com*. Rio de Janeiro, a. 7, n. 1, , p. 12 e 14, 2018. Disponível em: http://civilistica.com/limites-ao-principio-da-reparacao-integral/. Acesso em? 20 nov. 2018).
93. SANSEVERINO, Paulo de Tarso Vieira. *Princípio da reparação integral*, cit., p. 107.

deve ser observado a partir da formulação de um juízo de razoabilidade, que é o critério a ser utilizado pelo juiz para proceder à redução".[94]

Essa disposição trouxe à tona alguns debates na doutrina, dos quais se destacam aqueles referentes à possibilidade de aplicação dessa limitação às indenizações por danos morais e também por danos materiais,[95] se é possível a aplicação para os casos de responsabilidade objetiva e subjetiva,[96] e se re-

---

94. Ibidem, p. 107. Nesse sentido: STJ. AgRg no AREsp 156.155/RS. 2ª Turma. Rel. Min. Humberto Martins. J. em 05.06.2012. DJ em 14.06.2012.
95. Paula Greco Bandeira afirma que com relação "Com relação à aplicação do parágrafo único à reparação do dano moral e material, há quem defenda, de um lado, esta possibilidade, representando a norma medida de equidade apta a atenuar a responsabilidade do agente de acordo com as circunstâncias do caso concreto. Nesta direção, os graus de culpa teriam relevância relativamente à quantificação do dever de indenizar, não já para a sua configuração, pois mesmo a leve desconformidade com o *standard* de conduta acarretaria a responsabilização. (...) De outra parte, defende-se que a norma somente incidirá permitindo a redução da indenização por dano moral ou material excepcionalmente nas hipóteses em que tal redução se afigure imprescindível à proteção do patrimônio mínimo e da subsistência digna do ofensor, tendo por fundamento, por isso mesmo, a equidade e não o grau de culpa. (...) Outros autores, a seu turno, defendem que a aplicação do parágrafo único do art. 944 do Código Civil se restringiria aos danos materiais, não alcançando o dano moral. Isso porque a norma, de natureza infraconstitucional, ao diminuir a indenização da vítima com base no grau de culpa do ofensor, excepcionaria o princípio da reparação integral, fundado no princípio constitucional da dignidade da pessoa humana. Deste modo, não seria dado à norma infraconstitucional limitar o alcance da norma constitucional de reparação integral do dano (Art. 5º, incisos V e X, C.R.). Em consequência, a norma do parágrafo único do art. 944 revelar-se-ia inconstitucional relativamente ao dano moral. (...) Por fim, há quem defenda, em franca contraposição aos autores examinados, que o parágrafo único do art. 944 do Código Civil tem seu âmbito de incidência restrito ao dano moral, não abrangendo o dano material. Isso porque a redução do valor da reparação devida a título de danos materiais feriria o direito de propriedade da vítima, o qual, por possuir tutela constitucional, não admitiria tal restrição. Por conseguinte, a aplicação do dispositivo aos danos materiais mostrar-se-ia inconstitucional" (BANDEIRA, Paula Greco. A evolução do conceito de culpa e o art. 944 do Código Civil. *Civilistica.com*. Rio de Janeiro, a. 1, n. 2, p 12-16, jul./dez. 2012. Disponível em: http://civilistica.com/notas-sobre-o-paragrafo-unico-do-artigo-944/. Acesso em: 20 nov. 2018); Ainda, "Há posicionamento no sentido de que a redução equitativa somente pode ser utilizada como parâmetro para o arbitramento do dano moral, pois quando a hipótese for de dano material, a minoração do valor indenizatório padecerá de inconstitucionalidade (...) por violar o direito de propriedade (...) No nosso sentir, o parágrafo único do artigo 944 do Código Civil é apenas uma das variadas manifestações de eticidade e da concretude propugnada por Miguel Reale, em que se conferem maiores poderes ao Juiz para encontrar a solução mais justa de acordo com o caso concreto" (MELO, Marco Aurélio Bezerra de. *Direito civil*: responsabilidade civil, cit., p. 80 e 82).
96. A doutrina não vê óbices quanto à aplicação do dispositivo às hipóteses de responsabilidade subjetiva, eis que campo natural de incidência e valoração dos graus de culpa. Sobre a possibilidade de aplicação na seara da responsabilidade objetiva, vide STJ. REsp 1.079.145/SP. 4ª Turma. Rel. Min. Luis Felipe Salomão. Rel. p/acórdão Min. Antonio Carlos Ferreira. J. em 28.04.2015. DJ em 12.11.2015. No mesmo sentido "tanto o *caput* do artigo 944 quanto seu parágrafo único comportam a análise da conduta do ofensor mesmo em sede de responsabilidade objetiva. Isso porque os pressupostos do dever de reparar não se confundem com os fatores de quantificação, os quais se guiam por mecanismos próprios, conforme o tipo de dano. Se assim não fosse, a exclusão da responsabilidade objetiva do campo de aplicação do artigo 944 ocasionaria uma contradição que não deve ser admitida no ordenamento" (MONTEIRO FILHO, Carlos Edison do Rêgo. Limites ao princípio da reparação integral no direito brasileiro, cit., p. 22); Em sentido contrário, vide MELO, Marco Aurélio Bezerra de. *Direito civil*: responsabilidade civil, cit., p. 83; e, por fim, vide o Enunciado 380 da IV Jornada de Direito Civil, do CJF,

presenta um permissivo à admissão dos *punitive damages* na ordem jurídica brasileira.⁹⁷

A verdade é que o debate sobre a aplicabilidade da redução equitativa da indenização não deve passar pela discussão acerca da modalidade da responsabilidade civil ou da natureza do dano sofrido, mas sim na ocorrência de excessiva desproporção entre a gravidade da culpa do ofensor e o dano. Assim, trata-se de exceção à regra da reparação integral, que permite a redução da indenização ao atribuir grau de relevância à culpa do ofensor.⁹⁸

Portanto, a incidência da norma deve ser buscada e interpretada pelo julgador à luz das circunstâncias do caso concreto em que ocorra culpa levíssima do ofensor e que provoque danos desproporcionais com sua conduta à vítima.

Assim, não importa a natureza do dano sofrido pela vítima ou a modalidade da responsabilidade em questão. Deve-se focar no grau de culpa do agente e em sua desproporção, incidindo sempre que necessários nas indenizações por danos extrapatrimoniais e patrimoniais, até porque o próprio *caput* do artigo se aplica a todo e qualquer dano, não fazendo sentido uma interpretação não unitária, de modo que seja facultado ao intérprete, ao valorar as circunstâncias do caso concreto, reduzir equitativamente a indenização, e jamais aumentá-la,⁹⁹ como

---

verbis: "A possibilidade de redução do montante da indenização em face do grau de culpa do agente, estabelecida no parágrafo único do art. 944 do novo Código Civil, deve ser interpretada restritivamente, por representar uma exceção ao princípio da reparação integral do dano".

97. "(...) há quem sustente, com a atual redação do parágrafo único do art. 944, que o dispositivo, por meio de interpretação sistemática e evolutiva, poderá permitir indenização superior ao montante dos danos, em verdadeira consagração aos danos punitivos. Contudo, a atribuição do caráter punitivo à responsabilidade civil não se coaduna com a sua finalidade essencialmente reparatória, sendo admitido apenas em hipóteses excepcionais taxativamente previstas em lei. O parágrafo único do art. 944, ao autorizar que o juiz *reduza* equitativamente a indenização, não faz menção expressa a eventual possibilidade de concessão de indenização para além dos danos causados na hipótese de o ofensor ter agido com culpa grave. Por se tratar de pena a ser aplicada ao ofensor, os requisitos para sua incidência devem ser expressa e especificamente previstos em lei, o que, à evidência, não ocorre. Daí se tornar imperativo o afastamento da interpretação segundo a qual o parágrafo único do art. 944 autorizaria o juiz a conceder à vítima indenização superior aos danos sofridos em caso de culpa grave" (BANDEIRA, Paula Greco. A evolução do conceito de culpa e o art. 944 do Código Civil, cit., p. 21-22).

98. "A despeito das controvérsias enumeradas, não há dúvida de que se trata de preceito excepcional que, por tornar irreparável lesão a interesse jurídico legítimo, só se justifica diante de hipóteses em que a reparação integral, pelas circunstâncias pessoais do ofensor e da vítima, se torne, ela própria, exagerada e, por isso mesmo, não razoável e ilegítima. Em outras palavras, o dispositivo contempla determinadas hipóteses em que as consequências danosas do ato culposo extrapolam os efeitos razoavelmente imputáveis à conduta do agente. Revela-se, então, a preocupação do legislador com a reparação justa, sobrepondo à disciplina do dano uma espécie de limite de causalidade legítima, de modo a autorizar o magistrado a, excepcionalmente, mediante juízo de equidade, extirpar da indenização o *quantum* que transcenda os efeitos razoavelmente atribuídos, na percepção social, à conta de determinado comportamento" (PEREIRA, Caio Mário da Silva. *Responsabilidade civil*, cit., 2016, p. 98).

99. BODIN DE MORAES, Maria Celina. *Danos à pessoa humana*, cit., p. 297.

se fosse permitido imputar parcela de indenização punitiva ao ofensor, mesmo ante a ausência de previsão legal para tanto.[100]

***

Como se viu, a função reparatória é a primordial da responsabilidade civil, sua essência, que serviu de pilar para sua construção e desenvolvimento, chamada a atuar seja qual for a natureza da lesão, patrimonial ou extrapatrimonial.

O que não impede que o instituto venha a cumprir outras funções e objetivos mais abrangentes, na medida em que as novas demandas sociais necessitem de novas respostas. Nessa toada, ganham destaque a função punitiva e preventiva da responsabilidade civil. Apesar da prevalência da função reparatória e da utilidade em se prevenir a ocorrência de danos de mesma natureza, ainda mais no contexto atual da sociedade massificada da informação, essas funções têm sido cada vez mais invocadas pela jurisprudência sob o véu de uma função punitivo-pedagógica, de maneira descompromissada com a técnica jurídica.

Desse modo, cumpre estudar as demais funções reconhecidas pela doutrina à responsabilidade civil e sua relação com a quantificação do dano, de modo a atingir seu principal objetivo, o da reparação integral e restituição da vítima ao *status quo ante*, pois a tríplice função da indenização "repercute no momento da fixação dos critérios para sua quantificação".[101]

2.3 A FUNÇÃO PUNITIVA COMO NORTEADORA DA QUANTIFICAÇÃO DO DANO: COMPATIBILIDADE COM O ORDENAMENTO JURÍDICO BRASILEIRO

Vista a função essencial da responsabilidade civil, cabe agora analisar a função que mais encontra adeptos na doutrina e jurisprudência atualmente, a chamada função punitiva, e como se dá a sua relação com a quantificação do dano.

Relembre-se que a doutrina entende que a principal função da responsabilidade civil é a reparatória, que, em apertada síntese, é "a própria reparação do dano",[102] aplicada tanto às hipóteses de dano patrimonial quanto extrapatrimonial.[103]

---

100. KONDER, Carlos Nelson. A redução equitativa da indenização em virtude do grau de culpa: apontamentos acerca do parágrafo único do art. 944 do Código Civil. *Revista Trimestral de Direito Civil*. Rio de Janeiro: Padma, v. 29, ano 8, p. 34. jan./mar. 2007.
101. SANSEVERINO, Paulo de Tarso Vieira. *Princípio da reparação integral*, cit., p. 275.
102. BODIN DE MORAES, Maria Celina. *Danos à pessoa humana*, cit., p. XXIII.
103. RODRIGUES, Francisco Luciano Lima; VERAS, Gésio de Lima. Dimensão funcional do dano moral no direito civil contemporâneo. *Civilistica.com*. Rio de Janeiro, a. 4, n. 2, p. 12. 2015.

A crescente discussão na doutrina acerca das funções da responsabilidade civil traz consigo o debate, pautado pela ótica americana dos *punitive damages*, instituto que afirma ter a indenização uma função de punição ou educação do ofensor, em adição à reparação, ou seja, atuaria em verdadeira "função dissuasória dos atos ilícitos", de modo a sancionar e evitar a repetição de condutas socialmente reprováveis.[104]

Ainda, a doutrina aponta que a indenização punitiva ou com viés punitivo visa ao atendimento de outros fins, tais como a retirada do ofensor de vantagem econômica auferida com o ato ilícito,[105] o desestimulo à lesão e ao inadimplemento, bem como a proteção de contratantes vulneráveis.[106]

A função punitiva da responsabilidade civil teria, nessa linha de ideias, o enfoque de punir o causador do dano, por meio de condenações em valores que superem a extensão do dano causado, que acresceriam aos danos já fixados pelo magistrado em observância à extensão da lesão.[107]

É desse modo que esta função faz-se presente por meio de sanção que atua com vistas a efetivar a tutela de interesses de alta relevância para a sociedade (como os direitos da personalidade), buscar a redução de condutas ilícitas e, mais ainda, dos danos recorrentes, por meio de aplicação de condenações exemplares pelo Judiciário, acabando com a concepção, de que "era mais rentável deixar que o prejuízo se realizasse que preveni-lo".[108]

Ainda, para a doutrina, essa função se faria necessária, pois a manutenção do mero paradigma reparatório levaria os ofensores a quantificar seus possíveis prejuízos econômicos, havendo casos em que optariam por praticar o ato ilícito.[109-110]

Nessa busca e pretensão de repreensão do agente causador do dano,[111] a função punitiva se vale do chamado mecanismo dos *punitive damages*, tradi-

---

104. FARIAS, Christiano Chaves de; BRAGA NETTO, Felipe Peixoto; ROSENVALD, Nelson. *Novo tratado de responsabilidade civil*. São Paulo: Atlas, 2015, p. 47.
105. ANDRADE, André Gustavo Correa de. *Dano moral e indenização punitiva*: os *punitive damages* na experiência do *common law* e na perspectiva do direito brasileiro. Rio de Janeiro: Forense, 2009, p. 246.
106. Ibidem, p. 246.
107. PONZANELLI, Giulio. *La responsabilità civile*: profili di diritto comparato. Bologna: Il Mulino, 1992, p. 25.
108. ANDRADE, André Gustavo Correa de. *Dano moral e indenização punitiva*, cit., p. 259.
109. Este é o determinado pelo Código Civil: "Art. 944. A indenização mede-se pela extensão do dano".
110. Em sentido contrário à adoção da indenização punitiva, v. SCHREIBER, Anderson. Arbitramento do dano moral. *Direito civil e Constituição*. São Paulo: Atlas, 2013, p. 184.
111. Contudo, destaca-se que se falar em função punitiva da indenização é diferente de se falar em dano punitivo, que representa indenização maior que o dano. O dano punitivo também não se confunde com o dano social, que tem fundamento jurídico distinto. Sobre o dano social, vide o trabalho de AZEVEDO, Antonio Junqueira de. Por uma nova categoria de dano na responsabilidade civil: o dano

cionalmente criados em ordenamentos jurídicos de *common law*, tendo como premissa a condenação em valor reparatório excedente à extensão do dano, naqueles casos em que a conduta ilícita seja praticada com culpa grave ou dolo, seja dotada de maior reprovabilidade, bem como deve levar em conta a condição econômica e o lucro obtido pelo ofensor, de modo que a responsabilidade civil tenha de assumir o papel de dissuadir condutas.[112]

Fato é que a aplicação dos *punitive damages* suscita diversas discussões na ordem jurídica brasileira, principalmente no tocante à admissibilidade, já que tal função da responsabilidade civil era ignorada pela doutrina e jurisprudência.

2.3.1 Origem da doutrina dos *punitive damages*

Os *punitive damages* têm origem na *common law*. Considera-se que surgiram na Inglaterra durante o século XVIII, como resposta a casos que lidassem com lesões a dignidade ou de sentimentos, além de sofrimento mental, em que se constatava a necessidade de punição exemplar do ofensor, tendo em vista o seu grau de culpa elevado e gravidade da ofensa.[113]

Apesar da origem britânica do instituto,[114] sua popularização e maior desenvolvimento se deu nos Estados Unidos,[115] com a possibilidade de sua aplicação reconhecida de maneira majoritária pelo ordenamento norte-americano.[116]

---

social. *Novos estudos e pareceres de direito privado*. São Paulo: Saraiva, 2009, p. 381, do qual se destaca a seguinte passagem: "A lesão deve ser coletiva, capaz de trazer [...] diminuição de tranquilidade social, ou de quebra da confiança, em situações contratuais ou paracontratuais, que acarreta a redução da qualidade coletiva de vida". Para maiores informações sobre o tema, vide OLIVEIRA, Júlia Costa de. Indenização punitiva: potencialidades no ordenamento brasileiro. In: SOUZA, Eduardo Nunes de; SILVA, Rodrigo da Guia (Coord.). *Controvérsias atuais em responsabilidade civil*. Rio de Janeiro: Almedina, 2018, p. 335-366.

112. Nesse sentido, vide SERPA, Pedro Ricardo e. *Indenização punitiva*. Tese de Mestrado em Direito pela Faculdade de Direito Largo de São Francisco da Universidade de São Paulo (USP), 2011.
113. CARVALHO, Luis Fernando de Lima. *As funções da responsabilidade civil. As indenizações pecuniárias e a adoção de outros meios reparatórios*. Tese de Doutorado em Direito pela Pontifícia Universidade de São Paulo (PUC-SP), 2013.
114. MARINHO, Maria Proença. Indenização punitiva: potencialidades no ordenamento brasileiro. In: SOUZA, Eduardo Nunes de; SILVA, Rodrigo da Guia (Coord.) *Controvérsias atuais em responsabilidade civil*. Rio de Janeiro: Almedina, 2018, p. 645-662.
115. Como maiores exemplos, cite-se o *case* Grimshaw v. Ford Motor Co. (1981). Civ. n. 20095. Court of Appeals of California, Fourth Appellate District, Division Two. May 29, 1981. No caso, datado de 1972, um veículo Ford Pinto explodiu após uma colisão traseira, ocasionando a morte da motorista e graves queimaduras no rosto e corpo do passageiro. Como o carro foi posto em circulação sem passar nos testes exigidos pelas autoridades e boa técnica e, principalmente, pelo fato do ofensor conhecer tal defeito de fabricação e prosseguir com a comercialização do bem, o júri condenou a Ford ao pagamento de US$2.5 milhões a título de indenização compensatória e US$125 milhões a título de indenização punitiva, posteriormente reduzido para US$3.5 milhões.
116. OWEN, David G. A Punitive Damages Overview: Functions, Problems and Reform. *Villanova Law Review*, Radnor Township, v. 39, 1994, p. 369.

No direito estadunidense, o §908 do Restatement (Second) of Torts de 1979, diploma que dispõe sobre os princípios gerais norte-americanos em relação à responsabilidade civil, aduz que "*punitive damages* são indenizações que não aquelas compensatórias, deferidas contra uma pessoa de modo a puni-la por sua conduta ultrajante e para prevenir que ela ou outros pratiquem condutas similares no futuro".[117]

Essa disposição normativa permite deduzir a principal característica dos *punitive damages*: eles configuram parcela extra e autônoma à indenização, a ponto de não se confundir com o conteúdo compensatória da reparação concedida à vítima.

De tal modo, a análise detalhada de sua aplicação no Brasil demonstra que a função punitiva da responsabilidade civil, para o ordenamento brasileiro, atua de maneira distinta dos *punitives damages* como pensados na cultura do *commom law*, com relevante distinção: atua diretamente na reparação da vítima, servindo de motivo para incrementar o valor da indenização devida, para além da extensão do dano, ao atender a finalidade de punição do ofensor e de prevenir que a conduta indesejável se repita.[118-119]

Os danos punitivos foram "importados" para a cultura jurídica brasileira pela ideia de indenização punitiva, mas, como será visto, correspondem à imposição de sanção extra à extensão do dano compensado, fazendo com que os danos punitivos no Brasil se distanciem em muito do conceito original do direito dos *torts* anglo-saxão.

Assim, apesar da proximidade entre essas formas de *punitive damages*, pode-se concluir que a função punitiva da responsabilidade civil não foi incorporada na ordem jurídica brasileira da mesma maneira que foi pensada pela cultura da *commom law*, pois a "aplicação de penas privadas, conquanto sejam admitidas em ambos os sistemas jurídicos, não são plenamente compatíveis e idênticas em ambos os sistemas".[120]

---

117. "§908 Restatement (Second) of Torts 1979 (1) Punitive damages are damages, other than compensatory or nominal damages, awarded against a person to punish him for his outrageous conduct and to deter him and others like him from similar conduct in the future".
118. "(...) indenização pelo dano moral que, fundada em critérios de ponderação axiológica, tenha caráter compensatório à vítima, levando-se em consideração – para a fixação do montante – a concreta posição da vítima, a espécie de prejuízo causado e, inclusive, a conveniência de dissuadir o ofensor, em certos casos, podendo mesmo ser uma indenização 'alta'" (MARTINS-COSTA, Judith; PARGENDLER, Mariana Souza. Usos e abusos da função punitiva: *punitive damages* e o direito brasileiro. *Revista CEJ*. Brasília: Conselho da Justiça Federal, n. 28, p. 23, jan./mar. 2005).
119. SILVA, Rafael Pettefi da; WALKER, Mark Pickersgill. *Punitive damages*: características do instituto nos Estados Unidos da América e transplante do modelo estrangeiro pela jurisprudência brasileira do Tribunal de Justiça de Santa Catarina. *Sequência*, Florianópolis, n. 74. p. 302. dez. 2016.
120. GUERRA, Alexandre. O dano moral punitivo e a indenização social: a destinação de parte da indenização por danos morais punitivos em favor de instituições locais de beneficência, a critério judicial, como forma de evitar o enriquecimento ilícito da vítima. In: GUERRA, Alexandre; BENACCHIO, Marcelo (Coord.). *Responsabilidade civil bancária*. São Paulo: Quartier Latin, 2012, p. 208.

2.3.2 Aplicação da doutrina dos *punitive damages*

A aceitação da função de punir da responsabilidade civil no direito brasileiro não se cingiu à discussão sobre a aplicação dos *punitive damages*, havendo teorias bem amparadas que defendem a impossibilidade do escopo sancionatório e seus reflexos sobre a quantificação do montante indenizatório, desde teorias que, por exemplo, invocam a relação com o direito penal, às que apontam a inexistência de permissivo legal para sua aplicação ou, ainda, que representaria expressa afronta ao princípio da reparação integral, sem critérios de fixação do *quantum*, de modo a aumentar o número de demandas e acarretar enriquecimento sem causa da vítima.

Dentre essas posições, destaca-se a de Maria Celina Bodin de Moraes, que adota entendimento contrário à aplicação da pena privada pelo Judiciário como indenização punitiva, basicamente por dois motivos, um de viés social e outro jurídico,[121] sendo este o principal argumento para os defensores que negam a admissão dos *punitive damages* no Brasil, pois sua estipulação implicaria uma ofensa ao princípio da legalidade. Desse modo, aduz a autora, *in verbis*:

> Tal caráter aflitivo, aplicado indiscriminadamente a toda e qualquer reparação de danos morais, coloca em perigo princípios fundamentais de sistemas jurídicos que têm na lei sua fonte normativa, na medida em que se passa a aceitar a ideia extravagante à nossa tradição, de que a reparação já não se constitui como o fim último da responsabilidade civil, mas a ela se atribuem também, como intrínsecas, as funções de punição e dissuasão, de castigo e prevenção.[122]

E prossegue ao afirmar que não bastaria simples previsão legal genérica para se aplicar a pena privada, sendo papel do legislador, assim, determinar a *fattispecie* das situações merecedoras da tutela punitiva:

> Esta é, na realidade, a solução que se apresenta mais condizente para com o instituto da pena privada – ou da indenização punitiva – nos países civilistas: normatizar a *fattispecie*, consideradas, do ponto de vista do legislador democrático, como merecedoras de aplicação da pena pecuniária ou multa civil. A questão é, evidentemente, de ordem filosófica e sociológica e, sucessivamente, de política legislativa, hipóteses em relação às quais serão sempre insuficientes as soluções (necessariamente) casuísticas da jurisprudência.[123]

E essa importação dos *punitive damages* chama a atenção da doutrina, que aponta a necessidade de que seja feita de maneira criteriosa e coerente, calcada em argumentos jurídicos e não por lógica de mercado.[124]

---

121. BODIN DE MORAES, Maria Celina. *Danos à pessoa humana*: uma leitura civil-constitucional dos danos morais, cit., p. 3.
122. Ibidem, p. 229.
123. BODIN DE MORAES, Maria Celina. *Punitive damages* em sistemas civilistas: problemas e perspectivas. *Revista Trimestral de Direito Civil*, Rio de Janeiro: Padma, v. 18. p. 55. abr./jun. 2004.
124. BODIN DE MORAES, Maria Celina. *Danos à pessoa humana*: uma leitura civil-constitucional dos danos morais, cit., p. 30.

Ainda, nessa linha, cabe destacar que há autores que entendem pela impossibilidade de se atribuir à indenização da responsabilidade civil qualquer função punitiva. Assim leciona Anderson Schreiber, que aduz que a doutrina e jurisprudência brasileira fazem confusão entre os *compensatory damages* e os *punitive damages*:

> A incorporação dos *punitive damages* pela prática judicial brasileira traz consideráveis inconsistências face ao princípio da proibição do enriquecimento sem causa – já que a quantia paga a título de punição vem, inexplicavelmente, atribuída à vítima –, além de ferir frontalmente a dicotomia entre ilícito civil e ilícito penal, aplicando penas sem balizamento legal, sem as garantias processuais próprias e sem a necessária tipificação prévia das condutas reprováveis. Por fim, a indenização punitiva não raro se mostra ineficaz em seu próprio intuito, uma vez que na responsabilidade civil, nem sempre o responsável é o culpado e nem sempre o culpado será punido (porque ele pode ter feito um seguro, por exemplo).[125]

Explica o autor e os adeptos dessa linha que a função punitiva não se compatibiliza com a ordem jurídica pátria, pois a reparação seria o "fim último da responsabilidade civil".[126]

Inclusive, vale destacar julgado recente do Superior Tribunal de Justiça, apesar de minoritário, que afirmou ser inadequado "conferir à reparação civil dos danos ambientais caráter punitivo imediato, pois a punição é função que incumbe ao direito penal e administrativo".[127]

Outra consistente crítica feita por essa corrente é de que o viés punitivo da indenização é tido como parâmetro de majoração da indenização (notadamente dos danos extrapatrimoniais), sem a configuração ou destaque de parcela autônoma no *quantum* fixado, pois "ao responsável não é dado conhecer em que medida está sendo apenado, e em que medida está simplesmente compensando o dano, atenuando, exatamente, o efeito dissuasivo que consiste na principal vantagem do instituto".[128-129]

E a constatação de que a função punitiva só seria aplicada aos danos de natureza extrapatrimonial é significativa, pois a aplicação na seara do dano patrimonial se mostraria desarrazoada (ou mesmo injusta), por contrastar com

---

125. SCHREIBER, Anderson. *Novos paradigmas da responsabilidade civil*, cit., p. 213. Ainda, BODIN DE MORAES, Maria Celina. *Danos à pessoa humana*: uma leitura civil-constitucional dos danos morais, cit., p. 141.
126. BODIN DE MORAES, Maria Celina. *Punitive damages* em sistemas civilistas: problemas e perspectivas, cit., p. 73.
127. STJ. Resp 1.354.536/SE. 2ª Seção. Rel. Min. Luis Felipe Salomão. J. em 26.03.2014. DJ em 11.05.2015.
128. SCHREIBER, Anderson. *Novos paradigmas da responsabilidade civil*: da erosão dos filtros da reparação à diluição dos danos. São Paulo: Atlas, 2015, p. 205.
129. BODIN DE MORAES, Maria Celina. *Punitive damages* em sistemas civilistas: problemas e perspectivas. cit., p. 74.

o princípio da reparação integral, sendo aceita no âmbito dos danos morais por causa de sua difícil aferição e viés subjetivo, já que "a extensão dos danos funciona como teto indenizatório, impedindo uma indenização superior ao seu montante efetivo".[130]

Isso leva também ao argumento que ora se entende ser o mais plausível, pela não aplicação da função punitiva no direito brasileiro: o fato de se aplicar uma pena civil ao ofensor sem a devida previsão legal, de modo a violar a garantia da legalidade e embaralhar os limites do ilícito civil e penal.[131] Como a indenização punitiva representa uma condenação ao ofensor a pagamento excedente à extensão do dano, a reparação integral também impediria a sua incidência na quantificação.[132]

Assim, tal como afirmado no tópico anterior, entende-se que a o princípio da reparação integral incide em toda e qualquer indenização, mesmo que de maneira mitigada para os danos extrapatrimoniais, como na doutrina de Sanseverino,[133] e que seu afastamento só caberia nos casos estritamente previstos pelo legislador, em que se permitiria ir além dos limites da extensão do prejuízo.

Por sua vez, boa parte da doutrina nacional possui posição favorável à aplicação da função punitiva da responsabilidade civil, mesmo que sem sustentar sua aplicação em parcela autônoma de *punitive damages*, mas sim como um parâmetro ou base de justificativa de elevação do *quantum* indenizatório, a depender das circunstâncias do caso concreto estarem dotadas de alto caráter de reprovabilidade.[134] Dessa forma, "relacionam-se punição ao infrator e compensação ao ofendido, via de regra, como duas faces da mesma moeda, a integrar a natureza da reparação do dano moral".[135]

Ou seja, o valor da indenização, para parte da doutrina, deverá ser elevado de maneira diretamente proporcional ao grau de reprovabilidade da conduta e da culpa ou dolo do ofensor ao praticar a lesão, destacando-se que também deverão ser utilizados como parâmetro para aumentar o valor fixado a título de indenização os critérios de capacidade econômica e do lucro auferido com a

---

130. SANSEVERINO, Paulo de Tarso Vieira. *Princípio da Reparação Integral* cit., p. 74.
131. SCHREIBER, Anderson. Novos paradigmas da responsabilidade civil, cit., p. 205.
132. NANNI, Giovanni Ettore. *Enriquecimento sem causa*. 2. ed. São Paulo: Saraiva, 2010, pág. 360 e TEPEDINO, Gustavo; BARBOZA, Heloisa Helena; BODIN DE MORAES, Maria Celina (Coord.). *Código Civil interpretado conforme a Constituição da República*. Rio de Janeiro: Renovar, 2006, v. II, p. 864-865.
133. Vide nota de referência de n. 242.
134. CARVALHO, Luis Fernando de Lima. As funções da responsabilidade civil. As indenizações pecuniárias e a adoção de outros meios reparatórios, cit., p. 83-86.
135. MONTEIRO FILHO, Carlos Edison do Rêgo. *Elementos de responsabilidade civil por dano moral*. Rio de Janeiro: Renovar, 2000, p. 152.

conduta lesiva, de modo a fazer com que a indenização cumpra a função de punir o ofensor e desestimular novas condutas.[136]

É nessa linha que se construiu a jurisprudência dominante nos tribunais nacionais, no sentido de que a indenização do dano moral possui caráter punitivo-pedagógico e deve ser fixada "considerando a gravidade do ato, o potencial econômico do ofensor, o caráter punitivo-compensatório da indenização e os parâmetros adotados em casos semelhantes".[137]

No mesmo sentido é a lição de Carlos Alberto Bittar que destaca que a indenização dos danos extrapatrimoniais é o modo pelo qual o Estado punirá o ofensor que cometer condutas reprováveis pelo corpo social e que:

> (...) em consonância com essa diretriz, a indenização por danos morais deve traduzir-se em montante que represente advertência ao lesante e à sociedade de que não se aceita o comportamento assumido, ou o evento lesivo advindo. Consubstancia-se, portanto, em importância compatível com o vulto dos interesses em conflito, refletindo-se de modo expressivo, no patrimônio do lesante, a fim de que sinta, efetivamente, a resposta da ordem jurídica aos efeitos do resultado lesivo produzido. Deve, pois, ser quantia economicamente significativa, em razão das potencialidades do patrimônio do lesante.[138]

A doutrina, então, construiu a ideia de que há função punitiva na indenização por danos morais, a fim de desestimular novas infrações e que "funcionará também como uma espécie de pena privada em benefício da vítima".[139] Para Alexandre Bonna e Pastora Teixeira Leal, a indenização punitiva possui, também, caráter preventivo:

> Os *punitive damages* são uma categoria jurídica alocada no campo das funções da responsabilidade civil, especialmente na interface das funções preventiva e punitiva, visando a, por meio da fixação de um valor indenizatório maior do que o suficiente para reparar ou compensar o prejuízo sofrido, desestimular a conduta grave e danosa do ofensor.[140]

---

136. MONTEIRO FILHO, Carlos Edison do Rêgo. *Elementos de responsabilidade civil por dano moral*, cit., p. 153.
137. STJ. AgInt no AREsp 633.251/SP. 4ª Turma. Rel. Min. Raul Araújo. J. em 05.05.2015. DJ. em 26.05.2015; e, também: TJRJ. AC 0002811-38.2013.8.19.0012. 2ª CC. Rel. Des. Elizabete Filizzola Assunção. J. em 29.04.2015. DJ. em 04.05.2015 (neste caso, demanda indenizatória por acidente de trânsito, o TJRJ deu maior destaque ao grau de culpa do agente, ao ressaltar que a culpa foi "tanto mais grave por: a) ter causado o acidente; b) estar participando de 'pega'; c) estar sob influência de álcool; e d) não possuir habilitação para direção de veículo automotor". Ainda, sopesou a falta de patrimônio do ofensor e, mesmo perante a gravidade da lesão, afirmou que "diante da abissal distância entre a extensão do dano e a capacidade econômica do ofensor", a indenização pelos danos extrapatrimoniais deveria ser arbitrada em R$ 100.000,00 (cem mil reais).
138. BITTAR, Carlos Alberto. *Reparação civil por danos morais*. 3. ed. rev., atual. e ampl. São Paulo:Ed. RT, 1999, p. 220-222.
139. CAVALIERI FILHO, Sérgio. *Programa de Responsabilidade Civil*, cit., p. 103.
140. BONNA, Alexandre Pereira; LEAL, Pastora do Socorro Teixeira. Requisitos objetivos e subjetivos dos *punitive damages*: critérios à aplicação no direito brasileiro. *Scientia Iuris*. Londrina. v. 22. n. 1, p. 192, mar. 2018.

Por sua vez, mesmo diante da ausência de permissivo legal para a utilização dos *punitive damages*, Héctor Valverde Santana afirma que esse seria um obstáculo inaplicável à indenização punitiva, porque:

> (...) não há motivo para negar que ao valor da indenização corresponda qualquer finalidade punitiva. Porém, para se alcançar o valor global da reparação dos danos morais, o juiz deverá necessariamente considerar também a finalidade punitiva da sanção, não se esquecendo de que, nesse particular, a reação do direito deve estar voltada para a censura do autor do atentatório aos direitos da personalidade de outrem. Não se exige na esfera civil que a punição do infrator siga os princípios e regras específicas do direito penal, (...). A punição na órbita civil decorre necessariamente da lei, imperativo de segurança jurídica, mas que, diante da multiplicidade de casos concretos possíveis e as particularidades do direito privado, são abertas as descrições normativas de condutas e as respectivas sanções.[141]

A par das críticas e de sua aceitação, no direito brasileiro, talvez o exemplo mais frequente de menção à função punitiva seja o caráter punitivo-pedagógico que a doutrina e jurisprudência construíram como intrínseco à reparação do dano extrapatrimonial, que alicerça o acolhimento de novas funções da responsabilidade civil.[142]

Todavia, como já se defendeu, os *punitive damages* e a função punitiva da responsabilidade civil não implicam um critério de majoração do *quantum* de indenização, mas sim uma parcela indenizatória extra e autônoma, a ser aplicada em casos específicos e sem se confundir com a parcela reparatória.

Vê-se, então, que a jurisprudência aplica a indenização com caráter punitivo como se *punitive damages* fosse, mas que são coisas distintas. Ou seja, o que é utilizado são critérios ligados à noção de punição, a fim de fixar parâmetros que permitam majorar a indenização fixada, o que pode, até mesmo, ensejar situações de arbitrariedade ou injustiça.

Veja-se, nessa linha, o ensinamento de Martins-Costa e Pargendler:

> É preciso, pois, distinguir: uma coisa é arbitrar-se indenização pelo dano moral que, fundada em critérios de ponderação axiológica, tenha caráter compensatório à vítima, levando-se em consideração – para fixação do montante – a concreta posição da vítima, a espécie de prejuízo cause e, inclusive, a conveniência de dissuadir o ofensor, em certos casos, podendo mesmo ser uma indenização 'alta' (desde que guarde proporcionalidade axiologicamente estimada ao dano causado), outra coisa é adotar-se a doutrina dos *punitive damages* que, passando ao largo da noção de compensação, significa efetivamente – e exclusivamente – a

---

141. SANTANA, Héctor Valverde. *Dano moral no direito do consumidor*. São Paulo: Ed. RT, 2009, p. 196-197.
142. "[...] Diz-se, então, que a reparação do dano moral detém um duplo aspecto, constituindo-se por meio de um caráter compensatório, para confortar a vítima – ajudando-a a sublimar as aflições e tristezas decorrentes do dano injusto -, e de um caráter punitivo, cujo objetivo, em suma é impor uma penalidade exemplar ao ofensor, consistindo esta na diminuição de seu patrimônio material e na transferência da quantia para o patrimônio da vítima" (BODIN DE MORAES, Maria Celina. *Danos à pessoa humana*: uma leitura civil-constitucional dos danos morais, cit., p. 219).

imposição de uma pena, com base na conduta altamente reprovável (dolosa ou gravemente culposa) do ofensor, como é próprio do direito punitivo.[143]

Dessa forma, a jurisprudência aduz a importância de punir o ofensor e educar, a fim de que a conduta não se repita, mas, ao que tudo indica, essa função seria melhor atendida mediante a condenação do ofensor a pagar parcela extra e autônoma que não se confunda com o *quantum* de fixação do dano perpetrado, de modo a isolar e distinguir a função punitiva da reparatória, para que o ofensor – e a própria vítima, tenham conhecimento do que constituiria efetiva punição.[144]

2.3.3 Pena civil x sanção civil

E, como visto, para isso, o ideal e coerente com o sistema da responsabilidade civil seria a exigência de expressa previsão legal para a aplicação da pena civil dos *punitives damages*, sem destinação a compensar o dano sofrido, mas sim a punir, pois a falta de previsão legal resultaria em violação de garantias do ofensor, já que não se sabe quais os parâmetros para aplicação e fixação da indenização punitiva,[145] o que, em visão mais estrita, representa violação aos princípios da vedação ao enriquecimento sem causa e da reparação integral.

Nesse tocante, destaca-se que a pena privada é instituto que possui estrutura e função distinta da sanção civil, já que atuam em momentos diversos, sendo aquela uma pena instituída pelas partes, em valor pecuniário, para punir determinada conduta, já a sanção civil configura sanção jurídica mais ampla, de outras naturezas que não a pecuniária, existentes na ordem jurídica.

A sanção punitiva civil, conforme afirma Nelson Rosenvald, seria o gênero que teria como espécies as penas privadas e as penas civis. Para o autor, sua diferenciação reside na intensidade do viés punitivo: caso a pena busque precipuamente a punição do agente ofensor, será qualificada como pena civil, mas se servir de elemento acessório à compensação ou reparação de danos, configura pena privada, que é instrumental à indenização.[146]

---

143. MARTINS-COSTA, Judith e PARGENDLER, Mariana Souza. Usos e abusos da função punitiva. *Revista CEJ*, n. 28, p. 23.
144. TJSP. AC 0027158-41.2010.8.26.0564. 4ª C.D.Priv. Rel. Des. Teixeira Leite. J. 18.07.2013. DJ em 19.07.2013. A 4ª Câmara de Direito Privado do Tribunal de Justiça de São Paulo majorou a indenização por danos morais concedida em ação que discutia o fato do serviço por negativa de internação urgente, de R$ 5.000,00 (cinco mil reais) para R$ 50.000,00 (cinquenta mil reais). Ainda, fixou, com menção expressa, a "indenização punitiva de cunho social que será revertida a uma das instituições de saúde mais atuantes, o que, quem sabe, irá servir para despertar a noção de cidadania da seguradora", no valor de R$ 1.000.000,00 (um milhão de reais), com base na reincidência da prática e no seu alto grau de reprovabilidade.
145. BODIN DE MORAES, Maria Celina. *Punitive damages* em sistemas civilistas: problemas e perspectivas, cit., p. 74.
146. Rosenvald afirma que a pena privada "será desencadeada pelo dano e assegurará a neutralização das consequências da ofensa. A pena atua sucessivamente ao preceito com finalidade executiva. Já as penas

Isso porque, para o autor, a indenização possui o papel de desestimular condutas indesejáveis do ofensor, que deverá se sentir pressionado com o ônus extra que incidirá na ocorrência do ilícito, de modo que, para garantir a eficácia da responsabilidade civil, que deve sim punir, com indenização fixada de modo compatível com os interesses em concreto.

Acerca desse ponto, cumpre destacar que as penas civis são postas pela doutrina como um dos instrumentos da função preventiva da responsabilidade civil, que será melhor detalhada e estudada no próximo capítulo, a fim de se investigar se cumprem sua função como remédio de responsabilidade civil preventiva.

2.3.4 O caminhar da função punitiva: necessidade de balizas à sua aplicação

A solução que parece mais adequada à questão é a definição de parâmetros de quantificação somada à delimitação legal de situações em que poderá ser aplicada a indenização punitiva, a evitar excessos e arbitrariedades.

Apesar dessa discussão, merecem elogios os esforços da doutrina em traçar os critérios para sua aplicação e quantificação, com o intuito de guiar o julgador na tarefa de fixar a indenização que, ao mesmo tempo, alega-se que deve ser dotada de um caráter punitivo, compensatório e de cumprir a função de prevenção especial (*deterrence*).

Para Pedro Ricardo e Serpa, que se pauta no § 908 do Restatement (Second) of Torts, esses critérios seriam (i) o grau de reprovabilidade dos ilícitos cometidos pelo ofensor, (ii) a natureza e extensão dos prejuízos causados, e (iii) a capacidade econômica do ofensor, para que os *punitive damages* alcancem suas funções de punição e prevenção especial.[147]

Nessa linha, o autor propõe, ainda, que seja alterada a redação do artigo 944 do Código Civil, para incluir um parágrafo extra e que permita a possibilidade de condenação do ofensor à indenização punitiva, notadamente "nos casos em que, do ato ilícito cometido com dolo ou culpa grave, resultar dano extrapatrimonial, ou do qual o ofensor extrair benefícios econômicos para si ou para outrem".[148]

Destaca-se que esse entendimento está em consonância com o de Maria Celina Bodin de Moraes, que também admite a função punitiva, desde que

---

civis possuem finalidade punitiva primária, pois o essencial da sanção será uma função preventiva de dissuasão da conduta em si" (ROSENVALD, Nelson. *As funções da responsabilidade civil*: a reparação e a pena civil, cit., p. 43).
147. SERPA, Pedro Ricardo e. *Indenização punitiva*, cit., p. 65-69 e cap. V. Sobre a questão da função punitiva ou da pena civil possuírem caráter e função preventiva, vide o tópico 2.3 deste trabalho, no qual se fará a distinção funcional entre seus pressupostos e será pontuado o campo de atuação de cada uma.
148. Ibidem, p. 358.

haja a respectiva previsão legal, pois sua incidência e aplicação só pode ser excepcional:

> é de admitir-se, como exceção, uma figura semelhante àquela dos *punitive damages*, em sua função de exemplaridade, quando for imperioso dar uma resposta à sociedade, tratando-se, por exemplo, de conduta particularmente ultrajante, ou insultuosa, em relação à consciência coletiva, ou, ainda, quando se der o caso, não incomum, de prática danosa reiterada.[149]

Cumpre ressaltar que ambos os autores afirmam que o montante que compõe a parcela da indenização punitiva deverá ser destinado a fundo específico, criado por lei e em benefício da coletividade, e não à vítima, já que sua função não é compensatória, mas sim punitiva.[150]

Portanto, conclui-se que a utilização e aplicação dos *punitive damages*, além de mais técnica, cumpriria melhor o escopo funcional punitivo que se atribui à responsabilidade civil do que a inclusão de um caráter punitivo-pedagógico na indenização dita punitiva,[151] eis que permite ao julgador e às partes conhecer os exatos termos da punição imposta no âmbito cível, o que facilita o exercício das garantias processuais, evita disparidades concretas e auxilia o intérprete na melhor solução do caso concreto para tutelar os interesses em jogo.[152]

***

Por fim, ressalta-se que, como entendido pela maior parte da doutrina e jurisprudência, as funções reparatória e punitiva da responsabilidade civil são atuantes de maneira simultânea e no momento de aplicação e quantificação da

---

149. BODIN DE MORAES, Maria Celina. *Danos à pessoa humana*, cit., p. XXVI.
150. Como exemplo, vide o que dispõe a Lei 7.347/1985: "Art. 13. Havendo condenação em dinheiro, a indenização pelo dano causado reverterá a um fundo gerido por um Conselho Federal ou por Conselhos Estaduais de que participarão necessariamente o Ministério Público e representantes da comunidade, sendo seus recursos destinados à reconstituição dos bens lesados".
151. Para Maria Proença Marinho "surge a possibilidade de substituir-se a indenização com função punitiva por uma indenização punitiva, que, positivada em expressa previsão legal e regulamentação específica, será aplicável em hipóteses excepcionais, de modo a punir o ofensor nas situações em que tal punição seja efetivamente digna de tutela. Dessa forma, relega-se a indenização à sua real função de compensação do dano sofrido pela vítima e possibilita-se que tanto a vítima quanto o ofensor conheçam a exata medida de sua compensação e sua punição" (MARINHO, Maria Proença. Indenização punitiva: potencialidades no ordenamento brasileiro. In: SOUZA, Eduardo Nunes de; SILVA, Rodrigo da Guia (Coord.) *Controvérsias atuais em responsabilidade civil*. Rio de Janeiro: Almedina, 2018, p. 645-662).
152. "Enfim, se o objetivo é reparar o dano moral sofrido injustamente, não há como se ater a qualquer conceito de dano causado. Assim fazendo, utiliza-se da responsabilidade civil para atingir finalidades outras que não a única que lhe compete, isto é, a tutela civil em face de prejuízos injusta e efetivamente *sentidos*. Daí porque não se reconhecer função punitiva à reparação do dano moral. Não se poderá, através da responsabilidade civil, abranger uma pluralidade – ou sequer a duplicidade – de objetivos, tais como punir, inibir, desestimular ações *contra ius*. De outro lado, incumbe à responsabilidade civil buscar todos os meios para reparar, da maneira a mais completa possível, o dano (moral) sofrido, com o fim de restabelecer o equilíbrio rompido" (BODIN DE MORAES, Maria Celina. *Danos à pessoa humana*: uma leitura civil-constitucional dos danos morais, cit., p. 304-305).

indenização, influenciando diretamente no *quantum* a ser fixado, com observância do dano causado, sendo a punitiva, ainda, tratada com teor de prevenção, um caráter educacional a propiciar a desmotivação social e evitar a repetição de condutas indesejadas.

Cumpre, assim, avaliar se a responsabilidade civil possui também um viés de prevenção em sua atuação em prol da pacificação social, bem como quais seriam seus pressupostos, se ela está adstrita às outras duas funções do instituto e se a elas limitada ou, então, qual é o seu âmbito de atuação e instrumentos.

2.4 PRESSUPOSTOS DA FUNÇÃO PREVENTIVA E DA RESTRUTURAÇÃO DA RESPONSABILIDADE CIVIL

Como visto, a responsabilidade civil foi construída como o ramo dogmático do direito com a missão de estruturar os pressupostos do dever de indenizar e preocupado com a reparação do dano e retorno ao *status quo ante*, com enfoque inicialmente patrimonialista.

As recentes alterações na disciplina da responsabilidade civil também repercutem sobre o instituto do dano, sendo o maior exemplo disso o giro conceitual descrito no capítulo primeiro.

Atualmente, motivada por novos anseios sociais, pela despatrimonialização do direito civil e pela preocupação com a integral proteção da pessoa, ganha espaço na doutrina a construção teórica de que o futuro da responsabilidade civil está na prevenção de danos, e não no já conhecido paradigma ressarcitório, tido como insuficiente[153] para responder às novas demandas.

Tem-se, então, para parte da doutrina o desafio de estabelecimento de novas molduras da responsabilidade civil, que suportem atuação distinta daquelas funções já conhecidas do instituto, sobretudo em seu aspecto preventivo, como instrumento de tutela da pessoa humana, pois afirmam que não se admite que se restrinja o remédio da responsabilidade civil na sociedade de risco, com ameaça de danos irremediáveis e de impossível reparação ou composição.

Mais especificamente quanto à função preventiva, objeto deste trabalho, cabe dizer, para fins de exposição, que, em seu sentido amplo, a doutrina entende que

---

153. Pietro Perlingieri esclarece: "A tutela da pessoa nem mesmo pode se esgotar no tradicional perfil do ressarcimento do dano. Assume consistência a oportunidade de uma tutela preventiva: o ordenamento deve fazer de tudo para que o dano não se verifique e seja possível a realização efetiva das situações existenciais" (PERLINGIERI, Pietro. *O direito civil na legalidade constitucional*. Rio de Janeiro: Renovar, 2008, p. 768).

essa função se preocupa com a tutela de riscos e antecipação aos danos injustos, de modo a fornecer instrumentos que possam impedir sua ocorrência.[154]

Na responsabilidade civil, a função preventiva, aduzem seus defensores, atua para evitar a ocorrência de danos, dissuadindo o agente (potencialmente) ofensor a praticar condutas que venham a lesar outrem, contudo sem guardar relação direta com a função punitiva, já que seus fundamentos são distintos.[155]

Dessa forma, parte da doutrina, calcada pela ideia do "Direito de danos", defende o alargamento do campo de incidência da responsabilidade civil, que agora deve também se ocupar de prevenir riscos e ameaças daqueles danos tidos por irreversíveis, atuando por meio de instrumentos preventivos e de tutela inibitória material, sem excluir aspectos punitivos de eventual responsabilização.[156]

2.4.1 Incorporação dos princípios da prevenção e precaução à responsabilidade civil

A doutrina costuma indicar que a responsabilidade civil, nessa nova ótica, possui a função de prevenção, a fim de desestimular a prática de novos atos lesivos, que atuaria de duas maneiras: (i) uma de teor mais geral ou psicológico, "partir do receio de ser sancionado com uma indenização de cunho punitivo e preventivo, o que acaba por fixar um padrão de comportamento desejável",[157] levando certos autores a afirmarem que a função preventiva da responsabilidade civil exerceria também o papel de *deterrence*,[158] em confusão ou adição funcional com os *punitive damage*;[159] e (ii) outra de caráter específico, a atuar na antecipação de riscos e prejuízos, por meio de medidas preventivas e inibitórias no âmbito

---

154. Sobre a abordagem da função preventiva pelo viés da análise econômica do direito, com a qual se discorda, por não colocar como centro e objetivo principal a tutela da vítima com observância à personalização do direito civil, vide BARBOSA, Mafalda Miranda. Reflexões em torno da responsabilidade civil: teleologia e telonomologia em debate. *Boletim da Faculdade de Direito da Universidade de Coimbra*. Coimbra: Ed. Coimbra. n. 81. 2005.
155. BODIN DE MORAES, Maria Celina. *Punitive damages* em sistemas civilistas: problemas e perspectivas. *Revista Trimestral de Direito Civil*, Rio de Janeiro: Padma, v. 5, n. 18. p. 53. abr./jun. 2004.
156. Sobre a adoção da expressão criada por Diez-Picazo e os fundamentos do Direito de Danos, veja-se EHRHARDT JR., Marcos. Responsabilidade civil ou direito de danos? Breves reflexões sobre a inadequação do modelo tradicional sob o prisma do direito civil constitucional. p. 303-314. In: RUZYK, Carlos Eduardo Pianovski et al. (Org.). *Direito civil constitucional*: a ressignificação da função dos institutos fundamentais do direito civil contemporâneo e suas consequências. Florianópolis: Conceito Editorial, 2014. Ainda, v. FROTA, Pablo Malheiros da Cunha. *Responsabilidade por danos*: imputação e nexo de causalidade. Curitiba: Juruá, 2014.
157. BONNA, Alexandre Pereira; LEAL, Pastora do Socorro Teixeira. Responsabilidade civil sem dano-prejuízo? *Revista Eletrônica Direito e Política*, cit., p. 64.
158. LOPEZ, Teresa Ancona. *Princípio da precaução e evolução da responsabilidade civil*, cit., p. 84.
159. CARVALHO, Luis Fernando de Lima. As funções da responsabilidade civil. As indenizações pecuniárias e a adoção de outros meios reparatórios, cit., p. 89-90.

privado, não mais voltada apenas à reparação de danos, mas, agora, também para evitar a sua ocorrência.[160]

A construção da função preventiva da responsabilidade civil pauta-se, também, em dois princípios conhecidos pelo direito, notadamente com origem, ou porta de entrada na ordem jurídica brasileira, no direito ambiental:[161] o da prevenção, voltado a impedir os riscos concretos e já conhecidos de se concretizarem,[162] e o da precaução, que é aplicado às situações de risco potencial.[163]

---

160. Nesse sentido, vide: VENTURI, Thaís Goveia Pascoaloto. *Responsabilidade civil preventiva*: a proteção contra a violação dos direitos e a tutela inibitória material. São Paulo: Malheiros, 2014, p. 149; GONDIM, Glenda Gonçalves. *Responsabilidade civil sem dano*: da lógica reparatória à lógica inibitória. Dissertação (mestrado). Pós-Graduação em Direito das Relações Sociais – Mestrado, Universidade Federal do Paraná, Curitiba, 2015, cap. VI; ON, Alexandru-Daniel. *Prevention and the Pillars of a Dynamic Theory of Civil Liability: A Comparative Study on Preventive Remedies*. Research Papers. n. 1, p. 12-15. 2013. Disponível em: http://digitalcommons.law.lsu.edu/studpapers/1. Acesso em: 1º dez. 2018; e, THIBIERGE, Catherine. Libres propos sur l'évolution du droit de la responsabilité. *Revue Trimestrielle de Droit Civil*. Paris, v. 3, p. 581, jul./set. 1999).
161. "De fato, importante ressaltar que os princípios da prevenção e da precaução, dos quais depreendem-se as funções precaucionais e preventivas da responsabilidade civil ambiental, não se confundem entre si e não devem ser tratados como sinônimos. A prevenção está relacionada a situações em que o dano é conhecido, concreto, previsível. Nesses casos, sabe-se os efeitos que determinada atividade – no caso a atividade da navegação, que é a atividade primária do uso de embarcações – irá provocar no meio ambiente e procura-se, portanto, tomar todas as medidas necessárias para assegurar o menor dano possível ao meio ambiente. Normalmente, conecta-se a prevenção àquelas atividades que, embora causem danos ambientais, são imprescindíveis à sociedade e não podem deixar de ser realizadas, razão pela qual a legislação ou outros atos normativos impõem limites para a sua realização. Por sua vez, a precaução é um princípio que está conectado a ausência de certeza, a indefinições, aos danos abstratos. Trata-se de um princípio que tem seu marco legal mais conhecido na Conferência da Nações Unidas sobre Meio Ambiente de 1992, na Declaração do Rio sobre Meio Ambiente e Desenvolvimento. Segundo sua definição, em casos em que não haja certeza científica absoluta e haja perigo de danos graves ou irreversíveis, deve-se utilizar de todas as medidas economicamente viáveis para evitar que o fato danoso ao meio ambiente ocorra. Isto é, aquele que porventura venha a causar um dano ao meio ambiente, seja ele marinho ou outro, não pode alegar em sua defesa que não havia conhecimento da possibilidade da sua ocorrência. Existindo riscos de dano, independente da claridade deles, deve-se tomar todas as medidas possíveis para impedi-lo" (COUTINHO, Larissa Maria Medeiros. *Funções da Responsabilidade Civil Ambiental*: Uma análise através da jurisprudência nacional de danos marinhos pela navegação. Dissertação (mestrado). Pós-Graduação em Direito – Mestrado, Universidade de Brasília – UNB. Brasília, 2015, p. 75-76).
162. Vide, como exemplo doutrinário de aplicação do princípio, a obrigação de segurança positivada no artigo 6º, I, do CDC, que tutela como direito básico do consumidor a "proteção da vida, saúde e segurança contra riscos provocados por práticas de fornecimento de produtos e serviços considerados perigosos ou nocivos".
163. Nesse sentido, o "princípio da prevenção vai ser aplicado quando o risco de dano é concreto e real. Na verdade estamos diante do perigo, que é o risco conhecido, como, por exemplo, o limite de velocidade nas estradas ou os exames médicos necessários que antecedem u m a intervenção cirúrgica. Podemos lembrar, a propósito, que o princípio da prevenção perpassa todo Direito do Consumidor, pois o Código de Defesa do Consumidor consagra a obrigação de segurança quando determina, e m seu artigo 6º, I, que é direito básico do consumidor a "proteção da vida, saúde e segurança contra os riscos provocados por práticas no fornecimento de produtos e serviços considerados perigosos ou nocivos. Sem dúvida, o código consumerista tem como "regras de fundo" os princípios da prevenção e da precaução. Já o princípio

Justamente por tais motivos e em virtude de todo o processo de personalização e despatrimonialização do direito civil, operado por sua constitucionalização, a doutrina defende que a função preventiva deve guiar a aplicação deste instituto, com prioridade até mesmo sobre a função reparatória, causa de sua existência, a fim de construir uma responsabilidade civil focada na proteção da pessoa, e não apenas em ressarcir o dano, pressuposto que também não poderia ficar alheio a todas as mudanças funcionais experimentadas e, assim, "[...] a norma assumirá expressamente que não o dano, mas o simples perigo de dano será suficiente para ativar o remédio".[164]

Como se sabe, a prevenção deriva do princípio jurídico do *neminem laedere*,[165] o que, em princípio, denotaria inconsistência com as características clássicas da responsabilidade civil. Contudo, com a constitucionalização do direito civil, a redução da atuação desse ramo a regular e reparar danos que decorram de ilícitos, para os seus defensores, se mostra insuficiente.

Ademais, a prevenção, no âmbito da responsabilidade civil, é classicamente tida por sua atuação indireta de desestímulo de condutas.[166] Justamente pela cons-

---

da precaução deve ser aplicado no caso de riscos potenciais ou hipotéticos, abstratos, e que possam levar aos chamados danos graves e irreversíveis. É o "risco do risco". Neste caso, não há dúvida que os atores desse momento devem identificar e construir esse risco (os atores são o poder público, as empresas, a mídia, a sociedade civil, os profissionais liberais e o próprio indivíduo) com base nas estatísticas, perícias, probabilidades, pesquisas de opinião e auxílio da mídia" (LOPEZ, Teresa Ancona. Responsabilidade civil na sociedade de risco. *Revista da Faculdade de Direito da Universidade de São Paulo*, v. 105. São Paulo: USP, 2010, p. 1223-1226); Ainda, "Tal escopo preventivo foi objeto de enunciado na V Jornada de Direito Civil, de novembro de 2011. Assim, consta no enunciado 446: "Art. 927. A responsabilidade civil prevista na segunda parte do parágrafo único do art. 927 do Código Civil deve levar em consideração não apenas a proteção da vítima e a atividade do ofensor, mas também a prevenção e o interesse da sociedade". O risco de que se fala na função preventiva é diversa daquele presente na responsabilidade objetiva. Nesta, o risco das atividades econômicas forçou o reconhecimento de responsabilidade mediante a prova do dano e do nexo de causalidade. Retirou-se a exigibilidade da prova da culpa para permitir uma responsabilização objetiva. Ao abordar a função preventiva, fala-se de risco de dano com a finalidade de se antecipar a eles, de gerenciar as possibilidades de algum prejuízo vir a ocorrer e de efetivar medidas que os evitem. Tendo em vista que a aplicação do princípio da precaução é em um momento anterior ao dano, que é hipotético e abstrato, uma das críticas feitas contra o referido princípio é de que ele é um empecilho ou um obstáculo para o "progresso tecnológico e científico". Para que não obste o desenvolvimento científico, é preciso que o princípio seja aplicado com razoabilidade, no sentido de precaver danos e não para promover uma situação pior com entraves ao progresso. Existe também a crítica de que o princípio da precaução é abstrato, de modo que não é possível determinar exatamente o que seria uma "ameaça de danos sérios e irreversíveis" (DEL MASTRO, André Menezes. A função punitivo-preventiva da responsabilidade civil. *Revista da Faculdade de Direito da Universidade de São Paulo*, v. 110, p. 765-817, jan./dez. 2015).
164. ROSENVALD, Nelson. *As funções da responsabilidade civil*: a reparação e a pena civil, cit., p. 75.
165. Nesse sentido, vide CODERCH, Pablo Salvador; PALOU, Maria Teresa Castiñeira. *Prevenir y Castigar*. Madrid: Marcial Pons, 1997, p. 110-115.
166. "Vislumbrando as possibilidades geradas a partir da chamada responsabilidade civil preventiva, sustenta-se uma necessária refundamentação institucional e instrumental do instituto, que não pode se furtar ao aprimoramento de uma função que jamais lhe foi estranha, relacionada à proteção dos direitos essenciais não apenas das gerações presentes, mas também das futuras, por via da gradativa implementação de técnicas ou mecanismos inibitórios que se revelem úteis à garantia da inviolabilidade dos direitos fun-

tatação de que novas demandas sociais e novos danos impõem o acolhimento da prevenção e da precaução como novos fundamentos[167] é que a doutrina passa a buscar novas fronteiras a possibilitar o redimensionamento da responsabilidade civil, a justificar nova atuação do instituto.[168]

Essa releitura já é posta em prática na doutrina estrangeira, sendo inclusive positivada em outros ordenamentos jurídicos.

Na União Europeia, vale aludir aos *Principles of European Tort Law*, cujo artigo 10.101 expressamente faz alusão à função preventiva da indenização.[169]

---

damentais constitucionalmente determinada." (VENTURI, Thaís Goveia Pascoaloto. *Responsabilidade civil preventiva*: a proteção contra a violação dos direitos e a tutela inibitória material, cit., p. 55).

167. "Nesse sentido, em que pese não se ter percebido a alteração do polo central do Direito da responsabilidade civil (o dano), percebe-se, por outro lado, uma inversão fundamental no sentido de se buscar enxergá-lo antecipadamente pelo retrovisor, intentando-se precaver da melhor forma possível a sua ocorrência. Daí, portanto, a essencial lógica da refundamentação preventiva do chamado "Direito de Danos" ora preconizada. Para tanto, tem-se sustentado a necessidade de os ordenamentos jurídicos (tanto quanto os sistemas de tutela jurisdicional) priorizarem a aplicação dos princípios da prevenção e da precaução, cujos campos de atuação alastram-se com notável extensão e velocidade, precisamente para atender ao objetivo de contenção dos danos, sobretudo quando se apresentem, respectivamente, já comprovados ou altamente prováveis. (...) Para além da ampliação da aplicabilidade da prevenção, também vem ganhando força no campo da responsabilidade civil a aplicação do princípio da precaução, na medida em que se passa a imaginar e constatar hipóteses cada vez mais alastradas de riscos de produção de gravíssimos e irremediáveis danos. Nesses casos, em que pese a inegável abstração que reconduz a uma virtual "idealização dos riscos", tem-se compreendido que uma tal abstração é não apenas justificável como necessária, para fundamentar um regime diferenciado de imputação de uma renovada hipótese de responsabilidade, voltada eminentemente para o futuro e antecipatória dos prejuízos que se pretende evitar. (...) Com base no princípio da precaução, alude-se inclusive à instauração de um novo regime de responsabilidade civil objetiva, fundada no *risco abstrato*. Tratar-se-ia da já denominada "responsabilidade civil sem dano", que intenta, em verdade, evitar os danos por via da adoção de técnicas tipicamente inibitórias. A incidência de tal modelo de responsabilidade civil, fundada no princípio da precaução, já é largamente sustentada no campo do Direito ambiental" (VENTURI, Thaís Goveia Pascoaloto. *Responsabilidade civil preventiva*: a proteção contra a violação dos direitos e a tutela inibitória material, cit., p. 196 e 201).

168. Teresa Ancona Lopes afirma expressamente que existe uma "responsabilidade preventiva", assentada na incidência dos princípios da prevenção e da precaução no sistema da responsabilidade civil: "O princípio da precaução, que tem como fundamento ético a prudência e jurídico a obrigação geral de segurança, deverá, doravante, fazer parte da responsabilidade civil, e esse ramo do direito passa a ter três funções: a função compensatória (reparação integral); a função dissuasória (*deterrence*), que aparece através das indenizações pesadas contra o autor do dano (essa função é chamada de preventiva ainda hoje); a função preventiva, em sentido lato, englobando os princípios da precaução e da prevenção, pela qual haverá a antecipação de riscos e danos. (...) Com isso nasce a responsabilidade preventiva, que funcionará ao lado da responsabilidade reparadora ou clássica. Uma não exclui a outra. Ambas são necessárias, pois, caso o dano não consiga ser evitado, deverá ser reparado integralmente por seu autor ou pelo seguro. Portanto, diante da sociedade de risco, teve a responsabilidade civil que evoluir acrescentando os princípios da precaução e da prevenção ao seu rol já tradicional de princípios. Houve apenas acréscimo sem recuo ou perda de importância, seja da culpa, seja do risco. Essa transformação que vivemos na sociedade atual é semelhante àquela que nos levou à introdução da responsabilidade objetiva e coletiva em um sistema todo fundamentado na responsabilidade individual e na culpa" (LOPEZ, Teresa Ancona. Princípio da precaução e evolução da responsabilidade civil, cit., p. 17).

169. *Verbis*: "A indemnização consiste numa prestação pecuniária com vista a compensar o lesado, isto é, a repor o lesado, na medida em (que) ele estaria se a lesão não tivesse ocorrido. A indemnização tem também uma função preventiva".

Na França, o projeto de revisão do *codex* francês, o *Avant-Projet Catala*,[170] em seu artigo 1.344, ressalta a ameaça como ilícito ressarcível, no tocante às despesas e prejuízos que decorram da prevenção do dano.[171]

Por sua vez, o Código Civil chileno, nos artigos 2.333 e 2.334, afirma a possibilidade de ressarcimento dos danos que decorram de situação de ameaça ou perigo iminente por meio de ação popular.[172]

Por fim, o Código Civil argentino,[173] nos artigos 1.708º,[174] 1.710º, 1.711º, também prevê expressamente a função preventiva da responsabilidade civil, ao lado da reparatória, bem como promove a adoção de medidas que evitem

---

170. *Avant-Projet De Reforme Du Droit Des Obligations (Articles 1101 A 1386 Du Code Civil) Et Du Droit De La Prescription* (Articles 2234 à 2281 du Code civil). Disponível em: http://www.justice.gouv.fr/. Acesso em: 26 abr. 2018. Trata-se de um projeto de revisão do Código Civil francês, a fim de atualizar a regulamentação das matérias de obrigações, contratos, responsabilidade civil e prescrição. Até o momento, só as alterações previstas para a matéria de prescrição foram aprovadas no final da última década, estando as demais em fase de debates e implementação no parlamento francês. Em relação à responsabilidade civil, o governo francês lançou consulta pública, em 2016, encaminhando o relatório ao parlamento em 2017, a fim de levar o projeto para a fase de implementação. O seu art. 1.344º consagra expressamente a ressarcibilidade dos prejuízos decorrentes da prevenção do dano ou do seu agravamento, pensa-se sobretudo nos danos que incidem sobre bens supra individuais, à semelhança do meio ambiente. Exclui-se também a componente punitiva para a revisão, pelo que se reafirma a prevenção enquanto fator impulsionador da moderna responsabilidade civil. Uma vez mais, confirma-se que a ressarcibilidade de danos preventivos não se traduz em danos hipotéticos, têm de ser ameaças iminentes aos interesses em causa, existindo um nexo de causalidade entre a ameaça e o investimento em prevenção.
171. *Verbis*: "Art. 1344. Les dépenses exposées pour prévenir la réalisation imminente d'un dommage ou pour éviter son aggravation, ains i que pour en réduire les conséquences, constituent un préjudice réparable, dès lors qu'elles ont été raisonnablement engagés".
172. SILVA, Néstor Pina. La responsabilidade preventiva. *Revista de Estudios Ius Novum*, n. 2, p. 263, Octubre 2009. Tais artigos e legislação consagram a possibilidade de utilizar a ação popular para as situações em que exista um dano contingente, tanto para ocasiões de ameaças a pessoas indeterminadas ou determinadas. Tal dano é entendido como eventual, sendo um perigo iminente, uma ameaça e risco de dano real para os interesses tutelados, que pode vir a se concretizar ou não. O art. 2.334 prevê a ressarcibilidade de todas as despesas recorrentes da propositura da ação, caso com fundamento, sendo o potencial lesado ressarcido destas despesas, em notável ótica de proteção integral da pessoa a afastamento da ótica patrimonialista da responsabilidade civil.
173. Disponível em: http://www.infojus.gob.ar/. Acesso em: 26 abr. 2018. O direito argentino através do seu recente Código Civil (promulgado em 02 de outubro de 2014) trouxe outro alento à tutela preventiva da responsabilidade civil. O art. 1708º prevê as funções da responsabilidade civil, elencando expressamente as funções de prevenção e reparação do dano. O art. 1710º consagra o dever geral de prevenção do dano, concretizando-se pelo dever de não causar danos; de adoção de medidas que visem evitar a produção do dano ou diminuir a sua magnitude, sendo reembolsáveis as despesas, na medida do enriquecimento sem causa, para quem incorreu evitou a provocação de um dano de um terceiro. Por fim, impõe-se o dever não agravar o dano já produzido. A articulação com a parte processual é evidente, visto que o art. 1711º consagra a ação preventiva para as situações em que é previsível a produção do dano ou o seu agravamento.
174. *Verbis*: "Artículo 1708. Funciones de la responsabilidad Las disposiciones de este Título son aplicables a la prevención del daño y a su reparación".

a ocorrência do dano ou seu agravamento, com o ressarcimento das despesas preventivas.[175]

A promulgação do novo Código Civil argentino, em 2015, despertou novas discussões acerca do tratamento da responsabilidade civil e das suas funções no ordenamento jurídico do país. De modo geral, ela ratificou a existência de um caráter dissuasivo, oriundo da função preventiva,[176] principalmente em matéria de interesses supraindividuais, como as relações de consumo ou o direito ambiental, como mencionado por alguns autores, afetando, portanto, a tutela de direitos coletivos e dos consumidores.

Em verdade, os princípios de precaução e prevenção estão presentes por todo o ordenamento jurídico, que tem como função primordial promover e desestimular condutas, com destaque em certas áreas do direito e seus objetos de tutela próprios, a demandar aplicabilidade preventiva, tais como o direito ambiental, o direito do consumidor, o direito administrativo, a proteção de direitos de propriedade intelectual, bem como o próprio direito civil, entre outros.

---

175. Veja-se, por exemplo, os seguintes enunciados aprovados na Jornada de Direito Civl Argentiva: "La función preventiva procede tanto en la tutela de intereses individuales como así también en la tutela de intereses de incidencia colectiva". (Enunciado XXVI Jornadas Nacionales de Derecho Civil. Comisión 4: Derecho de Daños). Disponível: http://jornadasderechocivil.jursoc.unlp.edu.ar/. Acesso em: 1º dez. 2018; E, "a) La pretensión preventiva es genérica, autónoma de dar, hacer o no hacer. No tiene carácter excepcional, ni subsidiario; tampoco exige que exista una vía judicial más idónea. b) Nada impide que pueda ser articulada con otra de naturaleza resarcitoria, particularmente, cuando se trate de hacer cesar conductas dañosas ya iniciadas que han generado secuela de dañosidad". (Enunciado XXVI Jornadas Nacionales de Derecho Civil. Comisión 4: Derecho de Daños). Disponível: http://jornadasderechocivil.jursoc.unlp.edu.ar. Acesso em: 1º dez. 2018.

176. "Con respecto a la ilicitud, es posible explicar que existe un ilícito de lesión o un ilícito en el peligro (que son las amenazas de lesión de un derecho) Como se trata de verdaderos ilícitos se aplica la teoría general y esos delitos de peligro habilitan la posibilidad material de detener la actividad antes que el daño comience a generarse. El resto de los elementos de la responsabilidad civil, no serían aplicables: no hay daño porque la tutela inhibitoria funciona –justamente– antes que el daño comience a producirse, ni tampoco el dolo o la culpa, porque sería inadecuado hacer una valoración de la conducta que aún no ha comenzado a generarse. Como la finalidad de la acción inhibitoria es preventiva se concreta en órdenes que apuntan a frenar, a detener una actividad, por ello la sentencia dispone de dos tipos de condena: obligaciones de hacer o de no hacer. (...) La acción preventiva trasciende la indemnización e incorpora un rubro que es de naturaleza 'multa', pero – en este caso – la sanción se aplicaría en determinadas condiciones que no harían excesiva ni duplicaría la justa recomposición del daño. En primer lugar, la acción preventiva se da cuando una acción u omisión antijurídica hace previsible la producción de un daño, su continuación o agravamiento...' en el marco de la prevención del daño y funciona como una advertencia, para la conducta reprochable que actúa con grave indiferencia sobre los bienes colectivos. Su naturaleza es punitiva pero anticipatoria del daño; servirá como llamado de atención o alerta, a quien no cuide los bienes ajenos, cobijándose en la falta de norma que le obligue a cumplir con la conducta preventiva. Ahora, sí; quien actúe con grave indiferencia a los derechos colectivos, se hará cargo de su conducta antisocial y transgresora". Apresentação da Dra. Graciela Messina de Estrella Gutiérrez na Comissão 4 da XXVI Jornada de Derecho Civil. Disponível em: http://jornadasderechocivil.jursoc.unlp.edu.ar . Acesso em: 1º dez. 2018.

Mas, de fato, apesar de sua remodelação para ganhar espaço dentro do direito civil, isso não significa que tais princípios devam, necessariamente, permear a atuação da responsabilidade civil, eis que a esta caberia disciplinar as situações danosas.[177]

De tal modo que se afirma que os chamados princípios da precaução e prevenção não têm o condão de ampliar o objeto da responsabilidade civil para que ela passe a abarcar hipóteses em que não haja dano injusto. Reitere-se: os momentos antecedentes ao dano injusto e que são o *locus proprium* de tais princípios exigem mecanismos de estabilização social que, embora próximos, são inconfundíveis com os da responsabilidade civil.

2.4.2 Papel preventivo da responsabilidade civil: constitucionalização do instituto e assunção da função de evitar a ocorrência de danos

Para G. Marton, a prevenção seria o fundamento de destaque da responsabilidade civil, e a divide em duas. A primeira seria atuante no momento anterior ao acontecimento da lesão, por meio dos órgãos fiscalizatórios e medidas de segurança pública, a fim de evitar que o dano se produza e, com isso, afete toda a sociedade e não apenas o indivíduo, pois o dano representaria uma perda social.

Ocorrido o dano, a responsabilidade civil agiria com vistas a reconstruir a situação anterior, com o retorno ao *status quo ante*, representada pela eliminação das consequências lesivas do prejuízo. Para ele, a reparação, seria uma espécie de prevenção posterior e sua principal função seria eficácia de sua incidência, na redução direta de danos futuros.[178]

Nessa linha, afirma Catherine Thibierge que o termo "responsabilidade" não poderia ter uma ideia limitada apenas à reparação de danos e que a amplitude dos novos danos é "suscetível de conduzir a uma responsabilidade sem prejuízo, a uma responsabilidade preventiva, não mais somente voltada à reparação dos danos passados, mas igualmente para evitar esses novos danos, (...) pelos quais a reparação perde seu sentido".[179]

Adriano de Cupis também afirma que a prevenção na responsabilidade civil existe e que atua em dois planos: um mais geral de repressão decorrente da ameaça psicológica em ser sancionado e outro que atua a partir de medidas efetivas a impedir a ocorrência do dano, nos casos de ameaça latente de sua ocorrência.[180]

---

177. MELO, Marco Aurélio Bezerra de. *Direito civil*: responsabilidade civil, cit., p. 9.
178. MARTON, G. *Les fondements de la responsabilité civile*. Paris: Librairie du Recueil Sirey, 1938, p. 347-348 e 351.
179. THIBIERGE, Catherine. *Libres propos sur l'évolution du droit de la responsabilité*, cit., p. 561. (Tradução livre do original).
180. DE CUPIS, Adriano. *Il danno*, cit., p. 6-8.

Na doutrina nacional contemporânea, o tema não escapa aos olhos dos civilistas. Nesse sentido, em encontro de grupos de pesquisa em Direito Civil--Constitucional, realizado em 2013 e liderado pelos professores Gustavo Tepedino (Universidade do Estado do Rio de Janeiro – UERJ), Luiz Edson Fachin (Universidade Federal do Paraná – UFPR) e Paulo Lôbo (Universidade Federal de Pernambuco – UFPE), foi produzida a Carta de Recife, que expõe a preocupação com a nova "crise" da responsabilidade civil e sua hipótese *sem dano*.[181]

Pautada, dentre outros fatores, na hermenêutica civil-constitucional,[182] a doutrina passou a reconstruir a prevenção, antes apenas vista como desestímulo psíquico pela ameaça de se atribui dever de indenizar ao ofensor, para um instrumento à disposição da pessoa capaz de evitar danos ou fazer cessar ameaças de forma concreta, com fundamento na cláusula geral de tutela da pessoa humana.[183]

Com efeito, a doutrina aduz que a prevalência das situações existenciais sobre as patrimoniais e o cenário de surgimento de novos danos extrapatrimoniais tornam descabido um sistema de danos meramente reparatório.[184] Impulsiona-se o paradigma preventivo da responsabilidade civil para atuar junto e compatibilizado com o reparatório, de maneira funcionalizada e apta a propiciar efetiva tutela da pessoa *in concreto*.[185]

---

181. CARTA DO RECIFE. *Revista Fórum de Direito Civil*. Belo Horizonte: Fórum, a. 2, n. 2, p. 239-240, jan./abr. 2013. Destaca-se o seguinte trecho do documento: "A análise crítica do dano na contemporaneidade impõe o caminho de reflexão sobre a eventual possibilidade de se cogitar da responsabilidade sem dano" (apud FROTA, Pablo Malheiros da Cunha. *Responsabilidade por danos*: imputação e nexo de causalidade. Curitiba: Juruá, 2014, p. 225).
182. Vide: TEPEDINO, Gustavo. Premissas metodológicas para a constitucionalização do direito civil. *Temas de Direito Civil*. 3. Ed. Rio de Janeiro: Renovar, 2004, p. 1-22; SCHREIBER, Anderson. Direito Civil e Constituição. In: SCHREIBER, Anderson; KONDER, Carlos Nelson (Org.). *Direito civil-constitucional*. São Paulo: Atlas, 2016, p. 1-24.
183. Nesse sentido, destaque-se que "a proteção da dignidade se dá em uma dimensão intersubjetiva – que implica a imposição de limites à ação dos sujeitos, com vistas a evitar que os demais tenham ofendido sua dignidade – pode, e deve, o direito, através da responsabilidade civil, buscar a prevenção de danos à pessoa" (RUZYK, Carlos Eduardo Pianovski. *A responsabilidade civil por danos produzidos no curso da atividade econômica e a tutela da dignidade da pessoa humana*, cit., p. 135).
184. GONDIM, Glenda Gonçalves. *Responsabilidade civil sem dano*: da lógica reparatória à lógica inibitória, cit., p. 159-160.
185. "Desde el punto de vista de la cantidad de casos y de la labor doctrinal, es notorio que la función resarcitoria es prevalente. Esta puede ser una finalidad única y excluyente si el bien protegido es, principalmente, el patrimonio. En la medida en que se trata de bienes que tienen un precio o un valor expresable en dinero, es posible una indemnización y por eso el resarcimiento es el mecanismo fundamental. La necesidad de una diversidad de finalidades se aprecia si se considera que en este anteproyecto no sólo se tutela el patrimonio, sino también la persona y los derechos de incidencia colectiva. Cuando se trata de la persona, hay resarcimiento pero también prevención, y en muchos aspectos, como el honor, la privacidad, la identidad, esta última es mucho más eficaz. (...) El artículo que define los alcances del deber de prevención adopta el modelo del Proyecto de 1998 (artículo 1585). Se consagra el deber de prevención para toda persona con los siguientes alcances: a) en cuanto dependa de ella, es decir, que la posibilidad de prevenir se encuentre en su esfera de control, ya que de lo contrario se puede convertir

Teresa Ancona Lopez advoga pela responsabilização dos agentes pelos riscos de danos graves e irreversíveis a que derem causa, considerando essencial desmembrar os conceitos de indenização e responsabilidade, de modo que esta abarque a prevenção de danos, eis que fundada na proibição de causar dano a outrem, bem como que atualmente "podemos afirmar que temos a responsabilidade civil reparatória e a responsabilidade civil preventiva".

Sobre o dano em si, Lopez ressalta que "é possível caracterizar-se como dano (prejuízo) a ameaça ou risco de 'danos graves e irreversíveis", ao qual chama de dano de risco.[186]

Para a autora, a adoção da precaução e prevenção como fundamento da responsabilidade preventiva implicaria o ressurgimento da culpa como fundamento do dever de indenizar, pois traria consigo "a ideia do dever de cuidado e prudência que deve haver na gestão de riscos na sociedade contemporânea".[187]

---

en una carga excesiva que afecta la libertad; b) se deben adoptar las diligencias conforme a lo que haría una persona que obrara de buena fe, disponiendo medidas razonables para evitar el daño o disminuir su magnitud o de no agravarlo, si ya se ha producido; c) se reconoce el derecho al reembolso del valor de los gastos en que ha ocurrido siguiendo las reglas del enriquecimiento sin causa. (...) Se delimitan los siguientes criterios para la sentencia de finalidad preventiva: a) se distingue entre la tutela definitiva que surge de un proceso autónomo cuya finalidad es únicamente la prevención, de aquellos en que es provisoria; b) en ambos supuestos, la sentencia puede establecer obligaciones de dar, hacer o no hacer, según los casos; c) el contenido y extensión de estas obligaciones debe estar guiado por: la necesidad de evitar el daño con la menor restricción de derechos posible; la utilización del medio más idóneo; la búsqueda de la eficacia en la obtención de la finalidad. Estos parámetros permiten una valoración más exacta y un control judicial sobre las medidas que se adopten; d) el juez puede disponer esas medidas a pedido de parte o de oficio" (LORENZETTI, Ricardo Luis; HIGHTON, Elena; CARLUCCI, Ainda Kemelmajer de. *Fundamentos del Anteproyecto de Código Civil y Comercial de la Nación elaborados por la Comisión Redactora, en Proyecto de Código Civil y Comercial de la Nación*, Bs. As., Ediciones Infojus, 2012, p. 215-242. Disponível em: http://www.lavoz.com.ar/. Acesso em: 1º dez. 2018.

[186] "Ainda nos socorrendo do direito à saúde, podemos lembrar de situações em que pessoas tiveram contato com algum vírus, mas não desenvolveram a doença ou porque ainda não passou o período da chamada 'janela imunológica', como no caso da AIDS (hoje essa hipótese é remota), e não é possível ainda averiguar se o exame vai dar positivo ou negativo; ou, então, porque há um lapso de tempo muito grande entre o contato e o desenvolvimento da doença, como no caso da temida 'hepatite C', que leva à cirrose hepática e à morte. Podemos imaginar a hipótese de determinada pessoa ter sido infectada, em transfusão de sangue, pelo vírus da hepatite C, doença que, às vezes, demora 30 anos para se manifestar. Poderá pedir indenização pela ameaça de risco de desenvolver a doença? O medo constante de ser portador de vírus de doença incurável é, com certeza, dano indenizável. Também poderíamos colocar a hipótese de uma ação civil pública contra o Município do Rio de Janeiro, em nome de toda a população carioca (não somente dos já contaminados), pelo risco de adquirir dengue por falta de precaução da Prefeitura do Rio de Janeiro. O dano aqui é o risco". Segundo a autora, o obstáculo que se revela "é como exigir e, por consequência, sancionar os criadores de risco que não gerenciam adequadamente os perigos conhecidos (prevenção) e os riscos possíveis (precaução)" (LOPEZ, Teresa Ancona. *Princípio da precaução e evolução da responsabilidade civil*, cit., p. 133-139).

[187] "Propomos para essa responsabilidade preventiva que o fundamento da responsabilidade no 'defeito de precaução' seja a presunção de culpa daquele que não respeitou o princípio da precaução diante dos riscos hipotéticos ou conhecidos de danos irreversíveis. Na presunção de culpa (apesar de a culpa resultar do descumprimento de uma obrigação de meios), haverá processualmente a reversão do ônus

Por sua vez, nessa linha de prevenir as condutas potencialmente lesivas, Giselda Hironaka defende a teoria da responsabilidade pressuposta[188] calcada na noção de *mise en danger*.[189] Conforme pontua a autora, o dever de indenizar seria disparado pela simples exposição injusta ao risco, independente de análise de culpa do agente.

Para a autora, a prevenção da responsabilidade civil ressignificada não mais é aquela voltada apenas a dissuadir a ocorrência do dano por meio de desestímulo psicológico ao ofensor, mas sim significa efetiva tutela jurídica voltada a perigos concretos e imagináveis, de modo a evitar a de danos, atuando por meio de ações concretas e objetivas.[190]

Todavia, como afirmado, parte considerável da doutrina de responsabilidade civil aponta para a necessidade de compatibilização com o paradigma da prevenção e de remodelar a responsabilidade civil.[191]

---

da prova e o gestor é que terá que provar ou que está agindo com precaução, no caso de o dano ainda não ter se realizado; ou que tomou todas as medidas para que o pior não acontecesse, se o dano não pôde ser evitado. Deverá mostrar todas as perícias e medidas concretadas adotadas. A presunção de culpa será *juris tantum*, porquanto a jus et de jure se equipara à responsabilidade objetiva" (LOPEZ, Teresa Ancona. *Princípio da precaução e evolução da responsabilidade civil*, cit., p. 147).

188. Para a Profª. Hironaka, a responsabilidade civil já seria pressuposta pelo ordenamento, assim quando se realiza um ato danoso surge automaticamente o dever de indenizar, depreende-se a responsabilização sem revolvimento de qualquer excludente de causalidade. Portanto, para o surgimento do dever de reparar pela responsabilidade civil pressuposta, bastaria a injusta exposição ao risco (*mise en danger*) decorrente de qualquer atividade desenvolvida pelo agente.

189. Nas palavras de TARTUCE, em comentário à tese da Profª. Hironaka: "Na percepção deste autor, a responsabilidade pressuposta pode ser resumida nas seguintes palavras: *deve-se buscar, em um primeiro plano, reparar a vítima, para depois verificar-se de quem foi a culpa, ou quem assumiu o risco*. Com isso, o dano assume o papel principal no estudo da responsabilidade civil, deixando de lado a culpa. Ademais, pela tese, *pressupõe-se* a responsabilidade do agente pela exposição de outras pessoas a situações de risco ou de perigo, diante de sua atividade (*mise en danger*)" (TARTUCE, Flávio. *Direito civil*: direito das obrigações e responsabilidade civil. 12. ed. Rio de Janeiro: Forense, 2017. p. 377).

190. "Como um retrato que não se suporta mais em sua própria moldura — estreita demais para o enfoque —, avolumam-se as novas necessidades, emergem as atuais tendências e contemporaneatiza-se a mentalidade reparatória. Privilegia-se a prevenção dos danos, em razão da supremacia dos denominados interesses difusos e coletivos. As experiências concretas do cenário atual fizeram surgir uma nova modalidade de responsabilidade civil que destaca certas situações tuteláveis entre as inúmeras situações de perigo imagináveis, circunstância essa que busca, antes de tudo, evitar a produção do dano em face de certo grupo, agrupamento ou categoria de pessoas, razão pela qual se as convenciona chamar de situações supraindividuais ou metaindividuais tuteláveis" (HIRONAKA, Giselda Maria Fernandes Novaes. Tendências atuais da responsabilidade civil: marcos teóricos para o direito do século XXI. In: DINIZ, Maria Helena; LISBOA, Roberto Senise (Org.). *O Direito Civil no século XXI*. São Paulo: Saraiva, 2013, p. 220).

191. "A partir dessa constatação, e assumindo a premissa de que a exsurgência de novas realidades sociais impõem a assunção da prevenção como novo fundamento da responsabilidade civil, pretende-se trilhar caminhos que oportunizem um redimensionamento do tema [...] à implementação de um sistema de responsabilização que funcionando conjunta e paralelamente com o sistema reparatório, seja apto a veicular uma verdadeira tutela inibitória material, que propicia autêntica proteção preventiva dos direitos que facilite e amplie a proteção jurisdicional dos direitos essenciais inerentes à pessoa e aos

Dentre esses autores se destaca, além dos já citados, Thaís Goveia Pascoaloto Venturi, que defende que, sob a ótica de um direito civil constitucionalizado, a integral e eficaz tutela dos direitos fundamentais demanda a reformulação estrutural e funcional do instituto pelo paradigma preventivo, mais adequado à proteção da pessoa e aos direitos fundamentais, pois, para a autora, o paradigma meramente repressivo se demonstra insuficiente a atender as demandas sociais para as quais a responsabilidade civil é chamada a atuar, principalmente na seara dos danos extrapatrimoniais, destacando que a situação subjetiva da vítima já existe previamente à violação, não podendo se admitir sua tutela apenas *post* lesão.[192]

A autora, sustenta, então,

> que a responsabilidade preventiva passe a ser considerada não apenas uma expressão voltada a explicar eventuais efeitos reflexos derivados das regras de responsabilidade civil, mas sim, verdadeiro fundamento, um novo paradigma por via do qual os próprios instrumentos do Direito da responsabilidade civil possam vir a ser repensados, reconstruídos ou ao menos adaptados, legislativa ou judicialmente, no intuito de uma maior e melhor eficiência do instituto para dar respostas mais ajustadas à realidade social contemporânea.[193]

Também para Pastora do Socorro Teixeira Leal e Alexandre Pereira Bonna, é possível que a responsabilidade civil se (re)construa em pilar distinto que unicamente a reparação de danos, à luz dos ditames constitucionais, para a passagem ao paradigma preventivo, em que o instituto assumiria o papel de instrumento de efetividade da dignidade humana e da solidariedade social, "nos casos em que restar caracterizada a violação de direitos e/ou interesses juridicamente protegidos no plano abstrato (dano-evento) sem a consolidação da consequência lesiva (dano-prejuízo)".[194]

Para eles, a responsabilidade civil preventiva atuaria pela imposição de verba indenizatória de *punitive damages*, o que acarretaria em "desestímulo de cunho econômico a atividades ou condutas violadoras de direitos e potencialmente causadoras de danos-prejuízos" e "impõe um padrão de comportamento socialmente

---

interesses difusos e coletivos. [...] sistema de responsabilidade civil por um viés preventivo parece ainda mais necessário e oportuno na medida em que se constata que grande parte dos direitos mais caros aos seres humanos [...] caracteriza-se pela nota da extrapatrimonialidade, não comportando solução repressiva satisfatória" (VENTURI, Thaís G. Pascoaloto. A construção da responsabilidade civil preventiva e possíveis instrumentos de atuação: a autotutela e as despesas preventivas. In: TEPEDINO, Gustavo; FACHIN, Luiz Edson; LÔBO, Paulo (Coord.). *Direito civil constitucional*: a ressignificação da função dos institutos fundamentais do direito civil contemporâneo e suas consequências. Florianópolis: Conceito, 2014, p. 360).

192. VENTURI, Thaís Goveia Pascoaloto. *Responsabilidade civil preventiva*: a proteção contra a violação dos direitos e a tutela inibitória material, cit., p. 145.
193. Ibidem, p. 169.
194. BONNA, Alexandre Pereira; LEAL, Pastora do Socorro Teixeira. Responsabilidade civil sem dano-prejuízo? *Revista Eletrônica Direito e Política*, cit., p. 63.

desejável",[195] ao que parece constituir, pelo exposto nesse capítulo, uma confusão dogmática entre a função punitiva e preventiva genérica da responsabilidade civil (ou de todos os demais ramos do direito que aplicam sanções às pessoas que infringem determinadas normas e praticam condutas indesejadas).

Na mesma linha é a lição de Luis Fernando de Lima Carvalho, para quem reparação e prevenção são duas faces da mesma moeda, do princípio do *neminem laedere*, que em seu objetivo deve conter a prevenção de danos futuros, pois a "responsabilidade civil não se limita à ocorrência do dano e à proteção da pessoa vitimada, exercendo apenas função reparatória. Sua atuação há de se estender também à proteção de toda sociedade, cumprindo as funções punitiva e preventiva".[196]

Outro defensor da responsabilidade civil preventiva, voltada a atuar para impedir a ocorrência de danos, é Daniel de Andrade Levy, para quem o instituto seria remodelado para construir um "Direito das condutas lesivas", com o retorno de importância do papel da culpa, a justificar a atuação punitiva e preventiva da responsabilidade civil.[197]

O autor aduz, expressamente, que "a reparação do dano passa a ter não apenas uma função punitiva, mas, sobretudo, preventiva. Chega-se, inclusive, a uma Responsabilidade Civil sem dano, uma Responsabilidade Civil da antecipação".[198]

Daniel Levy separa a responsabilidade civil, com base nos princípios da prevenção e precaução e na estruturação de um modelo preventivo com duas funções, em duas: a preventiva como meio de impedir a repetição do dano e a preventiva voltada para a antecipação do dano,[199] seja ele um risco de dano grave ou irreversível ou o risco tido como dano.

---

195. Idem.
196. CARVALHO, Luis Fernando de Lima. *As funções da responsabilidade civil. As indenizações pecuniárias e a adoção de outros meios reparatórios*, cit., p. 89.
197. A construção de um Direito das condutas lesivas pressupõe, então, que a culpa retome um papel de destaque como fator de análise da conduta do agente ofensor. Esse será o seu diferencial, haja vista que a sua modalidade objetiva será totalmente absorvida pelos mecanismos indenitários. Tanto que Patrice Jourdain, ao comentar o incrível sucesso desses instrumentos extrajudiciais, encerra com a seguinte pergunta: 'Ultrapassada no terreno indenitário, a responsabilidade civil poderá sobreviver?' Somente sobreviverá se for possível empregá-la na regulação das condutas lesivas. Mesmo em 1949, Ripert nos lembrava que 'a evolução do direito civil jamais tendeu a eliminar a busca pela intenção. Muito pelo contrário, esse direito se aperfeiçoa a medida em que pode levar em conta a boa-fé dos sujeitos de direitos" (LEVY, Daniel de Andrade. Responsabilidade civil: de um direito de danos a um direito das condutas lesivas, cit., p. 222-223).
198. LEVY, Daniel de Andrade. *Responsabilidade civil*: de um direito de danos a um direito das condutas lesivas. São Paulo: Atlas, 2012, p. 257.
199. Consiste a primeira na adoção de políticas públicas ou decisões judiciais aptas a desestimular que novas práticas ocorram, já a segunda função da prevenção, de antecipação dos danos, objetiva a tutela de

Em relação ao risco como dano em si mesmo, principalmente quando se trata de potenciais riscos à saúde ou direitos difusos como o meio ambiente, defende o autor que a função preventiva "consiste em responsabilizar uma conduta considerando que o simples risco que cria para as vítimas já é, em si, um ato lesivo".

Por fim, afirma a necessidade de remodulação da responsabilidade civil em duas: uma que regule condutas e outra que busque a reparação eficiente dos danos. A primeira focada na conduta do agente, o que chama de "direito das condutas lesivas" e a outra preocupada somente com a indenização da vítima e seus mecanismos, a que denomina de "Direito de danos".[200]

Ainda, Glenda Gonçalves Gondim, em sua tese de doutorado, também defende a incorporação da prevenção na responsabilidade civil, que representaria o dispor de meios a impedir a ocorrência do dano, e aduz que "a reparação é insuficiente para proteger a vítima, por não ser possível retornar ao status quo, nem mesmo em danos patrimoniais e quiçá em danos extrapatrimoniais",[201] destacando a necessidade crescente de se pensar na tutela dos direitos *ex ante* e não somente *ex post*, para realizar melhor a tutela da pessoa humana e não ficar restrita a atuar em prol do equilíbrio patrimonial.

Prossegue a autora afirmando que o fundamento dessa redesignação da responsabilidade civil é decorrente da adoção do paradigma do "Direito de Danos", e que os princípios da prevenção e da precaução impõe uma preocupação e tutela dos comportamentos contrários ao ordenamento jurídico, cabendo falar em responsabilidade civil por violação de mera conduta, sem implicar no retorno à análise da culpa, pois esta não se confunde com a ilicitude, distinguindo-se aqui, da posição de Daniel de Andrade Levy.[202]

Por sua vez, para outra parte da doutrina, a maior importância dada à prevenção não justifica a ressignificação do instituto e a prevalência da função preventiva à reparatória, que ainda seria o principal escopo de sua atuação e só viria a atuar mediante a configuração e ocorrência do evento danoso.

Essa é a posição de Rodrigo Paulino de Albuquerque Júnior, que afirma que a noção de responsabilidade civil sem dano seria a defesa da ruptura do pilar

---

duas hipóteses distintas: o risco de dano em si considerado e a do risco de danos graves e irreversíveis (LEVY, Daniel de Andrade. *Responsabilidade civil*, cit., p. 135 e ss.).
200. LEVY, Daniel de Andrade. *Responsabilidade civil*, cit., p. 217.
201. GONDIM, Glenda Gonçalves. *Responsabilidade civil sem dano*: da lógica reparatória à lógica inibitória, cit., p. 140.
202. "Diante da proposta que ora se apresenta, o adequado é definir como "responsabilidade civil", pois este é o instituto que efetivamente tem como pressuposto a prevenção e que funciona como resposta ao comportamento contrário ao ordenamento jurídico, dentre as respostas pode ser uma obrigação de indenizar, obrigação de fazer ou não fazer" (Ibidem, p. 144 e 147).

principal do instituto, pois, por mais que "variem os diversos suportes fáticos de responsabilização, o elemento dano sempre lhes foi intrínseco, seu requisito mais elementar, gerador da responsabilidade e do dever de indenizar".[203]

E prossegue afirmando que a prevenção e a precaução não autorizariam a ampliação do escopo da responsabilidade civil, como pretende a doutrina, pois "efeitos distintos da reparação ficariam remetidos à responsabilidade civil", que não é o campo designado pelo ordenamento jurídico para lidar com essas consequências, pois a indenização atua no momento secundário e posterior ao descumprimento de determinada norma jurídica ou obrigação.[204]

No mesmo sentido é a lição de Bruno Leonardo Câmara Carrá, que, com consistentes críticas à ampliação do escopo da responsabilidade civil, argumenta que não se deve falar em responsabilidade civil sem dano, mas sim em uma gestão conglobante[205] dos danos e riscos pelo ordenamento jurídico e demais áreas do direito.

---

203. ALBUQUERQUE JÚNIOR, Roberto Paulino de. Notas sobre a teoria da responsabilidade civil sem dano. *Revista de Direito Civil Contemporâneo*. São Paulo: Ed. RT, v. 6. ano 3. p. 90. jan./mar. 2016.

204. "O problema de admitir a responsabilidade sem dano é que todos esses efeitos distintos da reparação ficariam remetidos à responsabilidade civil. Haveria uma expansão extraordinária e pouco controlável da responsabilidade civil, que teria de dar conta de toda uma série de consequências que hoje lhe são estranhas. E isso justamente no momento em que a reparação de dano alcançou o maior grau de sofisticação e complexidade. Do ponto de vista da teoria geral do direito, a regra que estabelece o dever de indenizar próprio da responsabilidade civil constitui norma secundária, que incide após o descumprimento da norma primária que exige a obediência de determinada conduta. Tratando de responsabilidade contratual, o Código foi preciso, em seu art. 389: 'Não cumprida a obrigação, responde o devedor por perdas e danos (...)'. Se a responsabilidade civil passa a dizer respeito também a deveres que eram considerados anteriores a ela, o campo do direito de vizinhança que trata do direito de construir passaria a ser de responsabilidade civil, por exemplo. Nele, há uma série de deveres jurídicos que independem de dano, antecedem o dever de indenizar e, quando devidamente obedecidos, previnem o dano. Seria de responsabilidade civil também a norma que estabelece o dever de visita, já que sua efetivação previne o dano moral pelo chamado abandono afetivo. Mesmo os direitos de personalidade, dos quais irradia toda uma série de pretensões anteriores à sua violação e à causação de dano moral, estariam contidos na disciplina da responsabilidade civil. Haveria, portanto, uma confusão entre antecedente e consequente, bem como a remessa à teoria da responsabilidade de eficácias que lhe são estranhas e não lhe dizem respeito" (ALBUQUERQUE JÚNIOR, Roberto Paulino de. Notas sobre a teoria da responsabilidade civil sem dano. *Revista de Direito Civil Contemporâneo*. São Paulo: Ed. RT, v. 6. ano 3. p. 98-99. jan./mar. 2016). No mesmo sentido, vide DÍEZ-PICAZO, Luis Maria. *Derecho de daños*. Madrid: Civitas, 1999, p. 41.

205. "Eis então um ponto crucial no nosso raciocínio: para nós, gestão do dano na sociedade de risco não precisa ser realizada apenas por meio da Responsabilidade Civil. Outros ramos do direito também possuem vocação para isso e só uma atuação coordenada e conjugada entre eles se revelaria capaz de dar algum efetivo alento às potenciais vítimas do progresso tecnológico. [...] A ideia da gestão conglobante, portanto, significa que os danos devem ser atacados por várias frentes, e não unicamente através da Responsabilidade Civil que, na prática, termina sendo o efeito produzido pelos que defendem a sua suposta cisão em uma responsabilidade civil *lato sensu* e em outra em sentido estrito" (CARRÁ, Bruno Leonardo Câmara. *Responsabilidade civil sem dano*, cit., p. 104-105).

Afirma o autor que, para sua aplicação, o dano deve operar seus efeitos jurídicos, não havendo "espaço lógico para a concepção de sanções que evitem os danos no seio da Responsabilidade Civil, que por definição se destina a repará-los".[206]

O autor faz crítica expressa contra a tendência de se alterar o campo de atuação da responsabilidade civil, pois a gestão dos riscos sociais, do dano e da tutela de direitos não é e não precisa ser efetivada apenas pela responsabilidade civil.

Carrá prossegue com sua crítica e afirma que a responsabilidade civil "deve fazer o que ela sempre fez: indenizar os danos, deixando que a repressão às condutas, enquanto representativas de gestos enunciativos de uma maior gravidade social, venha a ser realizada nas outras áreas do Direito". Arremata o autor que

> A obtenção de um efeito preventivo e eficaz no combate aos novos danos existentes em uma sociedade de riscos continua ocorrendo pelos tradicionais mecanismos que a Responsabilidade Civil utiliza para preveni-los. É por meio da coerção psicológica, e não em medidas de força direta destinadas a combater a ilicitude, que se opera a função dissuasória da Responsabilidade Civil. (...) Quando se fala em gestão conglobante dos danos, entretanto, não se trata, ademais, de enfrentá-los unicamente por meio do Direito. O enfrentamento deve ser amplo, e se realiza multidisciplinarmente não apenas pelos instrumentos jurídicos e os de mercado. Assimilamos, para esses fins, as noções de prevenção geral (*general deterrence*) e de prevenção especial (*specific deterrence*) formuladas por Guido Calabresi (...). Assim, 'tão grave quanto a ausência de reparação por um dano injusto mostra-se a imputação do dever de reparar sem a configuração de seus elementos essenciais, fazendo-se do agente uma nova vítima'. E aqui a invectiva de Tepedino torna-se mais forte: 'A indenização imposta sem a observância dos seus pressupostos representa, a médio prazo, o colapso do sistema, uma violência contra a atividade econômica e um estímulo ao locupletamento'. A observação tem total pertinência e resume esse que pode ser apontado como o grande desafio da Responsabilidade Civil de nossa época. A saber, a de garantir a plenitude da indenização, sobretudo, em uma sociedade cada vez mais dominada pelos riscos em larga escala, sem contudo inviabilizá-la. (...) A isso não se presta a Responsabilidade Civil. Seu objetivo continua sendo o de levar justiça retributiva (...).[207]

Em sentido contrário à admissão do paradigma preventivo direto da responsabilidade civil, Karine Ansiliero Angelin[208] aduz que do chamado "Direito de danos" se pode extrair algumas conclusões, dentre as quais destaca-se que:

> (i) todas elas valem-se dos princípios da precaução e da prevenção para defender a possibilidade de responsabilização civil sem dano; [...] (iii) a responsabilidade civil preventiva consistiria tanto na adoção de políticas públicas quanto de instrumentos jurídicos hábeis a evitar o dano, dentre os quais se admite a fixação de "indenização" mesmo sem haver dano, bem como a fixação de "indenização punitiva" – esta para evitar a ocorrência de outros danos no futuro. (iv) quando se fala em fixação de "indenização" sem dano ora quer-se referir a situações em que, de fato, não há dano, ora quer-se referir a situações em que há dano [...].

---

206. CARRÁ, Bruno Leonardo Câmara. *Responsabilidade civil sem dano*, cit., p. 168.
207. Ibidem, p. 106-108 e 112-113.
208. ANGELIN, Karinne Ansiliero. *Dano injusto como pressuposto do dever de indenizar*, cit., p. 121.

Prossegue a autora, então, para afirmar que haveria desnecessidade de substituição do que se tem hoje por responsabilidade civil pelo chamado "Direito de danos", eis que não caberia falar de indenização ou responsabilidade por condutas potencialmente lesivas (até porque todas são), já que a tolerabilidade dos riscos ou a ilicitude de determinada conduta não é o âmbito de incidência da responsabilidade civil, pois o direito com um todo possui remédios a tutelar tais situações.[209]

Ainda, faz forte crítica à proposta de determinação de indenização preventiva às condutas que implicam risco de dano sem que haja efetivamente dano (ou seja, o que indenizar), ao aduzir que os seus defensores "ora o fazem porque desconhecem ou parecem desconhecer distinções dogmáticas, como a que há entre medida judicial preventiva e medida judicial satisfativa; ora o fazem porque não percebem que a situação que descrevem já é de dano".

Isso porque haveria confusão entre duas situações ilícitas diferentes: uma que traduziria dano injusto, portanto indenizável, e outra que remeteria a submissão ao risco de dano, que, por sua vez, já atraem disposições preventivas tradicionais e existentes no ordenamento jurídico pátrio, como as *astreintes*.

Apesar da avalizada corrente que sustenta a incorporação da função preventiva à responsabilidade civil, a atuar de modo a inibir condutas potencialmente lesivas, riscos e ameaças, concorda-se com Bruno Leonardo Câmara Carrá, Karine Ansiliero Angelin e Rodrigo Paulino de Albuquerque Júnior, e conclui-se, em análise inicial, que a função preventiva não é o escopo principal da responsabilidade civil e, mesmo no cenário de constitucionalização e de maior proteção da vítima, é a função reparatória que perfaz a função o instituto, em prol do reequilíbrio social.[210]

---

209. "A responsabilidade civil e as ideias de prevenção/precaução estão funcionalizadas a servirem ao princípio do *neminem laedere*, porém cada uma ao seu modo. Os papéis sociais dos institutos jurídicos da prevenção/precaução e da responsabilidade civil são interdependentes, mas distintos. Há entre eles relação lógica de subsidiariedade, sendo a responsabilidade civil fragmentária à prevenção/precaução. O esquema jurídico de responsabilização civil somente será deflagrado se não houver ou se falhar o esquema jurídico antecedente de prevenção/precaução, daí seu caráter inegavelmente fragmentário. [...] No entanto, é insustentável afirmar que, por ocasião da deflagração da estrutura de responsabilização civil, o Poder Judiciário possa (i) punir o causador do dano, ou (ii) determinar que o agente "indenize" na ausência de dano. Esses modos de desvirtuar a responsabilização civil são incoerentes e irresponsáveis. Incoerentes porque ignoram complemente as mais elementares noções de sistema jurídico; irresponsáveis, porque o fazem ao arrepio de princípios basilares de qualquer sistema jurídico civilizado" (ANGELIN, Karinne Ansiliero. *Dano injusto como pressuposto do dever de indenizar*, cit., p. 126-127).
210. BÜRGER, Marcelo Luiz Francisco de Macedo; CORRÊA, Rafael. Responsabilidade preventiva: elogio e crítica à inserção da prevenção na espacialidade da responsabilidade civil. *Revista Fórum de Direito Civil – RFDC*. Belo Horizonte, ano 4, n. 10, p. 42. set./dez. 2015.

A prevenção, bem como a punição, deve sim ser considerada e compreendida no âmbito de atuação da responsabilidade civil, mas como função acessória do instituto, a atuar em paralelo, em conjunto, com a função reparatória, a partir desta, para garantir a melhor tutela possível.[211]

Afirma Geneviève Viney que a função reparatória da responsabilidade civil, mesmo sendo até hoje predominante e indispensável ao instituto, não é suficiente para resolver todas as situações lesivas. Com isso, necessária sua atuação com as demais funções na quantificação do dano, já que "foi preciso compor efetivamente com outras finalidades que se manifestaram, aliás, de modo inegável e diversificado, em muitos sistemas jurídicos atualmente em vigor".[212]

Diante das funções e das alterações estruturais e funcionais ocorridas na responsabilidade civil expostas ao longo desse capítulo, afirma-se que a análise de atuação do instituto e sua incidência, mesmo com diferentes escopos, ainda se dá a partir do dano certo ou, quando muito, de conduta ilícita praticada de que decorre a lesão, ou seja, configura uma visão *ex post*, e não *ex ante*, como defendem os adeptos da função preventiva específica.

Nesse contexto de transformações, para além da discussão do momento da atuação da responsabilidade civil, anterior ou posterior ao dano, vê-se que é justamente esse elemento que se faz sempre presente, que guia a atuação das suas funções, em torno do qual todas as espécies de responsabilidade civil gravitam.

***

A efetividade da responsabilidade civil, seja por qual das funções se avalie, permanece associada à reparação, ainda que, segundo parte da doutrina atual, devesse estar voltada a impedir a ocorrência de danos, de modo a se impor uma responsabilidade ou indenização preventiva.

Diante disso, a constatação das mudanças e flexibilizações dos pressupostos da responsabilidade civil, tanto em dimensão estrutural como funcional, deixa evidente que o que se tem é um processo inevitável e intrínseco à realidade jurídica, no esforço de adequar o direito às novas demandas sociais no tempo e no espaço, a ponto de se falar em responsabilidade civil sem dano, que atuaria

---

211. Sobre as funções da responsabilidade civil e a compatibilização de suas tutelas, vide REIS JÚNIOR, Antônio dos. Por uma função promocional da responsabilidade civil. In: SOUZA, Eduardo Nunes de; SILVA, Rodrigo da Guia (Coord.) *Controvérsias atuais em responsabilidade civil*. São Paulo: Almedina, 2018, p. 573-606.
212. Redação original: "expliquer toutes les solutions.". Assim, "Il a dû composer en effet avec d'autres finalités qui se sont manifestées, de façon d'ailleurs inégale et diversifiée, dans nombre des systèmes juridiques aujourd'hui en vigueur" (VINEY, Geneviève, Traité de droit civil: les obligations: la responsabilité: effets, cit., p. 3-4).

na repressão e prevenção de condutas ilícitas ou de ameaças e riscos graves e os prejuízos delas decorrentes.

O estudo da função preventiva é essencial, deve ser feito de maneira criteriosa, pois modifica as balizas teóricas da responsabilidade civil, com base em diversos fundamentos.[213]

Desafiador, principalmente, é a definição de quais os limites e amplitude da atuação preventiva sem incentivar pedidos totalmente descabidos, fundamentados em meros aborrecimentos ou riscos de lesão injustificados.

Se não se admite uma responsabilidade civil puramente preventiva, já que careceria de seu elemento basilar, a ocorrência de um dano certo a ser indenizado, poderá haver responsabilidade civil sem dano certo, com o dever de indenizar deflagrado pela mera conduta ou de atividade perigosa ou ilícita? Quais seriam, então, seus instrumentos de atuação e qual o impacto do paradigma preventivo no dever de indenizar? É o que se passa a expor.

---

213. Sobre a reformulação da responsabilidade civil em busca da internalização do viés preventivo, pautada, inclusive, na violação do dever geral de cuidado, v. GONDIM, Glenda Gonçalves. *Responsabilidade civil sem dano*: da lógica reparatória à lógica inibitória, cit., p. 182 e 192. Ainda, sobre a possibilidade de responsabilidade sem dano, a autora nessa obra propõe "uma nova divisão, na qual o dano será considerado como o resultado da lesão fática (relativa ao que ocorreu, mas não lesou direitos subjetivos) e da lesão jurídica (referente a repercussão aos direitos subjetivos). Como não lesaram, as situações fáticas não adentram o dano jurídico e por isso, enquanto não atingir situações consideradas como relevantes não se trata de dano, juridicamente considerado. Por isso, as situações fáticas, dizem respeito a circunstâncias que não podem ser consideradas como danos jurídicos e assim definidas nesta tese como 'sem dano'. Portanto, o 'sem dano' abrange todas as situações fáticas ocorridas que possam ser consideradas relevantes e ameacem o direito de outrem, ainda que não tenha ocorrido a efetiva lesão jurídica e seja meramente uma ameaça. É uma ação prévia, antes que o direito seja atingido. Por isso, uma responsabilidade preventiva ou 'sem dano' como aqui denominado. [...] Desta forma, para o presente trabalho o dano efetivo e assim a ser considerado é quando há a lesão jurídica e a lesão fática. Ausentes, tanto uma quanto a outra, falar-se-á em responsabilidade civil sem dano".

3
ATUAÇÃO DO PARADIGMA PREVENTIVO DA RESPONSABILIDADE CIVIL E A REPARAÇÃO DE DESPESAS PREVENTIVAS AO DANO

3.1 HÁ DE FATO UMA REFUNDAMENTAÇÃO DA RESPONSABILIDADE CIVIL COM BASE NO PARADIGMA PREVENTIVO?

Não se pode negar que a maior preocupação da responsabilidade civil é com a vítima e seu total retorno ao estado anterior ao da lesão. E, ainda, que o ideal sempre seria uma tutela *ex ante* do dano, a evitar que bens e direitos tão caros ao ordenamento jurídico sejam violados, principalmente quando se trata das questões atinentes aos direitos da personalidades e aos danos extrapatrimoniais, por sua intrínseca ligação com a dignidade humana, onde a reparação, naturalmente, não é plenamente suficiente para retornar a vítima ao *status quo ante*, tal como exposto no item 2.1 deste trabalho.

Contudo, o reconhecimento da função preventiva da responsabilidade civil não deve implicar diretamente na conclusão de que a prevenção seria o seu novo fundamento ou objetivo maior do instituto, destacada da função reparatória, a ponto de dividir a responsabilidade civil em duas, uma preventiva e outra de danos.[1]

A prevenção pode, sim, atuar como um dos escopos da responsabilidade civil, mas sempre em paralelo e a partir da função reparatória, pois a responsabilidade civil é justamente o instituto que o ordenamento jurídico previu para remediar a situação posterior à ocorrência do dano,[2] sem o perigo de superdimensionar o instituto e, consequentemente, banalizá-lo.[3]

---

1. LEVY, Daniel de Andrade. *Responsabilidade civil*: de um direito de danos a um direito das condutas lesivas, cit., p. 217 e 221.
2. CARRÁ, Bruno Leonardo Câmara. *Responsabilidade civil sem dano*, cit., p. 104.
3. Veja-se, nessa linha, a lição de Gustavo Tepedino, que afirma que "(...) nem mesmo a caótica intervenção do Estado em áreas sociais críticas – como saúde, transporte, segurança pública – autoriza o

De fato, a aceitação da função preventiva demanda uma readequação do instituto ao seu novo escopo de atuação, que, como pontuado, será guiado pelos princípios da responsabilidade civil e os da prevenção e precaução, elevando o grau de comprometimento com a tutela da vítima e de seus direitos fundamentais, o que não implica – pelo menos não automaticamente – que o instituto deverá se preocupar prioritariamente com a prevenção de danos.

Como dito, não pode a pretensão de se tutelar ao máximo a vítima e de impedir que os danos ocorram permitir a relativização dos elementos caracterizadores da responsabilidade civil, ao ponto de inflá-la de maneira demasiada e, no fim, acabar prejudicando sua atuação e evolução, a se dizer que ela não mais necessita da configuração do dano para agir.

Quer-se dizer que apenas o fato da expansão e o surgimento de novos danos decorrentes da modernidade, que implicam em maiores chances de lesão a direitos tão caros à ordem jurídica, como as violações aos direitos da personalidade, não é suficiente para se admitir a abertura do sistema da responsabilidade civil a perigos e ameaças genéricas de lesão.[4]

O que se deve ter, na realidade, é a criteriosa aplicação do instituto, por meio da seleção dos interesses merecedores de tutela e dos danos injustos ressarcíveis,[5] com o reconhecimento e fortalecimento do direito à reparação nessas hipóteses, inclusive porque o risco é fato indissociável da vida humana em sociedade.

Ademais, a própria indenização já é dotada de um caráter preventivo geral, que auxilia na importante tarefa de desestímulo de condutas indesejáveis, de modo a promover no ofensor a perda do desejo de praticar a conduta lesiva ou,

---

superdimensionamento do dever de reparar para a promoção de justiça retributiva entre particulares. Tão grave quanto a ausência de reparação por um dano injusto mostra-se a imputação do dever de reparar sem a configuração de seus elementos essenciais, fazendo-se do agente uma nova vítima. A indenização imposta sem a observância dos seus pressupostos representa, a médio prazo, o colapso do sistema, uma violência contra a atividade econômica e um estímulo ao locupletamento. Há de se conjuminar a técnica indenizatória própria da responsabilidade com o sistema de seguros privados, ao lado dos mecanismos impostos ao Poder Público para a promoção da solidariedade constitucional. Aos estudiosos da responsabilidade civil apresenta-se, portanto, o desafio de garantir o ressarcimento amplo, de modo compatível com a locação de riscos estabelecida na sociedade atual, sem que se pretenda transferir para a reparação civil os deveres de justiça social desdenhados por insuficientes políticas públicas e deficitária seguridade social" (TEPEDINO, Gustavo. O futuro da responsabilidade civil. *Revista Trimestral de Direito Civil*. v. 24 (editorial). Rio de Janeiro: Padma, 2005).

4. Maior exemplo disso pode ser a já conhecida discussão sobre o risco do desenvolvimento, a excluir o dever de indenizar em certas situações. Nesse sentido, vide ANDRÉ, Diego Brainer de Souza. O papel da responsabilidade civil na regulação dos riscos: uma análise do chamado risco do desenvolvimento. In: SOUZA, Eduardo Nunes de; SILVA, Rodrigo da Guia (Coord.) *Controvérsias atuais em responsabilidade civil*. São Paulo: Almedina, 2018, p. 297-334.
5. SCHREIBER, Anderson. *Novos paradigmas da responsabilidade civil*: da erosão dos filtros da reparação à diluição dos danos. 5. ed. São Paulo: Atlas, 2013, p. 168-170.

ao mesmo, diminuir a propensão à prática de atos potencialmente lesivos às esferas jurídicas de terceiros.

Nesse sentido, veja-se a lição de Pietro Perlingieri:

> O instrumento de ressarcimento dos danos e da responsabilidade civil, embora adaptado às exigências da vida moderna, demonstra-se, frequentemente, inidôneo. A jurisprudência dos valores tem necessidade de afinar as técnicas de prevenção do dano, da execução específica, da restituição *in integro* e de ter à disposição uma legislação de seguros obrigatória e de prevenção social. Alargam-se, nesse meio tempo, as hipóteses de responsabilidade civil, utilizam-se os institutos processuais, inclusive aqueles típicos da execução, com o objetivo de dar atuação, do melhor modo possível, aos valores existenciais.[6]

Até porque, como se sabe, o sistema jurídico é essencialmente aberto, penetrável pelas circunstâncias do caso concreto, que se fazem imprescindíveis na atuação criativa do intérprete, de modo a contemplar novas situações e suas respectivas soluções, o que não é diferente para as hipóteses de reparabilidade, mas isso não induz logicamente que a adoção do paradigma preventivo irá ocasionar a substituição da reparação pela prevenção.[7]

A leitura das funções da responsabilidade civil, mesmo ao lidar com o seu escopo preventivo, demonstrou que o instituto não se desvinculou do dano, ao

---

6. PERLINGIERI, Pietro. *Perfis do direito civil*: introdução ao direito civil constitucional. 3. ed. Rio de Janeiro: Renovar, 2007, p. 32-33.
7. Pela prioridade da prevenção à reparação: "Mas, qual seria então precisamente o objeto do Direito da responsabilidade civil? O que significa ser "responsável civilmente"? Constituiria a responsabilidade tão somente a imputação de alguém para fins de responder patrimonialmente pelos danos causados injustamente a outrem, por ações ou omissões antijurídicas? Seria o seu papel único e exclusivo a elaboração de mecanismos que propiciem uma ótima repressão dos danos para atender a um objetivo de plena indenização das vítimas, não se olvidando a necessidade de se enxergar os infratores sob uma ótica "humanizante"? As respostas oferecidas tradicionalmente a tal ordem de indagações a respeito do significado e do alcance da expressão "responsabilidade civil", parecem revelar-se, quando menos, intrigantes, ao serem confrontadas com a realidade atual das relações sociais e com a pretensão de utilidade e adequação do ordenamento jurídico. Nesse sentido, observe-se que a compreensão do sistema de responsabilidade civil como mecanismo de reparação de danos, a atuar somente após a violação do Direito, afeiçoa-se coerente com uma visão distorcida e já ultrapassada segundo a qual o próprio direito subjetivo só surgiria a partir da violação da norma. Foi precisamente essa visão distorcida a respeito do significado de responsabilidade que tornou impossível a compreensão de que as pessoas têm o direito de exigir proteção não apenas repressiva (já na condição de "vítimas" de danos), mas também preventiva (com cada vez maiores razões e justificativas), o que levou à estatuição de um sistema de responsabilidade civil praticamente todo voltado à reparação do dano. Desta forma, o reducionismo com o qual foi construído o tradicional Direito da responsabilidade civil acabou por legitimar proteção exclusivamente às vítimas, negando legitimidade para quem quer que fosse pleitear a prevenção contra a violação dos direitos (...)" (VENTURI, Thaís Goveia Pascoaloto. *Responsabilidade civil preventiva*: a proteção contra a violação dos direitos e a tutela inibitória material, cit., p. 145-146). Sobre a definição do que significa "ser responsável", num viés de comprometimento com a proteção de valores existenciais e futuras gerações, vide JONAS, Hans. *Le principe responsabilité*: une éthique pour la civilisation technologique. Trad. Jean Greich. 3 éd., Paris: Ed. Du Cerf, 1993.

ponto de se afirmar que seria chamado a atuar com um novo objeto central ou, quando muito, prioritário, de prevenção dos danos, de modo a se preocupar em tutelar as condutas meramente ilícitas.

Novamente, chama-se a atenção para o fato de que o argumento de existirem danos que nunca serão totalmente reparados ou compensados à vítima, ao tratar dos danos à personalidade,[8] não induz que a responsabilidade civil deva ter mecanismos de atuação *ex ante* ao dano (com o escopo de resguardar a inviolabilidade dos direitos e de prevenir danos),[9] pois é justamente o remédio do ordenamento chamado a atuar quando o evento lesivo vem a ocorrer.

Os autores que defendem a responsabilidade civil sem dano sustentam a sua necessária refundamentação pela prevenção, contudo o instituto não pode jamais deixar de atuar por meio da via ressarcitória, que constitui o seu núcleo funcional indissociável. Justamente por isso, afirma-se que a prevenção na responsabilidade civil pode sim existir, mas sempre terá papel secundário ou paralelo à reparação.

Portanto, a prevenção se consubstancia na constatação da assunção de *mais uma* função no seio da responsabilidade civil, a preventiva, que pode ser sistematizada e compatível com a reparação, sem a necessidade de ampliação de refundamentação dogmática, pois isso não é necessário para a legitimação do instituto no contexto da sociedade atual.

Então, para os adeptos da transformação da responsabilidade civil em um direito de danos ou, até mesmo, numa responsabilidade civil sem dano, a restauração do equilíbrio social não seria seu objetivo principal, mas também seria o de impedir o seu rompimento, que é causado pelo dano, uma vez que "uma função da responsabilidade civil que impeça a realização de danos estará garantindo a integridade física, moral e econômica dos cidadãos individualmente e da sociedade inteira".[10]

---

8. HIRONAKA, Giselda Maria Fernandes Novaes. *Responsabilidade pressuposta*, cit., p. 799.
9. Pela atuação *ex ante* da responsabilidade civil, vide ALTERINI, Atilio Aníbal; CABANA, Roberto Lopez. *Temas de responsabilidade civil*. 4. ed. Buenos Aires: Ciudad Argentina Editorial de Ciencia y Cultura, 2009, p. 19.
10. LOPEZ, Teresa Ancona. *Princípio da precaução e evolução da responsabilidade civil*, cit., p. 137. A autora prossegue nessa linha ao afirmar "o princípio da precaução é, desde já e para o futuro, um dos princípios da responsabilidade civil. Os princípios da prevenção e da precaução fazem parte da 'responsabilidade civil preventiva', que emerge da sociedade de risco e que não se choca com o tema da responsabilidade civil, porquanto tem o mesmo fundamento da responsabilidade civil ressarcitória, qual seja, *alterum non laedere*" (LOPEZ, Teresa Ancona. *Princípio da precaução e evolução da responsabilidade civil*, cit., p. 141).

3.2 REPARAÇÃO OU PREVENÇÃO DO DANO? A FUNÇÃO PREVENTIVA ENTRE A TUTELA INIBITÓRIA DE CONDUTAS ILÍCITAS E A CONFIGURAÇÃO DO DEVER DE INDENIZAR

Ao se analisar com maior profundidade a proposta da refundamentação da responsabilidade civil pelo viés preventivo, ou seja, que poderiam ser impostas sanções e deveres mesmo sem a ocorrência do dano, seu elemento basilar, vê-se que seus adeptos defendem a possibilidade de incidência do instituto a fim de tutelar o descumprimento do dever jurídico, decorrente do cometimento de ato ilícito.

E ao se ter o descumprimento de deveres jurídicos ou a mera afronta ao ordenamento como catalisador da responsabilidade civil, significa dizer que a ameaça, o perigo de dano, passaria a ser um interesse juridicamente relevante para fins de deflagração do dever de indenizar e, ao mesmo tempo, permitiria uma atuação *ex ante* do instituto. Mais uma vez, permita-se discordar dessa afirmação, pois não cabe à responsabilidade civil tutelar todos os riscos da vida civil, mas sim à ordem jurídica como um todo. Como afirmado muitas vezes, pelos mais diversos doutrinadores, sem dano não há que se falar em responsabilidade civil.

Nem se afirme que a incorporação da função preventiva ao núcleo da responsabilidade civil e a preocupação em se tutelar situações de violação de direitos e da mera ilicitude acarretaria o surgimento da sua modalidade "sem dano". Isso também não é possível, pois, ao fim e ao cabo, o que se está a fazer é alargar o conceito de dano para englobar a ameaça e o perigo de lesão.

Nem a ameaça nem o risco são dano. A probabilidade de que o dano ocorra não é dano. Então, o que daria sustentação ao pilar da atuação preventiva da responsabilidade civil? Caberia à responsabilidade civil tutelar ou impor algum dever pela mera prática de conduta ilícita, sem que dela tenha decorrido algum prejuízo?

É sabido que, na realidade, o fundamento da responsabilidade civil é imputar a alguém a consequência jurídica pelo descumprimento do dever jurídico de não causar dano a outrem.[11] Só que a consequência prevista pelo legislador é a de indenizar o dano causado. O fato de a responsabilidade civil advir do descumprimento de um dever não significa que a prevenção e o dever de evitar

---

11. BODIN DE MORAES, Maria Celina. A constitucionalização do direito civil e seus efeitos sobre a responsabilidade civil. In: SOUZA NETO, Cláudio Pereira de; SARMENTO, Daniel (Org.). *A constitucionalização do direito*: fundamentos teóricos e aplicações específicas. Rio de Janeiro: Lumen Juris, 2007, p. 440.

danos também são deveres aptos a ensejar responsabilidade civil, que abrangeria obrigações relacionadas tanto à ocorrência quanto à não ocorrência do dano, tal como afirmado pelos seus defensores.[12]

Para essa parte da doutrina, a responsabilidade civil refundamentada pela prevenção deveria efetuar a distinção entre a ocorrência da lesão e o evento danoso, ou seja, o dano-evento de que se tratou no primeiro capítulo, e a ocorrência do prejuízo (dano-prejuízo), de modo a desenvolver duas formas diferentes de tutela da vítima,[13] sendo possível falar em responsabilidade civil por condutas ilícitas não danosas.

Mais especificamente, seria essa distinção que possibilitaria o reconhecimento da existência de instrumentos e sanções preventivas da responsabilidade civil, a atuar em momento anterior às já conhecidas sanções reparatórias,[14] de modo a se obter um eficaz gerenciamento dos danos, com a aplicação de sanções anteriores, concomitantes e posteriores ao dano.[15]

Apesar disso, reforça-se a ideia de que a aplicação de sanções pela ordem jurídica antes ou no curso da realização de um evento potencialmente danoso, que por si só é apto a produzir consequências jurídicas concretas na esfera da vítima, mas sem configurar um prejuízo, são consequências materiais que buscam sua cessação, sem, contudo, ingressar na esfera de atuação da responsabilidade civil, tais como aquelas já conhecidas pelos direitos de vizinhança.[16]

Cabe destacar de antemão que muitos dos instrumentos apontados pela doutrina como de antecipação ao dano enquanto consequência jurídica, seja os de cessação, de impedimento de seu agravamento, e até mesmo de reparação preventiva, são atitudes ou contingências ulteriores ou dependentes do início da cadeia do evento lesivo, não se amoldando completamente no paradigma de prevenir a ocorrência do dano, possivelmente pelo "equívoco de se confundir dano com ilicitude", pois o controle desta é feito "por meio de outros mecanismos, causando sua inserção na Responsabilidade Civil mais confusão que propriamente

---

12. GONDIM, Glenda Gonçalves. *Responsabilidade civil sem dano*: da lógica reparatória à lógica inibitória. cit., p. 89.
13. SINTEZ, Cyril. *La sanction préventive en droit de la responsabilité civile*: contribution à la théorie de l'interprétation et de la mise em effet des normes. Paris: Dalloz, 2011, p. 261.
14. Ibidem, p. 262. Ainda, na mesma obra do autor canadense é afirmado que "avant la réalisation du fait dommageable, les manifestations préventives de la responsabilité civile se soldent soit em mesures préventives d'anticipation du risque connu soit em mesures de precaution" (Ibidem, p. 451). (Tradução livre: antes da ocorrência do evento danoso, as manifestações preventivas da responsabilidade civil resultam em medidas preventivas de antecipação do risco conhecido ou em medidas cautelares de precaução).
15. CARRÁ, Bruno Leonardo Câmara. *Responsabilidade civil sem dano*, cit., p. 84-85.
16. Ibidem, p. 86.

vantagens",[17] dos quais são maiores exemplos os direitos reais, no que tange às ameaças ao direito de propriedade e o direito antitruste.

Essa confusão leva aos defensores da responsabilidade civil sem dano a introduzirem no campo da responsabilidade civil instrumentos de prevenção direta e os institutos de tutela inibitória material de outros campos do direito para combater o ilícito e cessar a ameaça de dano.

Contudo, essa posição não parece ser a mais adequada, conforme se verá adiante, pois a chamada tutela inibitória sequer é um instrumento do ordenamento jurídico voltado ao combate do dano, mas sim voltado a evitar o ilícito, ou seja, um ato contrário ao direito, que pode acarretar na violação a uma situação jurídica subjetiva.[18]

Apenas a título de esclarecimento inicial, para Luiz Guilherme Marinoni, a "tutela inibitória, configurando-se como tutela preventiva, visa a prevenir o ilícito, culminando por apresentar-se, assim, como uma tutela anterior à sua prática, e não como uma tutela voltada para o passado, como a tradicional tutela ressarcitória".[19]

Adianta-se, ainda, o entendimento de que a tutela inibitória possui natureza processual de ação cautelar autônoma e de cognição exauriente, bem como que não se confunde com a responsabilidade civil, apesar de voltada a impedir a ocorrência ou cessação do ilícito. Sua tutela atípica é desprendida do elemento do dano e, conforme defendido, não poderá induzir nenhum dever ou obrigação decorrente da responsabilidade civil ante à sua ausência.

Mas fato é que os defensores da responsabilidade civil sem dano fazem, ao adotar a tutela inibitória, a responsabilidade civil de resposta jurídica para toda a prevenção material e processual, ao se considerar como central a renovada função da responsabilidade civil focada em evitar a ocorrência de danos e preocupada com a tutela do ilícito e de meras condutas.

Desse modo, a ideia da atuação da responsabilidade civil sem dano por meio de tutela inibitória seria a de pautar a imputação de dever pela ameaça, ou seja, pela não ocorrência da lesão, como consequência de violação de deveres jurídicos.

Apesar dessa leitura por parte da doutrina, segundo a qual a utilização da função preventiva deve ocorrer para tutelar condutas anteriores ao dano, isso não implica que a mesma função não poderá ser invocada a atuar posteriormente

---

17. Ibidem, p. 87.
18. MARINONI, Luiz Guilherme. *Tutela inibitória*: individual e coletiva. 4. ed. rev., atual. e ampl. São Paulo: Ed. RT, 2006, p. 42-43.
19. Ibidem, p. 36.

ao dano, nos casos em que se tenha tentado impedir sua ocorrência ou continuação, de modo que tal fato deveria ser levado em consideração no momento da quantificação da indenização.

Ainda, mais difícil que a justificativa da refundamentação do instituto por meio do seu novo paradigma e a delimitação de seu campo de ação, voltado à prevenção do ilícito e à ocorrência de danos, é a tarefa de elencar os instrumentos de atuação de prevenção direta dessa "nova responsabilidade civil" que, como se verá, ou não atuam exatamente na prevenção do dano ou são remédios já previstos no ordenamento jurídico e compreendidos em outros campos do direito.

Desse modo, serão analisados o papel desempenhado pela tutela inibitória material, fundada na tutela dos direitos alheios, voltada a fazer cessar o ilícito ou a ameaça, bem como nas multas civis e o seu cabimento na ótica preventiva da responsabilidade civil, como apontado por alguns na doutrina, embora se finde por concluir que tais figuras não se inserem no campo da responsabilidade civil, muito menos preventiva, principalmente pela inexistência de dano ou, no limite, pela sua atuação justamente após a sua ocorrência, sem escopo de ressarcimento.

Outro instrumento apontado pelos defensores da responsabilidade civil preventiva e que demonstra potencial para, com aplicação funcionalizada, atuar em conjunto à função reparatória e em resposta a um dano certo e mensurável, de modo a dissuadir novas práticas lesivas, são as despesas preventivas adotadas pela vítima, com vistas a impedir a ocorrência ou continuidade do dano.

Com a análise do cabimento da reparação pelas perdas econômicas injustas decorrentes da implementação das despesas preventivas, espera-se, sem a pretensão de esgotar o tema, descortinar uma nova aplicação do paradigma preventivo direto ao instituto da responsabilidade civil, a justificar sua função preventiva específica, voltado, este sim, à completa e integral proteção e ressarcimento de quem for vítima e experimentar prejuízos de distintas naturezas em sua esfera jurídica.

3.2.1 Possibilidade de atuação (in)direta da função preventiva da responsabilidade civil

Estabelecidos os fundamentos e noções da função preventiva da responsabilidade civil, cabe agora analisar como se dá a sua forma e momento de atuação na equação do dever de indenizar.

Inicialmente, cabe destacar que os defensores da responsabilidade civil sem dano buscam, com a incorporação da prevenção direta ao instituto, afirmar sua atuação *ex ante* ao evento lesivo, de modo que o instituto passaria a se ocupar da tutela da mera ilicitude, do ato ilícito que induza risco ou ameaça de lesão a interesse juridicamente tutelado.[20]

Contudo, como já afirmado nos capítulos anteriores, o dano é o elemento imprescindível da responsabilidade civil e a teoria desta foi construída à luz desse elemento, em relação de correlação indissociável, inclusive na sua evolução desde a separação do ilícito penal (em importante passo para se largar a ideia de punir o ofensor pelo ato, mas sim pelas suas consequências lesivas), passando pela superação da noção de dano vinculado ao ato ilícito e superação da culpa e assunção da teoria do risco.[21]

O melhor entendimento, nesse sentido, parece ser o de que o dano, entendido como prejuízo injusto decorrente de violação a interesse merecedor de tutela, é corolário da atuação da responsabilidade civil, para que esta possa produzir seus efeitos jurídicos, sendo necessário que a lesão já tenha se concretizado em prejuízo, inexistindo "espaço lógico para a concepção de sanções que evitem os danos no seio da Responsabilidade Civil, que por definição se destina a repará-los".[22]

Todavia, a doutrina da responsabilidade civil sem dano, preocupada com os riscos crescentes da contemporaneidade, afirma que a distinção entre dano e ilícito ganha relevância para a atuação da responsabilidade civil, refundamentada à luz da prevenção, a atuar por meio de sanções preventivas e da tutela inibitória.

De fato, todo e qualquer ramo jurídico possui forma de sanção que o caracteriza e em relação à norma de conduta que o regula, tais como o direito ambiental, o direito penal, o direito concorrencial, entre outros. Mas isso não significa que a sanção imposta pela ordem jurídica significa pena, muito menos imputação de responsabilidade, a poder ingressar no campo da responsabilidade civil.

A sanção da responsabilidade civil é justamente aquela à qual o ordenamento atribui a função direta e prioritária de reparação em resposta a um descumprimento obrigacional (legal ou contratual) que venha a lesar outrem, com o escopo de

---

20. GONDIM, Glenda Gonçalves. *Responsabilidade civil sem dano*: da lógica reparatória à lógica inibitória, cit., p. 193. No mesmo sentido, Teresa Ancona Lopez afirma, expressamente, que é possível caracterizar o dano como risco ou ameaça, ao aduzir que, para a responsabilidade civil sem dano, o "dano aqui é o risco" (LOPEZ, Teresa Ancona. Responsabilidade civil na sociedade de risco. *Revista da Faculdade de Direito da Universidade de São Paulo*, São Paulo: USP, v. 105. p. 1231. 2010). Tal assertiva vai de encontro ao afirmado neste trabalho, de que, ao fim e ao cabo, não existe responsabilidade sem dano, mas, na realidade, faz-se um alargamento desse conceito, de modo a considerar novas situações como danosas e, só então, deflagrar alguma obrigação decorrente da responsabilidade civil.
21. Sobre a relação indissociável e evolução da responsabilidade civil com base na cláusula geral de dano, vide CARRÁ, Bruno Leonardo Câmara. *Responsabilidade civil sem dano*, cit., cap. 3. Ainda, ALTERINI, Atilio Aníbal, CABANA, Roberto Lopez. *Temas de responsabilidad civil*, cit., p. 153-154.
22. CARRÁ, Bruno Leonardo Câmara. *Responsabilidade civil sem dano*, cit., p. 161.

recompor as partes ao estado anterior, sem se ocupar do mero descumprimento, antecipação de comportamentos ou ilicitude da conduta danosa.

Também já mencionados, os conceitos de dano e ato ilícito não induzem maiores dificuldades para uma distinção teórica entre si, sendo o ato ilícito aquele contrário ao direito e o dano entendido como violação injusta a interesse juridicamente relevante.[23]

Algumas das disposições clássicas do ordenamento jurídico de repressão a ilicitudes que não necessariamente resultam em dano, apesar de tutelarem interesses relevantes, não são capazes de induzir a atuação da responsabilidade civil e nem mesmo poderiam, pois lhes faltaria elemento imprescindível, o dano certo e reparável.

A doutrina da responsabilidade civil sem dano aduz que a ameaça advinda da conduta ilícita deveria ser tutelada pelo instituto e aponta, como exemplos, a ameaça de lesão aos direitos da personalidade, a violação ao domicílio e turbação da posse, os casos de publicidade enganosa e abusiva regulados pelo direito do consumidor, dentre outros, que demandariam atuação prospectiva da responsabilidade civil em verdadeira prevenção direta de danos e gestão de riscos.[24]

Assim, para os defensores da responsabilidade preventiva sem dano, o próprio ilícito seria capaz de deflagrar obrigação de responsabilidade civil, mesmo que dissociada de qualquer reparação,[25] já que o dano e o ilícito, como visto, são categorias distintas e autônomas,[26] bem como que o objetivo da ordem jurídica seria, teleologicamente, a coibição de prática de condutas ilícitas e indesejáveis, "pouco importando se, a rigor, delas emergem ou não prejuízos fáticos".[27]

---

23. SARLET, Ingo Wolfgang; MARINONI, Luiz Guilherme; MITIDIERO, Daniel. *Curso de direito constitucional*. São Paulo: Ed. RT, 2012, p. 638.
24. Nesse sentido, vide LOPEZ, Teresa Ancona. Principais linhas da responsabilidade no direito brasileiro contemporâneo. In: AZEVEDO, Antônio Junqueira de; TÔRRES, Heleno Taveira; CARBONE, Paolo. *Princípios do novo Código Civil brasileiro e outros temas*. Homenagem a Tullio Ascarelli. São Paulo: Quartier Latin, 2008, p. 703. E, também, vide FERREIRA, Keila Pacheco. *Responsabilidade civil preventiva*: função, pressupostos e aplicabilidade. Tese (doutorado). Pós-Graduação em Direito Civil – Doutorado, Universidade do Estado de São Paulo. São Paulo: 2014, p. 169-170.
25. "Pode-se até admitir que a indenização dependa da verificação do dano (e em alguns casos o risco em si mesmo considerado já pode ser tratado como dano, conforme ainda será abordado). Porém, a responsabilidade, cuja noção é mais alargada, poderá atuar também em face do gerenciamento dos riscos, e correspondente emprego da tutela inibitória e de remoção do ilícito" (FERREIRA, Keila Pacheco. *Responsabilidade civil preventiva*: função, pressupostos e aplicabilidade, cit., p. 170-171).
26. BRAGGA NETO, Felipe Peixoto. *Teoria dos ilícitos civis*. Belo Horizonte: Del Rey, 2003, p. 84.
27. "A vedação ao ilícito posto na ordem jurídica constitui, pois, o fim maior de se impedir a ocorrência de danos e lesões, sendo o desígnio da reparação/compensação, dentro do paradigma repressivo já referido, o fito secundário da responsabilidade civil, que pode ser concebida para a finalidade maior de se prevenir a ocorrência de qualquer conduta ilícita, independentemente de que dela possa resultar determinado dano" (BÜRGER, Marcelo Luiz Francisco de Macedo; CORRÊA, Rafael. Responsabilidade preventiva: elogio e crítica à inserção da prevenção na espacialidade da responsabilidade civil, cit., p. 43).

Mas, como se sabe, a potencialidade de dano não pode ensejar dever decorrente da responsabilidade civil e seu conceito também se mostra insuficiente a guiar a atuação do instituto, o que levou a doutrina a se voltar à tutela do ilícito, como meio de combate aos riscos e ameaças advindos da prática de condutas ilícitas.

Para Luiz Guilherme Marinoni, o ilícito se revela no ato contrário ao direito, do qual o dano não é elemento constitutivo, sendo uma "consequência meramente eventual e não necessária do ilícito". E, sendo assim, demanda uma tutela específica, a tutela inibitória material e processual, que "não pune quem pratica o ilícito, mas impede que o ilícito seja praticado",[28] empenhada em evitar uma prática perigosa, ou fazer cessar ou impedir a repetição do ilícito.

Aduz o autor que a tutela inibitória configura, sim, uma espécie de tutela preventiva, mas que, diferentemente do que colocam os defensores da responsabilidade sem dano, não busca prevenir danos, mas a coibir o ilícito, voltada a combater o perigo de sua ocorrência, de maneira anterior ao seu cometimento e diferente da sistemática da tutela reparatória.[29]

Ou seja, por não ser uma tutela contra o dano, não há as exigências dos pressupostos da tutela ressarcitória, como a certeza e a atualidade da lesão, sendo uma tutela preventiva que com aquela não se confunde e que culmina na quebra do paradigma de que "a única e verdadeira tutela contra o ilícito é a de reparação do dano, ou a tutela ressarcitória",[30] possibilitando a construção de "uma tutela genuinamente preventiva, que nada tem a ver com a probabilidade do dano, mas apenas com a probabilidade do ato contrário ao direito (ilícito)".[31]

Apesar de a caracterização da tutela inibitória do ilícito não ser voltada à prevenção de danos, como apontado por Marinoni, Thaís Goveia Pascoaloto

---

28. MARINONI, Luiz Guilherme. *Tutela inibitória*: individual e coletiva. 4. ed. rev., atual. e ampl. São Paulo: Ed. RT, 2006, p. 48.
29. "Para evidenciar que o dano não é elemento constitutivo do ilícito, argumenta que, quando se diz que não há ilícito sem dano, identifica-se o ato *contra ius* com aquela que é a sua normal consequência e isso ocorre apenas porque o dano é o sintoma sensível da violação da norma. A confusão entre ilícito e dano seria o reflexo do fato de que o dano é a prova da violação e, ainda, do aspecto de que entre o ato ilícito e o dano subsiste frequentemente uma contextualidade cronológica que torna difícil a distinção dos fenômenos, ainda que no plano lógico" (Ibidem, p. 44). Bruno Leonardo Câmara Carrá também reforça a posição de Marinoni, ao afirmar que ele fornece explicação mais coerente em defesa da natureza processual dos provimentos inibitórios e da sua dissociação da responsabilidade civil, ao dizer que "o dano não é o elemento necessariamente constitutivo do ilícito. O dano, nesse sentido, reflete apenas uma das consequências, a mais visível seguramente, da violação de uma regra do ordenamento jurídico, mas não se pode dizer que a ilicitude dependa do dano para caracterizar-se. (...) Perigo e dano constituiriam, assim, os dois lados da mesma moeda, mas cada qual cobrando uma tutela diferenciada" (CARRÁ, Bruno Leonardo Câmara. *Responsabilidade civil sem dano*, cit., p. 179).
30. Ibidem, p. 37.
31. Ibidem, p. 47.

Venturi afirma que a responsabilidade civil sem dano é possível pela incorporação do paradigma preventivo, sendo necessária a distinção dos conceitos de ilicitude, indenização e dano, como meio de redimensionar o instituto para "absorver em sua plenitude novas técnicas que se revelam imprescindíveis para a proteção dos direitos nos tempos atuais, tais como a tutela inibitória e a responsabilidade civil preventiva".[32]

Prossegue a autora aduzindo que, sendo a ilicitude a transgressão de um dever jurídico, ligada à contrariedade ao direito e divorciada da culpabilidade,[33] ela comportaria consequências jurídicas específicas, também no âmbito da responsabilidade civil, dissociadas, inclusive, quando cabível, do dever de indenizar.

Tal como a ocorrência do ilícito não deve pressupor culpabilidade, a responsabilidade não deveria estar restringida à pressuposição de existência de dano, já que, após a cisão entre ilicitude e dano, os riscos conhecidos decorrentes de condutas ilícitas possuem remédios aptos a eliminá-los, tanto na seara material quanto processual. Ademais, a dissociação da ilicitude do dano permitiria uma tutela desvinculada da reparação, não havendo necessidade de se constatar prejuízo para a atuação da responsabilidade civil, que atuaria, agora, primariamente, na inibição ou remoção do ilícito.[34]

Venturi indica que a associação feita pelo legislador entre ato ilícito e dano acarretou a noção de que a responsabilidade civil só viria a atuar na ocorrência deste, mas que, por meio de uma releitura do conceito de ilicitude,[35] seria possível ligar a responsabilidade civil à função preventiva, essencial para combater os perigos e as novas situações lesivas da sociedade atual.

---

32. VENTURI, Thaís Goveia Pascoaloto. *Responsabilidade civil preventiva*: a proteção contra a violação dos direitos e a tutela inibitória material, cit., p. 152.
33. "A ilicitude é a qualidade da conduta contrária ao direito. A norma jurídica pode em certos casos exigir outros requisitos para que a conduta ilícita seja imputada, isto é, atribuída à responsabilidade de alguém. Mas, do fato de que a ilicitude não seja elemento suficiente para a imputação de responsabilidade não decorre que a ilicitude em si dependa da culpabilidade do agente" (PÜSCHEL, Flavia Portella. Responsabilidade civil objetiva: correção de trocas ineficientes ou repressão ao ilícito? *Artigos (working papers) DIREITO GV*. São Paulo: DIREITO GV, n. 46, p. 9. mar. 2010).
34. VENTURI, Thaís Goveia Pascoaloto. *Responsabilidade civil preventiva*: a proteção contra a violação dos direitos e a tutela inibitória material, cit., p. 157-158.
35. "Percebe-se, portanto, que apenas mediante a adoção de um conceito amplo de ilicitude torna-se possível a adequada e necessária compreensão de diversos desdobramentos, tais como: a) a imputação vinculada ou não à culpa do agente; b) a infração de dever absoluto ou relativo (responsabilidade contratual e extracontratual); c) a violação a direito desvinculando-se da ideia de que todo ilícito é danoso e passível de indenização. Para além disso, a compreensão do sentido lato da ilicitude abre as portas também para a sustentação da responsabilidade civil preventiva, uma vez que se passa a preconizar a necessidade de uma proteção efetiva e necessariamente preventiva em relação a direitos fundamentais que não suportam solução indenizatória adequada" (Ibidem, p. 164).

É na defesa do redimensionamento dos conceitos da responsabilidade civil que a autora paranaense afirma pela possibilidade de responsabilidade prospectiva, pautada na tutela *ex ante* do dano e do comportamento ilícito, por meio da tutela inibitória material, pois "conduta ilícita, por si só, independentemente de produzir danos, representa a violação ao Direito que igual e autonomamente merece tutela, sobretudo nos sensíveis campos dos direitos extrapatrimoniais e fundamentais".[36]

Por sua vez, alguns autores na doutrina apontam a atuação da responsabilidade civil "sem dano" para os casos em que não há dano jurídico normativamente considerado, apenas situações fáticas que ocorreram e podem ser consideradas relevantes ou perigosas, com ameaça a direito alheio, como prévia de que o direito será atingido, mesmo sem efetivamente ter ocorrido prejuízo.[37]

Esse é o entendimento de Daphné Tapinos, partidária da relevância da distinção entre dano e prejuízo, ou dano fático e dano jurídico, a demandar uma atuação preventiva da responsabilidade civil,[38] e de Glenda Gondim Gonçalves, para quem, mesmo independente da configuração do prejuízo, do dano jurídico, as "situações fáticas, ainda que não tenham adentrado o mundo do direito podem ser obstadas, caso revelem fundado receio e possível ameaça aos direitos que estão tão ligados com a dignidade da pessoa humana",[39] e que por isso seria caracterizada como responsabilidade preventiva.[40]

---

36. Ibidem, p. 159.
37. Destaque-se, contudo, a lição de Adriano De Cupis, que afirma que o fenômeno fático que não entre ou seja presente no mundo jurídico como "fenômeno jurídico" não poderá ser tido como dano em sua concepção normativa (DE CUPIS, Adriano. *El daño: teoría general de la responsabilidad civil*. 2. ed. Barcelona: Bosch, 1975, p. 81).
38. "[...] Autrement dit, la distinction du dommage et du préjudice pourrait de permettre de traduire, sur le plan sémantique, l'idée caractéristique de la notion de responsabilité préventive, d'un droit à réparation fondé sur la lésion d'un intérêt conçu indépendamment de l'existence factuelle d'un dommage" (TAPINOS, Daphné. *Prévention, précaution et responsabilité civile: risque avéré, risque suspecté et transformation du paradigme de la responsabilité civile*. Paris: L'Harmattan, 2008, p. 543). Tradução livre: Melhor dizendo, a distinção entre o dano e o prejuízo é o que permite traduzir, de maneira semântica, a noção característica da responsabilidade preventiva, qual seja, um direito à reparação baseado na lesão de um interesse concebido independentemente da existência fática de um dano.
39. GONDIM, Glenda Gonçalves. *Responsabilidade civil sem dano*: da lógica reparatória à lógica inibitória, cit., p. 185.
40. A referida autora traz em sua tese o seguinte caso para demonstrar a possibilidade de uma responsabilidade "sem dano", do qual aqui se discorda, por se tratar, na realidade, de tutela do ilícito, da qual não pode se ocupar a responsabilidade civil pelos motivos expostos neste tópico: "Agravo de instrumento. Responsabilidade civil. Tutela inibitória. Possibilidade. Vedação de conduta. Manifestações difamatórias e caluniosas. Direito à honra. Direito à informação. Juízo de ponderação. 1. A tutela inibitória pleiteada possui respaldo no disposto no artigo 461, do CPC, inexistindo qualquer óbice à sua concessão mesmo em sede de antecipação de tutela, conforme garantido pelo artigo 273, § 7º, e 461, § 3º, do mesmo diploma processual. No caso específico da tutela inibitória, todavia, não se perquire a respeito da probabilidade de dano irreparável ou de difícil reparação, mas sim, unicamente,

Aqui residiria a refundamentação da responsabilidade civil preventiva, para essa parte da doutrina, com significativa mudança em seu foco a considerar a lesão e a ameaça como interesses merecedores de tutela, da preocupação com o momento do resultado da conduta ilícita para a preocupação com o comportamento antijurídico em si, pois sua atuação ocorreria em resposta a descumprimentos de deveres jurídicos em geral, com potencialidade de lesar direitos,[41] sem a necessidade de previsão legal expressa, como decorrência dos próprios valores do ordenamento.[42]

De tal modo que Glenda Gondim Gonçalves afirma que a melhor nomenclatura seria a responsabilidade civil sem dano, pois "o dano efetivo e assim a ser considerado é quando há a lesão jurídica e a lesão fática. Ausentes, tanto uma quanto a outra, falar-se-á em responsabilidade civil sem dano".[43] E distingue, por fim, a atuação preventiva da repressiva, ao aduzir pela necessidade de se analisar a ocorrência do dano e os instrumentos adequados para tutelar o direito afetado, se algum de cessação ou adequação, a impedir a continuidade do dano, ou de reparação.[44]

Daí a indicação da doutrina que defende a responsabilidade civil sem dano pelos instrumentos de tutela inibitória material e de sanções preventivas, que serão melhor analisados no tópico seguinte, a fim de regular a prática de ilícitos e contribuir para a prevenção de danos.

---

da plausibilidade de que venha a ser praticado ato ilícito, ou de que esse possa vir a se repetir. Tal pretensão, por outro lado, nunca é demais ressaltar, não resulta em qualquer violação ao direito de liberdade de outrem, mesmo de imprensa, uma vez que visa evitar a perpetuação de ofensa a direito personalíssimo. 2. Especificamente no que se refere ao direito à honra, a tutela inibitória é aquela que efetivamente se mostra apta a resguardar os interesses do ofendido em face do ofensor, mormente em razão de sua inviolabilidade, conforme preconizado pelo artigo 5º, inciso X, da CF/88. Hipótese em que os réus, através de diversos meios de comunicação, vêm lançando imputações difamatórias e caluniosas a respeito dos demandantes, sem o mínimo adminículo probatório, excedendo-se no seu direito à informação e à crítica. Tutela inibitória concedida, com cominação de multa por descumprimento. Agravo de instrumento provido. (BRASIL. Tribunal de Justiça do Rio Grande do Sul. Agravo de instrumento 70027835941/RS. Relator: Odone Sanguiné. Julgamento: 19.12.2008. Órgão Julgador: Nona Câmara Cível)". Ao comentar o julgado, afirma que "antes mesmo da ocorrência da lesão ao direito, entendeu-se que havia uma lesão fática que se publicada acarretaria a lesão jurídica e por isso, o Tribunal de Justiça do Rio Grande do Sul determinou a obrigação de não fazer, para que não fosse divulgada a notícia. Os exemplos acima são situações que demonstram a existência da situação fática, mas não da lesão jurídica, o que, portanto, não configura o dano (que deve conter a lesão fática e a lesão jurídica). A rigor, *a lesão fática não embasa a reparação*, mas sim respostas denominadas como antecipatórias" (GONDIM, Glenda Gonçalves. *Responsabilidade civil sem dano*: da lógica reparatória à lógica inibitória, cit., p. 186).

41. Ibidem, p 187.
42. TAPINOS, Daphné. Prévention, précaution et responsabilité civile: risque avéré, risque suspecté et transformation du paradigme de la responsabilité civile, cit., p. 604.
43. GONDIM, Glenda Gonçalves. *Responsabilidade civil sem dano*: da lógica reparatória à lógica inibitória, cit., p. 192.
44. Ibidem, p. 147.

Contudo, como já mencionado, não cabe falar em atuação da responsabilidade civil sem o elemento do dano, de modo que esses instrumentos voltados especificamente a tutelar o ilícito, não tem o seu *locus* próprio na responsabilidade civil.

Justamente nessa linha é a lição de Bruno Leonardo Câmara Carrá, que afirma que a evolução da responsabilidade civil foi construída com base na distinção entre a mera ilicitude e a ilicitude danosa, sendo seu objeto estas últimas, e que a inclusão de medidas preventivas representaria uma "involução" ou seu esvaziamento.[45]

Destaca, ainda, que a responsabilidade civil atualmente também é chamada para atuar em face de condutas lícitas que venham a acarretar danos injustos, não apenas contra as ilícitas, do que se extrai a insuficiência da figura do ato ilícito (sendo melhor falar em antijuridicidade) e da tutela inibitória para deflagrar qualquer responsabilidade, mesmo que preventiva. Ou seja, cabe à responsabilidade civil gerir os danos consumados, pois os riscos ou "meros" ilícitos são regulados por outros ramos do Direito, "que deles já se ocupam",[46] tais como o direito administrativo e o processual.

Prossegue o autor ao afirmar que a ideia de antijuridicidade melhor se adequa à hipótese, pois abarca "qualquer suposta violação à lei, independentemente de o ato ser ou não qualificado como ilícito", tendo como função "categorizar e definir o que será ressarcível e também aquilo que não o será".[47]

Seja pelo critério do dano injusto ou do dano antijurídico, afirma Carrá que é a ilicitude qualificada como danosa que atrai a normativa da responsabilidade

---

45. Prossegue o autor dizendo que "ainda que se altere sua extensão, o dano constitui-se como o elemento aglutinador e, ao mesmo tempo, limitador da Responsabilidade Civil. A ilicitude em sua dimensão ampla abrange a simples infração de um dever jurídico cominado, seja ele legal ou contratual. (...) A inclusão na Responsabilidade Civil de instrumentos destinados a prevenir os danos e não a compensá-los, como a tutela inibitória, tem como consequência sistêmica o esvaziamento dessa crucial diferença. A distinção entre dano e ilicitude, como se sabe, é o que torna diferente, ainda hoje, o cometimento de uma infração de trânsito, passível de responsabilização administrativa, do abalroamento dela resultante, quando se inflige prejuízo a um ente de existência reconhecida pelo Direito. A Responsabilidade Civil simplesmente desapareceria (...) a ilicitude e o dano formam círculos secantes. Somente na área onde ambos se tocam – e é verdade que ela cada vez é mais ampla, mas ainda não de todo idêntica – é que seria possível falar de Responsabilidade Civil. Nas demais áreas, a antijuridicidade, que possui uma dimensão própria, prescreve formas diferentes de sanção. (...) A Responsabilidade Civil, na medida em que cuida do dano praticado, tem uma lógica sistêmica diferente de qualquer outro ramo jurídico, razão pela qual transformá-la numa responsabilidade em decorrência da própria ilicitude representaria uma nítida involução em termos históricos como o sistema agregaria elementos que (...) por traduzirem sanções com finalidades tão distintas que seria impossível harmonizá-las dentro de um mesmo toldo lógico" (CARRÁ, Bruno Leonardo Câmara. *Responsabilidade civil sem dano*, cit., p. 162-163, 166 e 178).
46. Ibidem, p. 176.
47. Ibidem, p. 163-164.

civil, o que demonstra que o dano é seu elemento imprescindível, até porque o fenômeno da ilicitude "não se reduz à Responsabilidade Civil",[48] bem como se há sucesso na medida de prevenção, não houve dano, tratando-se de mera ilicitude, que não demandará atuação da responsabilidade civil para exercer sua função de pacificação social.

Concorda-se com o referido autor, pois, tendo em vista a distinção funcional entre a tutela do ilícito e do dano,[49] nota-se que as medidas de prevenção do ilícito são voltadas à antijuridicidade, com o objetivo central de preservar as situações jurídicas, não focando especificamente na potencialidade da conduta ilícita, qual seja, o dano, que ainda seria incerto em sua extensão, motivo pelo qual a tutela inibitória dos ilícitos não teria cabimento no âmbito da responsabilidade civil, e requer outro campo de atuação.

E não cabendo à responsabilidade civil tutelar meras condutas ilícitas ou uma "ampla" antijuridicidade, mas sim a potencialidade lesiva que pode decorrer do ato ilícito – o dano –, não há que se falar em responsabilidade sem dano, até porque não existe prevalência entre sanções preventivas ou posteriores.

O ordenamento jurídico não é capaz de regular toda e qualquer situação de risco, sendo impossível tudo prevenir. Justamente por este motivo é que deve haver um espaço de atuação no direito que se ocupe do momento patológico das relações jurídicas e faça, especificamente, a gestão do fenômeno do dano.

No mesmo sentido, Rui Stoco, afirma que é inconcebível uma responsabilidade civil sem dano ou, quando muito, por mera conduta ilícita, pois a conduta antijurídica não é "suficiente para empenhar obrigação".[50]

---

48. Sobre a inclusão da ilicitude pura no campo da responsabilidade civil, o referido autor assim leciona: "Esse erro conceitual e histórico, de circunscrever a noção mesma de ilicitude a seus exclusivos domínios como se ela não existisse também fora deles, hoje retorna sob a forma de uma responsabilização não danosa. Antes, falhava-se ao pretender ver na Responsabilidade Civil toda forma de ilicitude. Agora, volta-se a incorrer no mesmo erro ao se sugerir que devem ser admitidos sob sua alçada eventos que ao momento em que estão sendo examinados não revelam mais do que uma potencialidade danosa" (Ibidem, p. 165).
49. "La funzione di riparazione dei danni distingue la responsabilità civile da altre tecniche di tutela civile degli interessi, aventi finalità diverse". Tradução livre do original: A função de reparação de danos distingue a responsabilidade civil de outras técnicas de tutela civil de interesses, com finalidades distintas. (SALVI, Cesare. *La responsabilità civile*. Milano: Giuffrè, 2005, p. 7).
50. "Ao contrário do que ocorre no Direito Penal – que nem sempre exige um resultado para estabelecer a punibilidade do agente (ex.: nos crimes de mera conduta ou simples atividade e nas hipóteses de mera tentativa) – no âmbito civil esse resultado é indispensável e se apresenta como condição *sine qua non*, ou seja, imprescindível e inafastável, sendo certo que é a extensão ou o *quantum* do dano que dá a dimensão da indenização. No âmbito civil, portanto, sem o dano poderá existir ato ilícito, mas não nascerá o dever de indenizar, de modo que a só conduta que contrarie a norma preexistente – a conduta antijurídica – não é suficiente para empenhar obrigação. Aliás, qual seria a consequência de um ato ilícito praticado por alguém que não tenha causado dano ou prejuízo a outrem? Dúvida não

E prossegue ao afirmar que, apesar de exsurgir responsabilidade civil de atos lícitos, a própria legislação (art. 186 do Código Civil), aduz que para a configuração do ilícito, não basta a mera violação do direito, mas também a ocorrência do dano.[51]

E também Arnaldo Rizzardo, para quem:

> a caracterização da obrigação de indenizar, é preciso, além da ilicitude da conduta, que exsurja como efeito o dano a bem jurídico tutelado, acarretando, efetivamente, prejuízo de cunho patrimonial ou moral. Não é suficiente apenas a prática de um fato *contra legem ou contra jus*, ou que contrarie o padrão jurídico das condutas.[52]

Ou seja, a conclusão é a de que não há como se admitir, conforme as bases e princípios que norteiam a responsabilidade civil, a responsabilização de alguém por mera conduta (lícita ou ilícita) que não venha a causar prejuízo à esfera jurídica alheia, não sendo admissível o ressarcimento do dano hipotético, muito menos de perigo ou ameaça de dano.[53]

As lições acima apontadas só reforçam o aspecto da responsabilidade civil já afirmado no primeiro capitulo deste trabalho, no sentido da essencialidade do dano para deflagrar o dever de indenizar e como o seu requisito imprescindível de certeza impede e limita um agir preventivo direto do instituto, notadamente contra "danos" condicionais ou potenciais.

A crítica que se faz, então, é voltada à utilidade da tutela preventiva direta, mais especificamente à dificuldade de compatibilização e eficácia dos mecanismos de tutela inibitória material propostos pela doutrina, mas que, quase em sua totalidade, não se inserem efetivamente no campo da responsabilidade civil, que se volta, em sua estrutura e função prioritária, à reparação dos prejuízos certos experimentados pela vítima.[54]

---

ressuma, portanto, de que o dano é, sem disceptação, pressuposto da obrigação de reparar e circunstância elementar da responsabilidade civil. Diante disso, somente danos diretos e efetivos, para efeito imediato do comportamento do agente, encontram na legislação em vigor suporte de ressarcimento" (STOCO, Rui. Responsabilidade civil sem dano: falácia e contradição. *Revista dos Tribunais*, v. 975, p. 174, jan. 2017).

51. "Não basta a violação de um direito; impõe-se que essa violação cause dano. Como se verifica, o dano" é elementar do tipo. Essa disposição em vigor só considera ato ilícito a ação ou omissão que conduza à causação de um dano. Dessarte, segundo revela a legislação atualmente em vigor, sem dano (material ou moral), não surge a obrigação de indenizar, na consideração de que é ele pressuposto dessa obrigação de reparar, não custa insistir" (STOCO, Rui. Responsabilidade civil sem dano: falácia e contradição, cit., p. 175).
52. RIZZARDO, Arnaldo. *Responsabilidade civil*. 5. ed. Rio de Janeiro: Forense, 2011, p. 68.
53. ANGELIN, Karinne Ansiliero. *Dano injusto como pressuposto do dever de indenizar*. Dissertação (mestrado). Faculdade de Direito da Universidade de São Paulo – USP. São Paulo, 2012, p. 132.
54. Ibidem, p. 132-137.

Disso pode-se concluir que qualquer impacto da função preventiva do instituto deve atuar em conjunto com a função reparatória e com o foco nos prejuízos e perdas econômicas que compõem o dano injusto experimentado. Também, pode-se concluir que não é necessária, muito menos automática, a remodelação da responsabilidade civil proposta por alguns autores a partir da ideia de prevenção, a fim de inserir remédios preventivos como instrumentos de atuação, incompatíveis com seu escopo e que já tutelam o risco em outros campos do ordenamento jurídico.[55]

A ideia de responsabilidade civil sem dano, então, demonstra-se em dissonância com a evolução do próprio direito civil, esvaziando a tutela específica feita pelo instituto do momento patológico da antijuridicidade, qual seja, de combate ao dano injusto, e não de repressão de condutas meramente ilícitas, das quais não se ocupa.[56]

E mais, tanto na prevenção indireta quanto na direta apontada pelos seus defensores, tal como a função punitiva, a função preventiva não se presta a reprimir ou indicar condutas lesivas, ou seja, as demais funções não influenciam ou participam no tocante ao momento de verificação do *an debeatur*, da ocorrência de um dano injusto indenizável.

As hipóteses mencionadas nesse trabalho ou indicam situações que não tratam de dano propriamente ou que, diante da sua ocorrência, e somente a partir desta, buscam cessar ou impedir sua continuação, para minorar os prejuízos.[57]

E, por fim, dentro da lógica sistemática da responsabilidade civil, essa constatação permite concluir, então, que a função preventiva do instituto, quando existente um dano reparável e adotadas medidas preventivas, terá seu campo de atuação vinculado ao momento de quantificação da indenização, já que de verificação não se trata, em atuação complementar à função reparatória.[58]

---

55. "Uma responsabilidade civil voltada para o controle das ameaças potenciais termina por trazes para a vida civil a disciplina restringente própria da tutela penal. Em dada medida, esse controle já é feito especialmente a partir do Direito Administrativo. Uma vez mais, retomamos o argumento, as confluências e analogias entre essas formas de sanção são bem mais compatíveis com os ramos jurídicos que tratam da "mera" ilicitude que com o da Responsabilidade Civil. (...) a prevenção ao dano deve ser buscada desde outras áreas do Direito, mas não a partir dela, que o gere através da lógica das sanções *a posteriori*. A prevenção, se efetuada por meios diretos, fica reservada para outros ramos do Direito. Do mesmo modo, ficam afastadas as possibilidades de uma Responsabilidade Civil tão somente pela ameaça de dano, o que corresponderia, na prática, a uma responsabilidade por mera conduta" (CARRÁ, Bruno Leonardo Câmara. *Responsabilidade civil sem dano*, cit., p. 196).
56. ANGELIN, Karinne Ansiliero. *Dano injusto como pressuposto do dever de indenizar*, cit., p. 126-127.
57. SINTEZ, Cyril. *La sanction préventive en droit de la responsabilité civile: contribution à la théorie de l'interprétation et de la mise en effet des normes*. Thèse présentée à la Faculté des Études Supérieures – Université de Montreal, 2009, p. 19. Disponível em: https://papyrus.bib.umontreal.ca/. Acesso em: 30 dez. 2018.
58. Veja-se os comentários e exposição de motivos do já citado art. 1.344 do Avant-Projet Catala, feitos por Geneviève VINEY, no *Avant-Projet De Reforme Du Droit Des Obligations (Articles 1101 A 1386 Du Code Civil) Et Du Droit De La Prescription* (Articles 2234 à 2281 du Code civil) Disponível em:

Mas se a responsabilidade civil de fato possui função preventiva, que se manifesta de duas maneiras, na forma indireta de dissuasão de condutas (*deterrence*), como o aspecto negativo psicológico de rejeição a sofrer uma sanção, quais são os instrumentos de sua atuação direta contra a ocorrência ou propagação do dano (e não apenas contra condutas antijurídicas) compatíveis com seus pressupostos inafastáveis, e ao mesmo tempo aptos a realizar a melhor tutela da vítima para a manutenção e retorno ao *status quo ante*? É o que se passa a analisar.

3.2.2 Instrumentos de atuação do paradigma preventivo

Como visto, a responsabilidade civil sempre foi o ramo dogmático do direito a que coube o ressarcimento dos danos injustos e estruturar seus pressupostos, com a função de retornar a vítima ao *status quo ante*.

Contudo, o reconhecimento de novos danos e a busca por ampliar a tutela da vítima levou parte da doutrina a reconhecer e buscar incorporar os princípios da prevenção e precaução em seu âmago, com fortes repercussões no pressuposto do dano e na sua tutela, de modo que se defende o atuar focado no prevenir e não no reparar.

E esse novo modo de se ver o instituto traz consigo a necessidade de se analisar e construir instrumentos específicos de direito material capazes de concretizar, de maneira efetiva, os objetivos de tutela integral de direitos e prevenção de danos. Desse modo, a responsabilidade civil refundamentada, com sua nova função, configuraria um sistema de medidas retrospectivas e prospectivas voltadas para a tutela dos riscos, com vistas a impedir que os danos ocorram.

Com isso, a responsabilidade civil preventiva, para os seus defensores, deve ser capaz de implementar instrumentos que regulem os riscos e perigos de dano com mecanismos preventivos voltados para a inibição das condutas indesejadas ou potencialmente perigosas, principalmente as que possam ocasionar danos graves, pois "não há como reparar o irreparável",[59] e pelo fato de que haveria uma insuficiência do sistema tradicional do instituto para tutelar todas as situações atinentes à dignidade humana.

Além disso, é sabido que é direito fundamental da pessoa a inafastabilidade das suas pretensões ao controle jurisdicional, indistintamente a natureza da tutela pretendida. Nessa linha, afirma Nelson Nery Junior que qualquer um possui o direito ao acesso à justiça, com a possibilidade de se valer de tutelas preventivas

---

http://www.justice.gouv.fr/. Acesso em: 26 abr. 2018, p. 148-149. No mesmo sentido, vide ANGELIN, Karinne Ansiliero. *Dano injusto como pressuposto do dever de indenizar*, cit., p. 121.

59. THIBIERGE, Catherine. Libres propos sur l'évolution du droit de la responsabilité. *Revue Trimestrielle de Droit Civil*, Paris, n. 3. p. 561-584, jul./set. 1999.

ou reparatórias, pois o próprio art. 5º, inciso XXXV, da CRFB/88 prevê a situação de "ameaça a direito",[60] ganhando relevo na contemporaneidade a tutela inibitória do ilícito, já analisada brevemente no tópico anterior.

3.2.2.1 A tutela inibitória material

E, apesar de a tutela inibitória surgir essencialmente no direito processual, isso não implica que não haja institutos de tutela inibitória material para a proteção de direitos escolhidos pelo legislador, devendo essa tutela ser entendida como algo intrínseco ao interesse merecedor de tutela, não necessitando de uma ação ordinária ou cautelar para atuar, pois o próprio direito material pode propor mecanismos preventivos, sendo consideradas como sanções preventivas aquelas que busquem prevenir a ocorrência ou caracterização de um dano.[61]

Nesse sentido, Thaís Pascoaloto Venturi traz em sua tese uma análise mais profunda dos instrumentos de atuação da responsabilidade civil sem danos, ao propor a efetivação de mecanismos de tutela inibitória material.[62] Em contraponto, como já dito, a doutrina diverge quanto a se tais instrumentos seriam pertencentes ao campo da responsabilidade civil ou de outras searas do direito material e processual.

Dentre os institutos destacados pela autora paranaense estão a autotutela e a inibição material de condutas, o ressarcimento de despesas preventivas para impedir a produção de resultados da lesão, bem como a utilização de multas civis para coibir comportamentos e desestimular condutas potencialmente lesivas.

O instrumento da responsabilidade sem dano via tutela inibitória material que destaca, inicialmente, é a autotutela, com base em interpretação sistêmica de dispositivos do Código Civil vigente, quais sejam, os artigos 12, 249, parágrafo único, e 251, parágrafo único, que determinam em certo ponto a defesa de direitos da personalidade e de outras situações jurídicas oriundas do potencial inadimplemento de obrigações de fazer ou não fazer.

---

60. NERY JUNIOR, Nelson. *Princípios do processo na Constituição Federal*. 9. ed. São Paulo: Ed. RT, 2009, p. 171.
61. SINTEZ, Cyril. *La sanction préventive en droit de la responsabilité civile*: contribution à la théorie de l'interprétation et de la mise en effet des normes, cit., p. 242. Ainda, nesse sentido, vide BOBBIO, Norberto. *Da estrutura à função*: novos estudos de teoria do direito. Trad. Daniela Beccaccia Versiani. Revisão de Orlando Seixas Bechara, Renata Nagamine. Barueri: Manole, 2007, p. 26.
62. Para Thaís Goveia Pascoaloto Venturi, a tutela inibitória material pode ser "compreendida como proteção concebida e viabilizada pelo próprio direito material, no intuito de, tanto quanto possível e razoável, implementar mecanismos de "autodefesa" contra possíveis violações e, ao mesmo tempo, de concretização dos comandos normativos que lhes são inerentes, tudo na perspectiva da mais ampla tutela dos direitos" (VENTURI, Thaís Goveia Pascoaloto. *Responsabilidade civil preventiva*, cit., p. 226).

Como se sabe, a autotutela é uma forma de desforço próprio que objetiva impedir a ocorrência de um dano ou impedir que este se perpetue, não podendo ser desproporcional com a conduta perigosa ou danosa,[63] sendo tratada pela doutrina como forma não jurisdicional de solução de conflito na qual há a imposição de uma vontade ao sacrifício do interesse de outrem.

Mas, apesar de não ser mais um mecanismo justificável e aceito nas mais variadas situações, nas quais se nega ao particular realizar "justiça privada", a autotutela não foi totalmente excluída do sistema jurídico pátrio, seja por opção legislativa, seja pelo reconhecimento de que o Estado não pode se fazer sempre presente. Por isso, as situações e autorizações em que podem ser utilizadas são consideradas típicas e exaustivas.[64]

Mais especificamente no âmbito do direito civil, a doutrina alude a instrumentos taxativos consagrados pelo ordenamento jurídico, principalmente no tocante aos direitos reais[65] e obrigacionais.

Venturi aponta que há no ordenamento a possibilidade de, em casos de urgência, o credor que possa ter sua prestação inadimplida se valer de uma tutela específica e satisfativa antes do termo e configuração da mora, inclusive sem prejuízo do direito de vir a ser posteriormente ressarcido pelas perdas e danos

---

63. Para Koziol, tal mecanismo é voltado para a proteção dos interesses merecedores de tutela e se consubstancia na implementação de medidas de prevenção e ainda na hipótese de condutas danosas em ocorrência, para fazer cessar a conduta: "[...] *it concerns the implementation of preventive protection of legal rights and interests or in the case of attacks already in course the ending of an interference that has already begun in a manner similar to reparative injunctions, in this case however by means of self-help*". Tradução livre: [...] isso diz respeito à implementação de proteção preventiva de direitos e interesses legais no caso de ataques já em andamento, ao término de uma interferência que já tenha começado, de maneira semelhante às medidas reparatórias, neste caso, porém, por meio de autotutela. (KOZIOL, Helmut. *Basic questions of Tort Law from a Germanic Perspective*. Trad. Fiona Salter Townshend. Vienne: Jan Sramek Verlag, 2012, p. 24).
64. "No sistema do Direito penal, por exemplo, autoriza-se o emprego da autotutela nas hipóteses em que se caracteriza a legítima defesa, o estado de necessidade e o estrito cumprimento do dever legal (exercício regular do direito). Por evidente, trata-se de situações em relação às quais o Estado deve consentir com o emprego da força privada para a salvaguarda de direitos próprios ou alheios, respeitadas a razoabilidade e a proporcionalidade da reação havida. No campo do Direito administrativo, a possibilidade de a Administração Pública reapreciar seus atos *de ofício*, vale dizer, sem a necessidade de provocação do particular, com fundamento no princípio da autoexecutoriedade, também é qualificada como forma de autotutela, no intuito de proteção do interesse público. Mais intrigante e pertinente à análise da responsabilidade civil preventiva, todavia, revela-se a verificação da autorização do exercício da autotutela no campo do Direito privado, sobretudo em face dos ideais democráticos e garantistas prometidos pela heterotutela" (VENTURI, Thaís Goveia Pascoaloto. *Responsabilidade civil preventiva*, cit., 2014, p. 228).
65. Venturi cita como exemplos as medidas relativamente ao direito de retenção, ao desforço imediato, ao penhor legal, ao direito de cortar raízes e ramos de árvores limítrofes que ultrapassem a estrema do prédio, e aos chamados atos justificados, ou seja, aqueles praticados em legítima defesa, estado de necessidade ou exercício regular de direito" (Ibidem, p. 230).

suportados, e que isso representaria a consagração, pelos artigos 249 e 251 do Código Civil,[66] de autotutelas preventivas, a justificar uma interpretação extensiva de sua atuação para tutelar os diversos direitos e novos danos configurados.[67]

Contudo, não se pode descuidar para a crítica de que tais disposições, sob outro olhar, sugerem que a autotutela melhor se coaduna como mecanismo de prevenção e uso geral alocado por todo o direito civil e sem a necessidade de observar os pressupostos para a configuração da responsabilidade civil – vide, por exemplo, o teor do parágrafo único do artigo 249 do Código Civil mencionado acima, que não exige conduta antijurídica do devedor para seu exercício, bem como o desforço imediato e exercício do direito de retenção,[68] nos âmbitos respectivos dos direitos reais e obrigacionais, além do artigo 12 do mesmo diploma, na seara dos direitos da personalidade.[69]

3.2.2.2 Multas e sanções civis

A doutrina também defende a utilização de multas ou penas civis com vistas a impedir que danos ou ameaças de lesão a interesses merecedores de tutela sejam repetidos ou continuem a produzir prejuízos, em notória função de desestímulo de condutas,[70] de modo a configurar um mecanismo de tutela inibitória relevante na prevenção de lesões a direitos fundamentais.

---

66. Art. 249 do Código Civil: "Se o fato puder ser executado por terceiro, será livre ao credor mandá-lo executar à custa do devedor, havendo recusa ou mora deste, sem prejuízo da indenização cabível. Parágrafo único. Em caso de urgência, pode o credor, independentemente de autorização judicial, executar ou mandar executar o fato, sendo depois ressarcido".
Art. 251 do Código Civil: "Praticado pelo devedor o ato, a cuja abstenção se obrigara, o credor pode exigir dele que o desfaça, sob pena de se desfazer à sua custa, ressarcindo o culpado perdas e danos. Parágrafo único. Em caso de urgência, poderá o credor desfazer ou mandar desfazer, independentemente de autorização judicial, sem prejuízo do ressarcimento devido".
67. "Maior alcance e efetividade da referida autotutela, todavia, podem ser extraídos a partir de uma interpretação extensiva dos artigos 249 e 251 do Código Civil, que permita sua aplicabilidade para muito além das relações privadas derivadas dos negócios jurídicos. Muito embora contida em legislação privada, a autorização do Código Civil para a autotutela no campo das obrigações de fazer e de não fazer pode ser compreendida como aplicável também para a satisfação de direitos não obrigacionais, vale dizer, tutelando o cumprimento específico ou a inibição da violação de quaisquer *deveres jurídicos*, ainda que derivados da lei e não de negócios jurídicos" (VENTURI, Thaís Goveia Pascoaloto. *Responsabilidade civil preventiva*, cit., p. 233).
68. SILVA, Rodrigo da Guia. Notas sobre o cabimento do direito da retenção: desafios da autotutela no direito privado. *Civilistica.com*, a. 6, 2017.
69. Art. 12 do Código Civil: "Pode-se exigir que cesse a ameaça, ou a lesão, a direito da personalidade, e reclamar perdas e danos, sem prejuízo de outras sanções previstas em lei. Parágrafo único. Em se tratando de morto, terá legitimação para requerer a medida prevista neste artigo o cônjuge sobrevivente, ou qualquer parente em linha reta, ou colateral até o quarto grau".
70. Para um estudo sobre a função punitivo-preventiva das penas civis no âmbito da responsabilidade civil, vide ROSENVALD, Nelson. *As funções da responsabilidade* civil, cit., Títulos III e IV.

Fernando Noronha afirma que o mecanismo das multas civis atua com a característica de prevenção geral e específica, de modo a coibir as mais distintas práticas de atos lesivos, seja pelo ofensor ou por terceiros que possam vir a praticá-los.[71]

Deve-se destacar que esse instrumento, ao ser aplicado, não possui função de indenização ou ressarcimento, pois apresenta caráter coercitivo-punitivo, e não de recomposição patrimonial, já que busca evitar a ocorrência danosa.

Mas, como visto no capítulo anterior, o ordenamento jurídico pátrio, tal como a maioria dos de tradição romano-germânica, não admitem os chamados danos punitivos, isto é, parcelas a mais que se incutem na indenização para punir o ofensor e incentivar que não mais incorra na conduta ilícita.[72]

Percebe-se que, com esses delineamentos, o mecanismo da multa civil está mais atrelado à ideia de prevenção indireta, de desestímulo psicológico, e não à prevenção concreta de evitar um dano irreversível, bem como à função punitiva da responsabilidade civil.

Ademais, há outros empecilhos quanto à sua admissão, qual seja, o princípio da reparação integral e vedação ao enriquecimento sem causa e, também, a já citada determinação legal de que a indenização se mede pela extensão do dano.

Ainda, a multa civil pode ter função de sanção preventiva, mas mesmo assim não se pode caracterizá-la como responsabilidade civil. As sanções preventivas são aquelas que atuam antes de ser iniciado comportamento lesivo de quem é sancionado, voltadas a prevenção do ilícito e a incentivar condutas desejadas pelo ordenamento jurídico.[73]

Para Thaís Goveia Pascoaloto Venturi, essa espécie de sanção civil pode exercer o seu papel preventivo por meio de sanções pecuniárias a título preventivo, destinadas a realizar a prevenção geral e específica, mediante atuação *a priori* e *a posteriori*, com fundamento em seu caráter coercitivo-punitivo.[74]

---

71. NORONHA, Fernando. *Direito das obrigações*: fundamentos do direito das obrigações; introdução à responsabilidade civil. 2. ed. rev. e atual. São Paulo: Saraiva, 2007, v. 1. p. 439.
72. Nesse tocante, remeta-se a MARTINS-COSTA, Judith; PARGENDLER, Mariana Souza. Usos e abusos da função punitiva (*punitive damages* e o direito brasileiro). *R. CEJ Brasília*, n. 28, p. 16, jan./mar. 2005.
73. TALAMINI, Eduardo. *Tutelas relativas aos deveres de fazer e de não fazer*: e sua extensão aos deveres de entrega de coisa (CPC, arts. 461 e 461-A, CDC, art. 84). 2. ed. São Paulo: Ed. RT, 2003, p. 175-176.
74. "Como se percebe, dessa forma, em princípio a multa não possui finalidade reparatória, constituindo técnica dissuasória que se presta a, num primeiro momento, gerar prevenção geral (mediante a ameaça da sua incidência em caso de transgressão da norma), ou, no caso de violação da regra legal ou contratual, a função de punição e prevenção especial" (VENTURI, Thaís Goveia Pascoaloto. *Responsabilidade civil preventiva*, cit., p. 278-279).

Para Nelson Rosenvald, as multas civis teriam lugar e justificativa pela necessidade de o direito civil funcionalizado ter de prevenir danos em geral,[75] mas exigiria previsão legal prévia,[76] tais como os casos que o legislador expressamente determinou nos artigos 939 e 940 do Código civil de 2002 (acerca da repetição do indébito, parcela que supera a extensão do dano, mas é admitida pelo ordenamento).

Por fim, ao que tudo indica, a multa civil mais se assemelha à nova roupagem ou definição dos *punitives damages*, de modo a configurar instrumento dissuasório, de prevenção indireta. A dificuldade de sua admissão como instrumento de responsabilidade preventiva é justamente sua indissociabilidade do caráter punitivo, aspecto não apenas da responsabilidade civil, mas inerente a todo o direito, bem como seu atuar *ex post* ao dano, pois mesmo as sanções civis pecuniárias ou restritivas de direito não incidem sobre uma pessoa pela mera ilicitude de sua conduta, diferentemente do que ocorre normalmente no direito administrativo, como via de exemplo.

Todavia, como pontuado, afasta-se aqui a ideia de que a aceitação do paradigma preventivo na responsabilidade civil permite ampla e indistinta atuação desse instituto contra meras ilicitudes e riscos, tendo sua aplicação limitada e "inviabilizadas formas de responsabilidade baseadas na simples ameaça de dano, na medida em que se traduz como uma resposta jurídica à simples antijuridicidade".[77]

Ademais, mesmo ao se admitir a incorporação da prevenção na responsabilidade civil, de modo que ela passe a atuar na prevenção direta e específica dos danos, os instrumentos apontados pela doutrina, em sua maioria, não se prestam efetivamente a prevenir ou impedir a ocorrência das lesões, mas sim atuam tam-

---

75. "A pena do ponto de vista de uma teoria preventiva, deve consistir na ameaça de um mal ou sofrimento maior do que o mal ou dano causado com a violação da norma; caso contrário não haveria a função intimidativa. Ao contrário, com as sanções ressarcitórias se igualam simplesmente dois danos. As sanções punitivas seriam então um sofrimento excedente à gravidade da violação (segundo obviamente uma escala de valores estabelecida pelo legislador) cuja aplicação se direcionaria em face das violações que o direito considera preferencialmente perigosas" (ROSENVALD, Nelson. *As funções da responsabilidade* civil, cit., p. 14).
76. Na visão de Rosenvald, a pena civil é "substancialmente uma pena criminal, apesar da sanção ser extracriminal. De fato, há a iniciativa privada para a produção de seus efeitos, mas a pena civil é em essência uma técnica de controle social que objetiva primariamente inibir e retribuir comportamentos reprováveis em vista da função de proteção de valores essenciais ao corpo social. O fato de um particular ser aquinhoado com uma vantagem econômica por intermédio de uma sentença é apenas uma necessária transição a um objetivo último perseguido pelo ordenamento, qual seja: o de alinhar condutas humanas com o respeito a direitos fundamentais da coletividade. Ao determinar que determinado fato merece em determinadas condições ser sancionado como pena civil, o sistema jurídico reputa a gravidade de certo comportamento em si, pelo seu valor sintomático, independentemente do evento danoso e suas consequências. A sanção volta o seu olhar para o futuro, para o perigo social presumido de determinadas condutas ou atividades" (ROSENVALD, Nelson. *As funções da responsabilidade* civil, cit., p. 53).
77. CARRÁ, Bruno Leonardo Câmara. *Responsabilidade civil sem dano*, cit., p. 215.

bém em função do dano, ou por meio de um alargamento do conceito de dano para englobar o risco e a ameaça de lesão, ou através de medidas que o façam cessar e impeçam sua continuidade (ou seja, uma tutela *ex post*).

É certo que, ao se falar em medidas preventivas no direito, não se está a falar apenas daquelas de cunho processual; o direito administrativo e os direitos reais são os melhores exemplos disso.

Contudo, são permissivos do ordenamento jurídico, resquícios de tutela privada das pretensões e que, por esse motivo, constituem exceção no âmbito do direito civil, não ineditismo. E mais, o "caráter amplo das medidas preventivas (...), que se voltam tanto para a defesa de potenciais danos como para a contenção da própria antijuridicidade, esvazia a proposta de contenção à 'mera' antijuridicidade", isso porque, nessas situações, "não existe dano a indenizar e, se a prevenção chega a ser bem-sucedida, não o haverá, (...) a medida é dada precisamente para evitar o dano, mas isso não permite inferir que de Responsabilidade Civil se cuide".[78]

Defende-se aqui a inexistência de responsabilidade civil ampliada e que tenha por objeto tanto a prevenção quanto à reparação do dano ao mesmo tempo, pois a prevenção "existe como *standard*" e cabe ao instituto "gerir aqueles danos que já se consumaram. Os que não o foram, por se tratar de 'meros' ilícitos, devem ser disciplinados pelos ramos do Direito que já deles se ocupam".[79]

---

78. Ibidem, p. 175-176.
79. Ibidem, p. 176. Cabe destacar, ainda, a discussão na doutrina que trata acerca da possibilidade de se pleitear a tutela pela ameaça de lesão por meio da ação de dano infecto. Essa ação é uma medida judicial, com fundamento no arts. 1.280 e 1.281 do Código Civil, que tutela o interesse de quem tem justo receio de ser lesado em seu imóvel por vizinho que mal utilize sua propriedade, tendo como objeto uma tutela de fazer ou não fazer (conserto ou demolição, especialmente), bem como caução para o dano iminente que possa vir a se concretizar. Ou seja, é uma espécie de tutela inibitória que visa cessar ameaça de dano ou impor alguma multa ou caução, mas não se presta a buscar a reparação em si, quando muito a prevenção, não guardando maiores relações com as ações preventivas de responsabilidade civil defendida pelos autores da responsabilidade sem dano. A ação de dano infecto busca reprimir o uso anormal da propriedade, e não regular o dano advindo das relações de vizinhança, escopo este sim da responsabilidade civil. Nesse sentido é a lição de Luiz Edson Fachin, que afirma que "O direito subjetivo do vizinho pode demandar ações no prédio alheio; a ameaça de dano, caracterizada pela ruína, pode sustentar legítima pretensão de demolição do prédio em tais condições. O direito de construir se conjuga com a presença de deveres e limites. A violação dos deveres ou a superação dos limites pode sustentar a legítima pretensão, preventiva ou reparatória. Essa pretensão pode, ao seu turno, dirigir-se em face de ação ou omissão, quer em obra nova (em construção), quer em obra concluída." (FACHIN, Luiz Edson. *Comentários ao Código Civil. Direito das Coisas*. (arts. 1.277 a 1.368). In: AZEVEDO, Antonio Junqueira de (Coord.). São Paulo: Saraiva, 2003, p. 70-71). Note-se, por fim, que esse é mais um exemplo do alegado nesse trabalho, de que os riscos são globalmente tratados pela ordem jurídica, cuidando a responsabilidade civil justamente do seu momento patológico, o dano. Tanto é assim que os Tribunais admitem, amplamente, que a pretensão da ação de dano infecto seja cumulada com a pretensão indenizatória, que demandam diferentes respostas, remédios e tutelas, bem como provas específicas. Veja-se o seguinte julgado do TJMG, do ano de 2018, que retrata o tratamento distinto, mas passível de cumulação, de ambas as pretensões (inibitória e

Desse modo, a tutela inibitória material e a sanção civil, voltadas ao combate e *prevenção* ao ilícito, não ao dano, não podem ser tidas como instrumento de responsabilidade civil de maneira geral.

Principalmente quando tida como solução preventiva em relação aos danos extrapatrimoniais supostamente "irreparáveis", como as lesões aos direitos da personalidade, da forma que defende Thaís Goveia Pascoaloto Venturi, pois, como visto, podem surgir lesões de cunho moral a partir da lesão de um interesse patrimonial e vice-versa, devendo "de regra toda a relação ser garantida contra os efeitos da violação e não apenas aqueles interesses".[80]

Ademais, reforça-se a ideia de que as penas ou multas civis, no seu papel de reprimir e infligir uma sanção, contradizem o paradigma preventivo direto ressaltado por seus defensores, pois atuam justamente na prevenção indireta de lesões, ao imporem um temor psicológico de ser sancionado. Por fim, a pena "reafirma a existência do dano, que lhe serve de causa eficiente e, ademais, deposita na coerção (mais que na força real) a grande capacidade de impedir o cometimento de novos ilícitos civil".[81]

3.2.2.3 O ressarcimento das despesas preventivas ao dano

Por fim, outra figura muito apontada pela doutrina como instrumento de responsabilidade civil preventiva é a figura do ressarcimento das despesas preventivas de danos prováveis ou iminentes que decorram de um risco específico.

Como relevante marco de positivação dessa forma de manifestação da função preventiva da responsabilidade civil está o artigo 2:104 dos *Principles of European Tort Law*,[82] o qual estabelece a expressa ressarcibilidade das despesas

---

reparatória): "Apelação Cível – Ação de dano infecto c/c danos morais – Preliminar – Cerceamento de defesa – Inocorrência – Direito de vizinhança – Perturbação ao sossego – Ônus da prova – Parte Autora – Não comprovação – Danos Morais – Inexistência. Conforme o art. 1.277, do Código Civil de 2002: 'o proprietário ou o possuidor de um prédio tem o direito de fazer cessar as interferências prejudiciais à segurança, ao sossego e à saúde dos que o habitam, provocadas pela utilização da propriedade vizinha'. Não havendo comprovação de que o vizinho faça uso inadequado da sua propriedade, produzindo barulhos e ruídos anormais, causando aos vizinhos incômodos capazes de gerar danos morais, não há que se falar em indenização" (TJMG. AC 0014929-39.2016.8.13.0390. 13ª CC. Des. Rel. Alberto Henrique. J. em 12.07.2018. DJ. em 20.07.2018).

80. "Se é assim, não se mostra mais uma vez razoável firma a distinção levada a efeito. Ou todas as formas de relação jurídica obrigacional devem ser igualmente protegidas contra a violação, ou e la vem a ser *venia concessa*, falaciosa. A diferença de critérios parece demonstrar, na verdade, que a Responsabilidade Civil é refratária à existência de meios puramente preventivos em sua essência e que todo o discurso volto a localizá-los termina comprovando o contrário" (Ibidem, p. 101).
81. Ibidem, p. 267.
82. Art. 2:104 dos *Principles of European Tort Law*: "Despesas preventivas. As despesas realizadas com vista a prevenir uma ameaça de dano são consideradas dano ressarcível, desde que a realização dessas despesas se revele razoável".

realizadas com o objetivo de prevenir a ocorrência do dano decorrente de uma ameaça iminente, desde que se revelem razoáveis.

Também no direito da comunidade europeia, o *Draft Common Frame of Reference*, compilado que trata de conceitos, princípios e soluções no âmbito da responsabilidade civil contratual e delitual europeia, em seus artigos VI – 1.102[83] e IV – 6.302,[84] aduz a possibilidade de prevenção direta do dano, seja de prevenção primária, caso se esteja diante de um perigo iminente, ou para evitar sua propagação quando já tenha se iniciado, com a expressa menção ao direito de ressarcimento pelas despesas preventivas para se evitar o dano.[85]

A doutrina estrangeira, diante a utilidade e reconhecimento desse instrumento,[86] construiu a figura dos *danos preventivos*, representados

---

83. Art. VI – 1.102 do *Draft Common Frame of Reference*: "Where legally relevant damage is impending, this Book confers on a person who would suffer the damage a right to prevent it. This right is against a person who would be accountable for the causation of the damage if it occurred" (Tradução livre: Quando um dano legalmente relevante é iminente, este livro confere a uma pessoa que sofreria o dano o direito de impedi-lo. Este direito é em face de uma pessoa que seria responsável pela causa do dano se este ocorresse).
84. Art. IV – 6.302 do *Draft Common Frame of Reference*: "A person who has reasonably incurred expenditure or sustained other loss in order to prevent that person from suffering an impending damage, or in order to limit the extent or severity of damage suffered, has a right to compensation from the person who would have been accountable for the causation of the damage" (Tradução livre: Uma pessoa que tenha razoavelmente incorrido em despesas ou sofrido outras perdas para impedir que sofra um dano iminente, ou para limitar a extensão ou severidade do dano sofrido, tem direito a uma indenização da pessoa que teria sido responsável pela causa do dano).
85. VON BAR, Christian; CLIVE, Eric; SCHULTE-NOLKE, Hans. *Principles, Definitions and Model Rules of European Contract law*: Draft Common Frame of Reference. Munich: Sellier, 2009, p. 1295-1297.
86. "As the inclusion of such prominent provisions on the topic in the two sets of common European principles indicates, thinking on preventive damages is more advanced in continental legal systems. Hence, for example, art. 249 of the German Civil Code has been interpreted as allowing recovery of costs incurred to prevent or minimise a specific impending damage if compensation would have been recoverable for the damage had it occurred, while art. 419 of the Czech Civil Code states that a person who averts threatened damage shall be entitled to compensation 'of usefully spent costs and of damages suffered therein'. Furthermore, it seems that in France, Belgium and Spain, expenses incurred in preventing damage in cases of this kind themselves amount to legally recognised damage, and are therefore recoverable provided the general conditions of delictual liability are met" (Tradução livre: Com a inclusão de tais disposições proeminentes sobre o tema nos dois conjuntos de princípios europeus comuns indica, pensar em danos preventivos é mais avançado nos sistemas jurídicos continentais. Assim, por exemplo, o art. 249 do código civil alemão foi interpretado como permitindo a recuperação dos custos incorridos para prevenir ou minimizar um dano iminente específico se a compensação fosse recuperável pelos danos ocorridos, enquanto o art. 419 do Código Civil Tcheco afirma que uma pessoa que evita danos ameaçados terá direito a uma indenização 'das despesas utilmente gastas e dos danos sofridos'. Além disso, parece que, em França, na Bélgica e em Espanha, as despesas incorridas na prevenção de danos em casos deste tipo constituem, elas próprias, danos legalmente reconhecidos e são, portanto, recuperáveis desde que sejam cumpridas as condições gerais de responsabilidade aquiliana) (NOLAN, Donal. *Preventive damages*. Law Quarterly Review. n. 132, p. 69, 2016). No mais, há que se destacar que o ressarcimento de despesas preventivas já é previsto na legislação ambiental do direito comum da comunidade europeia, por meio Diretiva 2004/35/CE do Parlamento Europeu

pelo ressarcimento das despesas preventivas incorridas para evitar o evento danoso.[87]

Inclusive, a exposição de motivos do artigo 2:104 dos *Principles of European Tort Law* afirma que se trata de uma "subcategoria de dano ressarcível", de reparação pautada principalmente pelo critério da razoabilidade, pois é instituto que:

> também se aplica (...) se nenhum dano ocorreu, seja porque as precauções impediram a ocorrência do dano ou ameaça, seja porque o risco não se concretizou. Para todos estes casos o art. 2:104 dispõe que se as medidas financiadas pelos gastos eram razoavelmente aptas a impedir a ameaça de dano tais despesas são reembolsáveis. Se as precauções e as despesas respectivas foram razoavelmente idôneas, isso deve ser avaliado a partir de um ponto de vista objetivo de uma pessoa sensata e cuidadosa, que tem de pesar os riscos com antecedência. Portanto, as despesas de prevenção podem ser ressarcidas mesmo se o risco de danos não se materializou e uma retrospectiva revele que as precauções tomadas eram desnecessárias. E também quando a ameaça de dano finalmente se concretiza apesar de razoáveis precauções as despesas preventivas ainda remanescerão ressarcíveis. Todavia, nesses dois casos, deve ser particularmente julgado – por via de um ponto de vista *ex ante* – se as precauções tomadas e as despesas conformam-se ao *standard* de razoabilidade.[88]

No direito brasileiro não há positivação da possibilidade de ressarcimento de despesas preventivas como em outros ordenamentos já mencionados neste trabalho, não sendo consideradas como dano ressarcível pelo legislador, fato que não impede de se adotar a qualificação funcional dessas despesas como "dano preventivo",[89] justamente pela incidência da reconhecida função preventiva da responsabilidade civil, apesar de não se revestir exatamente de todos os preceitos do dano normativo clássico vistos no primeiro capítulo, ou, ainda, como perda econômica injusta, pois há um decréscimo patrimonial que a (possível) vítima não experimentaria caso inexistente a conduta do ofensor.[90]

---

e do Conselho da União Europeia (Diretiva 2004/35/CE. Disponível em: http://eurlex.europa.eu/. Acesso em: 02 jan. 2019).

87. NOLAN, Donal. *Preventive damages. Law Quarterly Review*, n. 132, p. 68, 2016.
88. European Group on Tort Law. *Principles of European Tort Law*. Austria: Springer Wien, New York, 2005, p. 37-38.
89. Essa é a qualificação utilizada pelos já citados Donal Nolan e por Thaís Goveia Pascoaloto Venturi. Nesse sentido, vide NOLAN, Donal. *Preventive damages. Law Quarterly Review*. n. 132, p. 68, 2016; e, VENTURI, Thaís Goveia Pascoaloto. *Responsabilidade civil preventiva*, cit., 2014, p. 243.
90. "Contudo, o fundamento da reparação pode ser alvo de discussões, na medida em que não se trata de reparação por danos derivados da lesão ao direito fundamental que se objetivou proteger, mas sim, da recomposição da redução patrimonial sofrida em função das medidas de prevenção adotadas para preservá-lo" (VENTURI, Thaís Goveia Pascoaloto. *Responsabilidade civil preventiva*, cit., 2014, p. 242). Pela configuração das despesas preventivas como perdas puramente econômicas (*pure economic loss*), veja-se PARISI, PALMER e BUSSANI, The comparative law and economics of pure economic loss. *George Mason University School of Law, Working Paper Series*, 2005, Paper 28. Disponível em: http://law.bepress.com/gmulwps/gmule/art28. Acesso em: 02 jan. 2019.

Afirma-se que, ao menos em algumas ocasiões, os danos preventivos devem ser ressarcidos, ao se identificar hipóteses nas quais a vítima não deve suportar essas perdas econômicas que não lhe ocorreriam naturalmente,[91] com fundamento nos princípios fundamentais que guiam a responsabilidade civil – o da reparação integral e o do *neminem laedere* – somados à incorporação da prevenção em seu âmago,[92] quando verificados determinados pressupostos.[93]

E isso em nada fere o preceito de que não é possível o reconhecimento de indenização fundada em dano hipotético ou em pressupostos puramente de prevenção, já que de mera ilicitude não se trata. Há, nessa hipótese, efetivo prejuízo patrimonial injusto, passível de reconhecimento como uma forma de dano ressarcível, em decorrência da função preventiva da responsabilidade civil, pois se encontra no limiar entre a prevenção e a reparação almejada pelo instituto, de

---

91. "Il est des situations dans lesquelles la victime d'un fait générateur de responsabilité ne subit pas immédiatement un dommage. Peut-être ne subirait-elle d'ailleurs jamais de dommage, le résultat de ce fait restant au stade d'une menace latente. Réagissant à l'accident ou à l'attaque qui l'a frappée, la victime peut être amenée à prendre des mesures destinées à éviter que les effets dommageables redoutés ne surviennent. Si, cela fait, elle demande à l'auteur du fait générateur de responsabilité le remboursement des frais engendrés par ces mesures, la victime va se heurter à diverses difficultés juridiques dont la moindre n'est pas le fait que, aussi longtemps qu'il n'existe pas encore de dommage, les conditions d'une responsabilité délictuelle ne semblent pas être réunies. Souvent, une indemnisation paraît a priori exclue pour ce seul motif déjà. Cette situation est insatisfaisante particulièrement en raison du fait que le coût des mesures prises préventivement peut se révéler largement inférieur à celui que la réparation du dommage aurait entraîné si la victime l'avait laissé survenir. Cette dernière est donc parfois punie pour avoir voulu limiter les dégâts et les frais qui en résulteraient" (Tradução livre: "Existem situações em que a vítima de um evento danoso não sofra danos imediatamente. Talvez não nunca seja lesada, o resultado desse fato permanece no estágio de uma ameaça latente. Reagindo ao acidente ou ao ataque que a atingiu, a vítima pode ser obrigada a tomar medidas para evitar que os efeitos prejudiciais temidos não ocorram. Se isso acontecer, ela pode demandar o autor do evento lesivo o reembolso dos custos engendrados por estas medidas, mas a vítima irá se deparar com várias dificuldades legais, sem contar o fato de que, enquanto ainda não há danos, as condições de uma responsabilidade civil delitual não parecem estar reunidas. Muitas vezes, a compensação aparece *a priori* excluída apenas por este motivo. Esta situação é insatisfatória, especialmente devido ao fato de que custo de medida preventiva pode ser muito menor em relação à compensação pelo dano teria resultado se a vítima tinha deixado acontecer. Esta última é por vezes punida por ter queria limitar os danos e custos do resultado") (CHAPPUIS, Benoît. *L'indemnisation des mesures préventives*. In: WERRO, Franz; PICHONNAZ, Pascal (Coord.). *Colloque de la responsabilité civile. Le dommage dans tous ses états. Sans le dommage corporel ni le tort moral*. Fribourg: Stämpfli Editions, 2013, p. 156).
92. "A quelques exceptions près, la notion de mesures préventives n'est pas une notion juridique qui résulterait d'une disposition spécifique de loi. Elle repose sur le constat de fait que certaines personnes prennent des mesures destinées à prévenir l'apparition d'un dommage. Lorsqu'aucune norme spécifique ne les régit, la question de leur indemnisation éventuelle trouve sa réponse dans l'application des normes générales de la responsabilité". (Tradução livre: "Com algumas exceções, a noção de medidas preventivas não é um conceito jurídico que resultaria de uma disposição específica da lei. Ele repousa no fato de que algumas pessoas tomam medidas para prevenir a ocorrência de danos. Quando nenhuma norma específica tutelar esses casos, a questão de sua compensação eventual encontra a sua resposta na aplicação das normas gerais da responsabilidade civil") (CHAPPUIS, Benoît. *L'indemnisation des mesures préventives*, cit., p. 159).
93. NOLAN, Donal. *Preventive damages*, cit., p. 69-70.

modo que "se impõe que exista um real e iminente perigo de dano do ponto de vista objetivo e razoável".[94]

Isso significa dizer que o dano preventivo só será ressarcido quando houver uma relação de razoabilidade e proporcionalidade entre o ato de prevenção e o perigo de dano iminente causado pela prática da conduta de um ofensor determinado.[95]

Ademais, a doutrina reconhece a atuação desse mecanismo por meio algumas categorias: a reparação de um custo preventivo para manutenção de uma despesa, despesas prévias específicas em face do causador do dano e hipóteses de risco concreto ou reiterado.[96] Destaca-se que, em todas as hipóteses, a reparação preventiva tem lugar em razão de uma prevenção específica para um risco de grande probabilidade identificável ou conhecido, ao passo que, nas duas últimas, há a identificação do agente causador do perigo de dano.

É nesse sentido que se manifesta a função preventiva direta da responsabilidade civil, não associada totalmente ao momento posterior à ocorrência do dano, em convergência de suas características de prevenção indireta (ou genérica, de *deterrence*) e direta (ou específica), pautada pelo critério da razoabilidade e sem

---

94. SARAIVA, David Emanuel Chiquita. *A tutela preventiva da responsabilidade civil*. Dissertação (Mestrado). Mestrado em Ciências jurídicas forenses. Faculdade de Direito da Universidade de Nova Lisboa – Lisboa, 2015, p. 50.
95. David Emanuel Chiquita Saraiva também destaca o liame de causalidade entre a conduta do ofensor e a medida preventiva adotada pela vítima: "Exemplificando um dano não é recuperável se não existir uma relação de causalidade entre o investimento em prevenção e o facto ilícito. Assim, um comerciante não pode exigir as despesas realizadas em equipamentos de videovigilância a alguém apanhado a furtar, visto que essa conduta não foi condição necessária para essas despesas, ou seja, tem de se verificar nexo causal entre a ameaça de violação e a adoção de medidas preventivas" (SARAIVA, David Emanuel Chiquita. *A tutela preventiva da responsabilidade civil*, cit., p. 50). No mesmo sentido, vide European Group on Tort Law. *Principles of European Tort Law*. Austria: Springer Wien, New York, 2005, p. 38.
96. BÜRGER, Marcelo Luiz Francisco de Macedo; CORRÊA, Rafael. Responsabilidade preventiva: elogio e crítica à inserção da prevenção na espacialidade da responsabilidade civil. *Revista Fórum de Direito Civil – RFDC*. Belo Horizonte, ano 4, n. 10, set./dez. 2015. Ainda sobre a classificação das despesas preventivas: "On distingue ainsi: – Les mesures prises avant la survenance de tout fait générateur de responsabilité; la personne qui prend ces mesures n'a pas été victime d'un acte illicite mais il en craint la survenance (par ex. des mesures contre le vol). On parle généralement dans ce cas de mesures préventives anticipées. – Les mesures prises après la survenance d'un fait générateur de responsabilité qui n'a pas encore eu d'effets dommageables sur la victime et son patrimoine; l'acte illicite a déjà été commis mais ses effets dommageables ne sont pas encore survenus. L'intervention de la victime est destinée à empêcher l'apparition de ceux-ci, à tout le moins à les limiter". (Tradução livre: "Assim, distinguimos: – Medidas tomadas antes da ocorrência de qualquer evento que dê origem a responsabilidade; a pessoa que toma essas medidas não foi vítima, mas teme que isso ocorra (por exemplo, contra roubo). Neste caso, costumamos falar sobre medidas preventivas antecipativas. – Medidas tomadas após a ocorrência de um evento danoso que ainda não teve efeitos nocivos sobre a vítima e seu patrimônio; o ato ilícito já foi cometido, mas seus efeitos nocivos ainda não ocorreram. A intervenção da vítima destina-se a impedir o aparecimento destes, pelo menos até o seu limite") (CHAPPUIS, Benoît. *L'indemnisation des mesures préventives*, cit., p. 159).

representar o abandono da figura do dano em sua equação, com a reparabilidade dos danos preventivos objetivamente considerada,[97] como será melhor visto no tópico seguinte.

Assim, afirma-se que não se revela a incompatibilidade sistêmica que as demais medidas tidas por preventivas apresentavam com a ideia de prevenção direta, de um atuar da responsabilidade civil por mera ilicitude e desassociada da figura do dano-prejuízo, que ainda possui o ponto positivo de privilegiar tanto a prevenção quanto a reparação, na medida em que a prevenção pura pode, inclusive, mostrar-se retardatária, caso dependa sempre de provimentos jurisdicionais de tutela inibitória, sendo mais coerente permitir à vítima adotar medidas que possam impedir ou amenizar o dano experimentado, aliado à possibilidade de pleitear seu ressarcimento e completo retorno ao *status quo ante*.[98]

É, então, por meio da aceitação da possibilidade de reparação das despesas preventivas que visam a impedir ou evitar o agravamento do dano que a prevenção ganha espaço e destaque na responsabilidade civil, conferindo ao instituto novos horizontes para tutela integral dos interesses merecedores de tutela, principalmente no tocante aos direitos da personalidade e, ao mesmo tempo, reafirmando os pilares do instituto, que atua em virtude de um dano certo – ou perda econômica injusta –, voltado à completa reparação da vítima.

De tal modo que suas manifestações implicam que a responsabilidade civil preventiva, no caso de despesas experimentadas antes do evento danoso, terá cabimento sempre que custos sejam dispendidos para redução de prejuízos do ameaçado ou lesado, mesmo que já possua o aparato utilizado, bem como apenas serão admitidas se feitos em face de risco específico, respeitada a proporcionalidade, e com grande probabilidade de ocorrência ou consumação iminente.[99]

---

97. SARAIVA, David Emanuel Chiquita. *A tutela preventiva da responsabilidade civil*, cit., p. 49.
98. Ibidem, p. 51-52.
99. Acerca da ressarcibilidade das despesas preventivas, Cyril Sintez aduz que "A responsabilidade não repara os danos hipotéticos e este não é o caso das medidas para prevenir um risco de dano na medida em que eles são reais e constituem assim um prejuízo reparável. De lege lata, a jurisprudência é bastante recente e esporádica, as condições necessárias para que tais medidas preventivas sejam indenizadas não são claramente identificadas pela Corte de Cassação. A doutrina defende em contrapartida que as despesas sejam razoáveis e que a realização do dano seja iminente. (...) De lege ferenda, esta proposta parece ser mais restrita que o direito positivo. Nas espécies estudadas, não seria necessário que o risco de dano fosse iminente. A proporcionalidade das despesas efetuadas, no entanto, não está em dúvida. A reparação parece bem antecipada na medida em que o dano final ainda não se realizou. Ao contrário, o dano intermediário consistente nos custos gerados para evitar o dano final é reparado à luz deste objetivo. A prevenção se encontra assim, paradoxalmente, no coração da reparação" (SINTEZ, Cyril. *La sanction préventif en droit de la responsabilité civile*. Thèse, 2009, Université de Montreal. Sous la co-direction de Madame Catherine Thibierge. Disponível em: https://papyrus.bib.umontreal.ca, apud VENTURI, Thaís Goveia Pascoaloto. *Responsabilidade civil preventiva*, cit., 2014, p. 240).

Apesar de a doutrina estrangeira admitir essa hipótese como instrumento de responsabilidade preventiva,[100] quais os limites de sua utilização? A dúvida que persiste é se haveria necessidade de êxito na prevenção da lesão para falar exclusivamente em tutela e indenização preventiva ou se, na ocorrência do dano, o ressarcimento das despesas não seria cabível ou estaria vinculado e desencadeado pelo evento danoso ou, ainda, se configuraria dano autônomo, a integrar a atuação reparatória do instituto e compor o *quantum* da indenização.

3.3 A ATUAÇÃO DA FUNÇÃO PREVENTIVA NO MOMENTO DA QUANTIFICAÇÃO DO DANO: POSSIBILIDADE DE REPARAÇÃO DE DESPESAS PREVENTIVAS

Conforme visto, possível concluir que a função preventiva existe e deve ser abraçada pelo intérprete na missão de melhor tutelar a vítima, contudo, quando e em face do que ela deve atuar? Não deve ser pela via da tutela do ilícito, pois danos também decorrem de atos lícitos, além de que determinado dano-evento pode ser resultado de conduta lícita não culposa.

O *neminem laedere* e o *restitutum in integrum* demandam, de fato, que a vítima tenha sua situação recomposta ao acontecimento do dano, logo, qualquer circunstância negativa por ele acarretada, deve ser eliminada da esfera jurídica da vítima, o que permite de se cogitar o ressarcimento das medidas preventivas, fundamentada pelos princípios mais caros à responsabilidade civil.

Até mesmo porque a utilização da função preventiva de maneira anterior ao dano não implica que a mesma função não poderá ser invocada posteriormente à sua ocorrência, mas sim que, caso se tenha buscado impedir ou mitigar o dano e suas consequências negativas, através de um dos mecanismos preventivos adequados, isto teria de ser levado em consideração na hora da quantificação da indenização, a fim de compor o dano final experimentado.

Inclusive, como se sabe, toda pessoa tem a prerrogativa de se valer de uma tutela proprocional na defesa de seus interesses, principalmente no tocante à ameaça de lesão, ainda mais quando grave e iminente, de modo a deflagrar sua necessariedade, não necessitando aguardar uma prestação jurisdicional para fazer cessar a ameaça de dano, nos casos em que a conduta adotada, por óbvio, seja razoável e não venha a lesar, limitar ou diminuir a esfera jurídica de terceiros.

---

100. Nesse sentido, veja-se a aplicação da Diretiva 2004/35/CE da União Europeia, que prevê a possibilidade de ressarcimento por despesas preventivas voltadas para evitar danos certos, prováveis ou iminentes, inclusive que atinjam direitos fundamentais, além daquelas já citadas em notas acimas, constantes do projeto de atualização da legislação civil francês e do enunciado 2:104 do *European Group on Tort Law*.

Assim, as *preventive expenses*, que se dividem em medidas de prevenção geral e de prevenção específica, podem ter o ressarcimento destas últimas pleiteado pela vítima em algumas situações determinadas, contra o causador do dano. E quais devem ser as limitações postas ao seu ressarcimento, em quais hipóteses poderá incidir, bem como qual deve ser o grau de iminência e gravidade do perigo a permitir a adoção de medidas preventivas voltadas a recuperar tais danos?

3.3.1 A reparação de despesas preventivas na experiência estrangeira

Em 1979, o Tribunal Federal Alemão julgou um caso sobre reparação de despesas preventivas em que o vendedor de uma doceria interpelou, em flagrante, o réu e impediu que este furtasse mercadorias da loja. O pedido feito pelo dono da loja resumia-se nos 12 marcos alemães que correspondiam aos doces, bem como a reparação do valor referente aos equipamentos de vigilância e à recompensa paga como incentivo aos seus funcionários para impedir perdas de mercadorias.[101]

A Corte alemã chegou a duas conclusões distintas. Com relação aos gastos com o sistema de vigilância, descaberia falar em indenização, pois os equipamentos de vídeo não teriam finalidade de prevenir especificamente os roubos cometidos pelo réu, mas sim auxiliar na proteção do estabelecimento contra tudo e contra todos. Por sua vez, o valor da recompensa teria decorrido direta e especificamente da conduta furtiva do réu, devendo ter seu ressarcimento reconhecido, mas em valor reduzido (para 10% do requerido), pois destinava-se a qualquer conduta de furto, não somente à do réu, tendo cumprido sua função.

Outro exemplo de ressarcimento das despesas preventivas, em que se diferencia a prevenção geral de uma específica em razão de um perigo real, pode ser extraído da jurisprudência suíça, em um caso de 1993. Foi o caso no qual o Cantão de Basel, em ação humanitária, estabeleceu na parte de trás de seu terreno um local exclusivo para que usuários de drogas pudessem receber seringas esterilizadas para diminuir o índice de contaminação sanguínea entre a população.

Todavia, o local e o bairro tornaram-se mais perigosos, pois a região começou a receber frequentemente usuários de drogas e traficantes, de modo que os proprietários vizinhos, receosos com invasões ou danos à propriedade, instalaram em suas casas equipamentos de vigilância como câmeras, grades, interfones e sistemas de alarmes e luzes. Posteriormente, pleitearam no Tribunal Federal Suíço o ressarcimento dessas despesas, sob a justificativa de prevenção contra invasões e lesões injustas às suas propriedades.

---

101. WINIGER, Bénédict; KOZIOL, Helmut; KOCH, Bernhard A.; ZIMMERMANN, Reinhard (Ed.). *Digest of European Tort Law*. Vienna: Springer Wien NewYork, 2007, v. 1, p. 171-172.

O Tribunal, então, reconheceu a responsabilidade do Cantão de Basel pelos gastos com grades e equipamentos de vigilância, mas não totalmente em relação ao sistema de luz e interfones, por entender que se tratava de medidas desproporcionais e que possuíam outras finalidades que não a prevenção de invasões, devendo o seu ressarcimento ser reduzido para a metade.[102]

Mas talvez o caso mais paradigmático de ressarcimento dos custos das medidas preventivas ao dano tenha se dado na Escócia, em 1978, no caso conhecido como *Lord Advocate vs. Rodgers*

Basicamente, o réu possuía o costume de atear fogo em seu terreno após a colheita, mas de maneira descuidada, sem a preocupação de contenção das chamas e labaredas que se alastravam em direção à propriedade do autor, a Forestry Commission, vizinho que plantava em seu próprio terreno, que se viu obrigado a adotar medidas necessárias para eliminar o fogo antes que atingisse suas plantações.

Foi pleiteado o ressarcimento das despesas voltadas a impedir que o fogo se espalhasse, tendo o réu alegado que não haveria que se falar em responsabilidade civil, pois nenhum dano ao terreno vizinho foi concretizado. A Corte escocesa reconheceu que as despesas voltadas para impedir ou mitigar danos devem ser suportadas pelo ofensor, independentemente do momento em que ocorra a mitigação, se antes ou depois da ocorrência do dano principal.

Em adição, relevante destacar que a decisão escocesa esclareceu que o ressarcimento só teria cabimento no caso concreto porque se tratou de prevenção específica de um risco concreto e que tinha sua fonte identificável, não se tratando de prevenção genérica a riscos potenciais.[103]

Esse entendimento também é reproduzido pelo Tribunal Irlandês, ao julgar, em 1989, o caso *Daly vs. McMullan*. A Corte da Irlanda acolheu o pedido de reparação das medidas preventivas voltadas a prevenir inundações na propriedade do autor, já ocorridas em outras duas oportunidades, que decorriam diretamente de falhas no sistema de drenagem do terreno vizinho, de modo a configurar um risco concreto.[104]

A rejeição ao ressarcimento de despesas preventivas voltadas a combater perigos ou riscos potenciais é registrada em decisão de 1998, da Suprema Corte

---

102. KADNER GRAZIANO, Thomas Michael. 15 Leading Cases on Damage and their Solution under the Principles of European Tort Law. In: WINIGER, Bénédict; KOZIOL, Helmut; KOCH, Bernhard; ZIMMERMANN, Reinhard. *Digest of European Tort Law*. Wien/New York: Springer, 2007, v. 1: Essential Cases on Natural Causation, p. 1-28-11-28, p. 188-189.
103. Ibidem, p. 190.
104. WINIGER, Bénédict; KOZIOL, Helmut; KOCH, Bernhard A.; ZIMMERMANN, Reinhard (Ed.). *Digest of European Tort Law*. Vienna: Springer Wien NewYork, 2007, v. 1, p. 185-186.

Austríaca, em que o casal de autores foi ameaçado pelo réu, por meio de mensagem em gravação eletrônica ao telefone. Os autores, então, instalaram sistema de câmeras e alarmes em sua residência, com o receio do perigo e, posteriormente, pleitearam a indenização, que lhes foi negada, pois a Corte entendeu que não se tratava de perigo iminente e concreto, apenas potencial, sem que a situação de perigo se iniciasse.[105]

Ainda, cabe pontuar o caso da "porta à prova de gás", julgado em 1992, na Alemanha. Uma fábrica, acidentalmente, por culpa de um funcionário, liberou na atmosfera duzentos quilos de acrilato de etila, gás que possui toxinas e mau cheiro. Devido aos riscos à saúde, um vizinho cauteloso, a fim de proteger a si e sua família, instala portas e janelas antigás em sua casa, pleiteando o ressarcimento à fábrica.[106]

O Tribunal alemão entendeu que para que as medidas preventivas sejam recuperáveis, à luz dos arts. 2:102, 2:104 e 3:101 dos *Principles of European Tort Law*, devem ser voltadas a um risco de dano específico, iminente e concreto, objetivamente analisado, além de guardarem relação de causalidade natural entre a medida adotada e o perigo considerado. Assim, o autor deve primeiro estabelecer a ocorrência de um perigo iminente e real de que novos vazamentos de gás poderão ocorrer e que implicarão prejuízo à saúde, para, então, mostrar que a medida adotada se mostra razoável diante das circunstâncias fáticas concretas.

Por fim, o ressarcimento das despesas preventivas, de um modo geral, não guarda relação com a reparação de custos com manutenção de frota de reserva de veículos, tal como estudado no primeiro capítulo ao se tratar do dano por privação do uso. Isso porque essa despesa em especial não pode ser qualificada como preventiva, pois não se presta a evitar o dano ou muito menos possui como objetivo um risco concreto, pois é justamente o dano causado ao veículo da vítima retirado de circulação que desencadeia o dever de indenizar, de modo que sua função é de mitigar as consequências negativas do dano.

3.3.2 Possíveis parâmetros para pautar o ressarcimento das despesas preventivas ao dano

Os casos acima apontam alguns parâmetros e critérios para o ressarcimento das despesas preventivas e cumprimento das funções reparatória e preventiva da

---

105. KADNER GRAZIANO, Thomas Michael. 15 Leading Cases on Damage and their Solution under the Principles of European Tort Law. In: WINIGER, Bénédict; KOZIOL, Helmut; KOCH, Bernhard; ZIMMERMANN, Reinhard. *Digest of European Tort Law*. Wien/New York: Springer, 2007, v. 1: Essential Cases on Natural Causation, p. 1-28-11-28, p. 190.
106. Ibidem, p. 189.

responsabilidade civil, em retornar a vítima ao *status quo ante*. Deve ser pontuado, ainda, que nenhum dos casos em que se negou o ressarcimento essa negativa se deu por motivos de inexistência de dano, mas sim pela ausência de conduta ou risco específico ou, até mesmo, antijuridicidade a configurar um dano injusto.

Como visto, não se pode cogitar que o ressarcimento das medidas preventivas ocorram para toda e qualquer despesa de prevenção, sendo excluídas aquelas de prevenção genérica, sem um vínculo causal direto e imediato com um perigo ou ameaça iminente ou constante (nos casos de danos que já estão produzindo seus efeitos negativos na esfera jurídica da vítima), e reconhecido o ressarcimento tão somente para aquelas medidas razoáveis e necessárias a impedir um dano decorrente de um perigo ou ameaça iminente, específico e concreto.[107]

E o direito alienígena pode render parâmetros adequados para o ressarcimento das despesas preventivas, em consonância com os pilares da responsabilidade civil, sendo considerados como norteadores dessa espécie de ressarcimento os critérios da razoabilidade, da necessidade da adoção da medida preventiva, bem como da iminência do perigo de dano específico.[108]

3.3.2.1 Razoabilidade e necessariedade da medida adotada

O critério da razoabilidade é apontado pela doutrina como aquele que deve indicar se alguém poderá recuperar as despesas preventivas específicas incorridas para evitar ou cessar o dano. Destaque-se que a razoabilidade é postulado normativo que guiará a atividade do intérprete para a solução mais adequada ao caso concreto,[109] especificamente, aqui, para as hipóteses em que se deve ressarcir as despesas preventivas incorridas pela vítima, pois o contrário seria deixar sem reparação uma perda econômica injusta.

Imprescindível dizer que a razoabilidade é critério que não se confunde com o bom senso nem se baseia nele, que apresenta teor altamente subjetivo; trata-se, ao revés, de princípio constitucional implícito, que, no campo da responsabilidade civil, se consubstancia em um *standard* que estrutura e determina critérios de aplicação da indenização e sua quantificação, principalmente no tocante à equivalência destas.[110]

---

107. Nesse sentido, vide a lição de Cyril Sintez reproduzida na nota de rodapé 472.
108. NOLAN, Donal. *Preventive damages*, cit., p. 83-85.
109. TEPEDINO, Gustavo. A razoabilidade na experiência brasileira. In: TEPEDINO, Gustavo; TEIXEIRA, Ana Carolina Brochado; ALMEIDA, Victor (Org.). *Da dogmática à efetividade do direito civil*: anais do Congresso Internacional de Direito Civil Constitucional. Belo Horizonte: Fórum, 2017, p. 27-36.
110. Para aprofundado estudo e compreensão do postulado da razoabilidade e sua aplicação no âmbito da responsabilidade civil, vide GUEDES, Gisela Sampaio da Cruz. *Lucros cessantes*: do bom-senso ao postulado normativo da razoabilidade. São Paulo: Ed. RT, 2011.

Em relação ao ressarcimento das medidas preventivas, a doutrina aponta que, com base no Restatement (Second) of Torts norte-americano, mostra-se essencial que o intérprete realize um teste de razoabilidade das medidas preventivas adotadas a fim de evitar a ocorrência do dano, que deve avaliar a gravidade do dano ameaçado, o grau de probabilidade da ocorrência do dano e a adequação da despesa adotada. Ainda, que o padrão de razoabilidade exigido deve ser plausível.[111]

Para Donal Nolan, a razoabilidade das despesas preventivas adotadas também deve ser avaliada por outros parâmetros, tais como que o nível de razoabilidade a ser exigido da pessoa deve ser considerado como o de alguém naquela mesma situação da vítima em perigo iminente, conforme os princípios da responsabilidade civil. Ainda, pode ser que situações exijam uma maior comprovação da razoabilidade no tocante ao incremento do risco de sofrer danos.[112]

Por sua vez, o critério da necessidade de se adotar a medida preventiva está intrinsicamente ligado à razoabilidade. A vítima deve demonstrar que haveria uma ameaça concreta de interferência em sua esfera jurídica, de modo que somente ao incorrer nas despesas preventivas poderia evitar de ser lesada, ou seja, mostrar que honestamente acreditava estar em perigo, devido à conduta do ofensor. Esse critério concretiza a ideia de que a prevenção é preferível à reparação.[113]

3.3.2.2 Existência de ameaça concreta e iminente

O outro critério apontado pela doutrina, e um dos mais importantes no tocante ao tema, é o requisito da iminência do dano, que se consubstancia no alto grau de probabilidade fática e jurídica da materialização do prejuízo. Ainda, depende de circunstâncias fáticas e deve possuir relação de especificidade, pois, como visto, não se deve ressarcir os custos das medidas preventivas genéricas e voltadas a riscos gerais, mas sim privilegiar a atuação proativa da vítima.[114]

Deve ser pontuado que o ressarcimento das medidas preventivas razoavelmente incorridas não está vinculado ou condicionado ao êxito das precauções adotadas. Esse preceito, adotado por diversos ordenamentos jurídicos,[115] é coerente com todo o sistema da responsabilidade civil, inclusive com o do dever de

---

111. NOLAN, Donal. *Preventive damages*, cit., p. 84.
112. Idem.
113. Ibidem, p. 85-86. Ainda, nesse sentido, vide SARAIVA, David Emanuel Chiquita. *A tutela preventiva da responsabilidade civil*, cit., p. 53-54.
114. VON BAR, Christian; CLIVE, Eric; SCHULTE-NOLKE, Hans. *Principles, Definitions and Model Rules of European Contract law: Draft Common Frame of Reference*, cit., p. 1471.
115. VON BAR, Christian. *Principles of European Law on Non-Contractual Liability Arising out of Damage Caused to Another (P.E.L. Liab. Dam.)*. Oxford: Oxford University Press, 2009, art. 6.302, note 5.

mitigar os próprios danos, no qual também não se exige efetividade da conduta da vítima para o cumprimento de seu dever. Ademais, um dos principais fundamentos e razões de ser do ressarcimento das medidas preventivas razoáveis a impedir o dano é o encorajamento de sua adoção, de modo que exigir seu êxito para apenas reparar seus custos seria verdadeiro contrassenso. Assim, independentemente de seu sucesso, a vítima deverá ter certeza revestida de segurança jurídica de que as despesas incorridas na tentativa de se evitar o dano serão ressarcidas em ambos os casos, se exitosas ou não.[116]

Uma das principais críticas à reparação das despesas preventivas seria sua voluntariedade, pois a construção do dano clássico foi pautada pela ideia de que a diminuição patrimonial involuntária e indevida deveria constituir um dano ressarcível. Porém, se a vítima receia sofrer um dano e intervém por sua escolha, incorrerá em despesas voluntárias, mas que também não são menos reparáveis, pois, apesar do caráter voluntário, traduzem-se em desvantagens também involuntárias. Assim, o que interessa é verificar a injustiça do dano preventivo experimentado pela vítima no caso concreto.

3.3.2.3 Nexo causal entre perigo iminente de dano e medida adotada

Além dos critérios apontados acima, ressalte-se que o ressarcimento das despesas preventivas também deve observar os pressupostos da atuação preventiva da responsabilidade civil, quais sejam, a ameaça de lesão ou continuidade de seus efeitos negativos na esfera jurídica da vítima, o liame causal entre o risco ou perigo e a medida adotada, bem como a probabilidade de ocorrência do dano como resultado natural fático da conduta praticada pelo ofensor.

Outro elemento que não deve constituir óbice ao ressarcimento das despesas preventivas é o nexo de causalidade entre a conduta geradora do perigo iminente e as medidas adotadas antes da ocorrência dos efeitos negativos do dano. Como se sabe, cabe ao nexo causal o duplo papel de delimitar a extensão dos danos injustos e a quem poderá ser imputado o evento danoso, de modo a auxiliar na medida da indenização e, ainda, na repartição do dever de reparar quando há mais de um ofensor.[117]

Para o ressarcimento das medidas preventivas, há o estabelecimento de causalidade entre a conduta que causa a iminência do dano e as medidas escolhidas pela vítima para preveni-lo ou mitigar os seus efeitos negativos prejudiciais.[118]

---

116. NOLAN, Donal. *Preventive damages*, cit., p. 87.
117. GUEDES, Gisela Sampaio da Cruz. *O problema do nexo causal na responsabilidade civil*, cit., p. 347-351.
118. CHAPPUIS, Benoît. *L'indemnisation des mesures préventives*, cit., p. 176.

Ou seja, nas hipóteses de reparação de despesas preventivas, apesar de ainda não terem aparecido as consequências danosas, a probabilidade de lesão é altíssima e é considerada causalmente ligada às medidas adotadas para prevenção do dano.[119] Por exemplo, se alguém é mordido por um cão, surge a pretensão de ressarcimento pelos custos médicos de atendimento e eventual dano estético.

Contudo, se se verificar que o animal possui o vírus da raiva, nada mais natural que a vítima busque o tratamento antirrábico, que deve ser feito o mais rápido possível, sendo razoável pensar que terá o direito de também ser ressarcido desses custos médicos, pois estão causalmente ligados ao evento danoso,[120] mesmo que o dano não tenha se manifestado e sua integridade física não venha a ser mais gravemente lesada.[121]

3.3.2.4 Merecimento de tutela da reparação das despesas preventivas

Nas situações em que um dano já ocorreu e está produzindo suas consequências negativas, cabe ao intérprete, em uma análise de merecimento de tutela, identificar se se trata de medidas preventivas incorridas pela vítima para evitar que um novo dano surja – sendo, assim, ressarcíveis –, ou se se trata de conduta adotada por ela para evitar que venha a sofrer mais prejuízos que poderia (e deveria) evitar, de modo a atrair a normativa mais adequada ao caso concreto.

Nesse sentido, veja-se a lição de Gisela Sampaio da Cruz Guedes, que admite a possibilidade do ressarcimento das despesas incorridas pela parte ao procurar atender ao dever de mitigar os próprios danos, desde que se revelem razoáveis e guardem relação de causalidade com a ameaça de dano, raciocínio este que pode ser transportado para a questão do ressarcimento das despesas preventivas:

---

119. Sobre as interseções entre a temática do nexo de causalidade e a probabilidade, vide PAULA, Marcos de Souza. A questão do nexo causal probabilístico no direito brasileiro. In: SOUZA, Eduardo Nunes de; SILVA, Rodrigo da Guia (Coord.). *Controvérsias atuais em responsabilidade civil*. São Paulo: Almedina, 2018, p. 103-146.
120. "Un lien de causalité, similaire au lien de causalité hypothétique, doit en conséquence être reconnu chaque fois qu'il est hautement vraisemblable que le fait générateur de responsabilité aura des conséquences dommageables qui ne sont pas encore apparues et qu'il est possible d'éviter en prenant les mesures adéquates. La même conclusion doit est admise lorsqu'il ne peut être établi que le fait générateur aura des conséquences dommageables mais que des mesures doivent être prises avant l'apparition de ces dernières pour empêcher leur survenance". (Tradução livre: "Um elo causal, similar ao elo causal hipotético, portanto, deve ser reconhecido sempre que for altamente provável que o evento que dá origem à responsabilidade terá consequências danosas que ainda não aparecerem e que podem ser evitadas ao se tomar as medidas adequadas. A mesma conclusão deve ser admitida quando não pode ser estabelecido que o evento gerador de responsabilidade terá consequências prejudiciais, mas que as medidas devem ser tomadas antes da aparição destes para impedir a sua ocorrência") (Ibidem., p. 179).
121. Ibidem, p. 178.

Desde que se revelem razoáveis, todas as despesas realizadas pelo lesado para impedir o evento danoso ou minimizar suas consequências devem ser ressarcidas pelo agente causador do dano. Até porque, se é reconhecido à vítima o dever de mitigar os prejuízos, é evidente que ela deve ser ressarcida de todas as despesas efetuadas nesse sentido, bem como daquelas que foram realizadas, preventivamente, para evitar o dano, contanto (i) que não sejam consideradas medidas desproporcionais e (ii) que haja, de fato, uma ameaça de dano.[122]

A ordem jurídica, com base nos princípios e funções da responsabilidade civil, confere à vítima a possibilidade de se valer de medidas para prevenir a ocorrência do dano. E os custos inerentes da prevenção são enquadrados como danos ressarcíveis, de modo que se tutelam os interesses de quem ativa e preventivamente incorre em custos necessários e razoáveis de despesas preventivas em face de um risco específico, com alta probabilidade de causar prejuízos, inclusive a pretensão de reparação.[123]

Como se viu, as decisões acima mencionadas e os parâmetros apontados pela doutrina permitem concluir que a função preventiva direta da responsabilidade civil, que insere em seu escopo a prevenção de prejuízos, mas não deixa de se preocupar com a recomposição da vítima ao *status quo ante*, tem como consequência o reconhecimento da reparabilidade das despesas preventivas com medidas voltadas a impedir que o dano principal ocorra, ao se considerar tais perdas econômicas injustas como "dano preventivo", em notório caminho de amadurecimento da teoria do instituto e tutela das consequências negativas dos riscos da sociedade atual.[124]

Por certo que a confirmação da possibilidade de ressarcimento dos custos com as medidas preventivas não representa indenização de danos hipotéticos, muito menos representa um viés punitivo na identificação do *quantum* devido à vítima, pois possuem extensão delimitada e concretude, devendo apenas serem indenizadas nas hipóteses de perigos iminentes de dano ao interesse tutelado

---

122. GUEDES, Gisela Sampaio da Cruz. *A reparação dos lucros cessantes no direito brasileiro*, cit., p. 158-159.
123. "Il faut donc retenir qu'une personne est lésée aussitôt qu'elle est victime d'un acte illicite même si celui-ci n'a pas encore déployé ses effets dommageables. Dès cet instant, elle peut et même doit prendre les mesures appropriées pour prévenir la survenance du dommage ou en limiter l'étendue. Le coût de ces mesures fait partie en principe du dommage qu'éprouve la victime de l'acte illicite. Reste évidemment entière la question du caractère approprié et proportionné des mesures préventives entreprises". (Tradução livre: "Deve, portanto, ser lembrado que uma pessoa é ferida assim que ele é uma vítima de ato ilícito, mesmo que ainda não tenha exibido seus efeitos prejudiciais. A partir desse momento, ela pode e deve tomar as medidas apropriado para prevenir ou limitar a ocorrência do dano medida. O custo dessas medidas é, em princípio, parte do dano experimentado pela vítima do ato ilícito. Obviamente permanece a questão a natureza adequada e proporcionada das medidas preventivas tomadas") (CHAPPUIS, Benoît. *L'indemnisation des mesures préventives*, cit., p. 185).
124. FERREIRA, Keila Pacheco. *Responsabilidade civil preventiva*: função, pressupostos e aplicabilidade, cit., p. 200.

em concreto, além de relação de causalidade entre o perigo e o investimento preventivo adotado, que deve ser revestido de razoabilidade.[125]

Isso porque não se trata de "uma parcela a mais" ou uma punição ao ofensor causador do perigo e do dano, muito menos um *plus* pecuniário a compor a quantificação do dano, mas sim, reconhecem-se, como visto, dois danos com extensões respectivas delimitadas, cada qual ressarcível por um fundamento funcional distinto, um reparatório e outro preventivo, este último a atuar em cotejo com a função reparatória para trazer a vítima ao *status quo ante*.

No mais, cumpre também destacar que a indenização das despesas preventivas ao dano, por se tratar de reparação e atuação da responsabilidade civil, está vinculada e submetida aos mesmos requisitos (verificação de culpa, nexo causal, e certeza e atualidade do dano, excludentes de causalidade e de responsabilidade, além da sujeição aos prazos prescricionais e decadenciais de reparação civil estipulados em lei) de ressarcibilidade que o dano principal ou ordinário, e cumprirá com as funções da indenização mencionadas no capítulo 2.

Importante, ainda, realizar distinção funcional entre o ressarcimento das medidas preventivas ao dano e os gastos nos quais a vítima incorre para cumprir com o seu dever de mitigar os próprios danos, principalmente no tocante ao momento de sua atuação e quanto ao evento que deflagra suas respectivas incidências.

As medidas preventivas representam o ressarcimento de custos incorridos pela vítima antes do dano, diferentemente daqueles referentes ao dever de mitigar os próprios danos, que se voltam a atenuar as consequências de um dano já ocorrido, normalmente decorrente do dever geral de boa-fé,[126] que não solucionam a questão das despesas preventivas, mas podem fornecer soluções e parâmetros úteis. Apesar de terem natureza e função bem semelhantes, o custo das medidas preventivas, como visto, em tese, integra o dano que a vítima experimenta e devem integrar o *quantum* indenizatório.[127]

***

Os casos apresentados, na medida que promovem a função preventiva da responsabilidade civil, representam efetiva pretensão de ressarcimento, com objetivo específico de conseguiur uma reparação dos gastos anteriores, ou seja, não se trata de ação preventiva ou remédio preventivo em que se pleiteia ao Tribunal evitar uma perda, ou, ao fim e ao cabo, tutelar meramente um ilícito. Esse

---

125. SARAIVA, David Emanuel Chiquita. *A tutela preventiva da responsabilidade civil*, cit., p. 55.
126. NOLAN, Donal. *Preventive damages*, cit., p. 69.
127. CHAPPUIS, Benoît. *L'indemnisation des mesures préventives*, cit., p. 182 e 185.

não é, e nem pode ser, o campo de atuação da responsabilidade civil, conforme os motivos expostos ao longo deste livro.

Justamente por isso a ideia da prevenção na responsabilidade civil não é totalmente descabida nos casos mencionados, pois um dos fundamentos que permitem o ressarcimento das despesas preventivas é o reconhecimento indireto de que a intervenção preventiva da vítima é um interesse indenizável razoável e merecedor de tutela pela ordem jurídica.[128]

Por fim, as situações mencionadas não tratam, em sua essência, de responsabilidade efetivamente sem dano algum, pois o que se tem é um dano preventivo, uma perda econômica injusta, considerada como se dano fosse, dotada de certeza, a fim de evitar ressarcimentos de medidas contra perigos e danos hipotéticos, de modo a demandar a atuação dos princípios e funções da responsabilidade civil para a integral tutela da vítima e o retorno ao *status quo ante*.

Em síntese, mesmo que a aplicação da teoria da responsabilidade civil preventiva cause eventuais restrições ou incursões indevidas na esfera jurídica dos ofensores, não se pode rejeitar essa nova função do instituto, mas sim pautar o controle de sua utilização e aplicação por meio dos parâmetros objetivos apontados, e outros que possam surgir, e de decisões judiciais bem fundamentadas, com respeito aos valores da dignidade humana, da solidariedade social e da razoabilidade.

---

128. ON, Alexandru-Daniel. *Prevention and the Pillars of a Dynamic Theory of Civil Liability: A Comparative Study on Preventive Remedies*, cit., p. 69.

CONCLUSÃO

Tal como visto, a responsabilidade civil enfrenta e continua a enfrentar diversas transformações estruturais em seus mais variados pilares, como a culpa, o dano injusto e o nexo de causalidade, alvos de debates doutrinários e jurisprudenciais, principalmente após o fenômeno de constitucionalização do direito civil e sua despatrimonialização, de modo a assumir, inclusive, novos papéis e funções. Isso não significa, porém, que se tenha chegado ao ponto de abandonar suas premissas basilares que a caracterizam.

Dentre esses elementos, como se sabe, é o dano que funciona como pilar de sustentação na equação da responsabilidade civil. Tanto é assim, que sua função primordial é – sempre foi – a reparatória, baseada em seu princípio maior, o da reparação integral, que guia a quantificação da indenização e suas nuances.

Como demonstrado, o conceito de dano, inicialmente vinculado à ideia de diminuição patrimonial pela teoria da diferença, passou por diversas evoluções, principalmente a fim de se reconhecerem novas situações lesivas e se admitir a indenização de danos extrapatrimoniais, até atingir a concepção de dano injusto, em superação da sua vinculação ao ato ilícito e à ilicitude em si, sendo consagrada atualmente a sua definição como lesão a interesse juridicamente merecedor de tutela.

E, mesmo com o citado reconhecimento de novos danos, bem como daquelas situações que relativizam em alguma parte o elemento do dano em si, como a perda de uma chance, o dano moral coletivo, o dano ambiental, e o dano pela privação do uso, a configuração do dano continua a necessitar de suas características da certeza e atualidade (ressalvada a hipótese do dano futuro), de modo a afastar o ressarcimento de danos hipotéticos e impedir a imputação de responsabilidade a quem não tenha causado prejuízo a outrem, ou seja, não tenha violado o princípio do *neminem laedere*.

Contudo, são recentes os esforços e a preocupação da doutrina para remodelar e reler criticamente também a própria função da responsabilidade civil, sob a justificativa de se tutelar melhor a pessoa humana, num cenário de expansão contínua de novos danos e novas demandas sociais, para além de sua clássica função reparatória, calcada na lógica patrimonialista das codificações liberais.

Os novos desafios e danos que reconhecidamente não são reparados em sua totalidade, especialmente no tocante às lesões aos direitos da personalidade, levaram parte da doutrina, pautada pela constitucionalização do direito civil e pela prioridade dos valores da dignidade humana e solidariedade social, a repensar a responsabilidade por outros caminhos.

Foi justamente a ideia de insuficiência e incapacidade do paradigma reparatório da responsabilidade civil em tutelar integralmente a vítima e recompô-la ao *status quo ante* nessas situações que justificaria ultrapassar as fronteiras conhecidas do instituto e fundamentar sua atuação mesmo que a par de seu elemento característico e em torno do qual foi construída, o dano.

Assim, parte da doutrina passou a aduzir que a responsabilidade civil não deveria aguardar o surgimento do dano para atuar, devendo também (e prioritariamente) se ocupar da prevenção destes, ao incluir em seu âmago os princípios da prevenção e da precaução, em verdadeira tutela de responsabilidade preventiva, desgarrada do elemento do dano, em atuação independente à sua ocorrência.

A ideia trazida por seus defensores é a de que a responsabilidade civil atuaria em duas vertentes, em tutelas diferenciadas e com dois objetos distintos: (i) de maneira preventiva e direta, tendo por objeto a mera ilicitude potencialmente lesiva, ou seja, aquela que venha a gerar risco ou perigo de dano inaceitável, e (ii) como forma de reparar os danos que não fossem evitados, por meio do já conhecido paradigma reparatório. Inclusive, como visto, para muitos doutrinadores, o próprio risco assumiria o lugar do dano e seria o elemento ensejador do dever de responsabilidade.

Precisamente por se ocupar de uma tutela do ilícito e do risco, essa responsabilidade civil preventiva ganhou a alcunha de responsabilidade civil sem dano, pois seus defensores sustentam que a função de tutela da vítima deveria se manifestar mesmo diante da simples ameaça de dano.

Para se falar em responsabilidade civil sem dano, deve-se, necessariamente, remodelar sua estrutura e relação com o dano para se admitirem novas hipóteses de incidência da responsabilidade civil, seja pelo alargamento de seu conceito, seja pela admissão de novas hipóteses de dano indenizável.

Nessa linha de ideias, seus defensores sustentam uma atuação da responsabilidade civil preventiva por meio da tutela inibitória material, voltada a combater a ilicitude, uma responsabilidade por mera conduta ilícita ou pela mera violação a dever jurídico. Todavia, discorda-se dessa assertiva, pois é justamente a distinção entre mera ilicitude e dano que deflagra o remédio da responsabilidade civil ou qualquer obrigação atinente ao dever de indenizar que, inclusive, também decorre de condutas lícitas, fato plenamente aceito pela doutrina hoje em dia.

A mera violação de um dever legal ou contratual, por si só, não tem o condão de chamar a agir nenhuma das funções da responsabilidade civil. Ademais, a ilicitude não se limita ao campo da responsabilidade civil, sendo tutelada pelo ordenamento jurídico como um todo, com normativas e sanções próprias, cabendo àquela apenas a ilicitude qualificada pelo dano, sem se voltar à tutela do ato ilícito, do qual o dano não é elemento constitutivo.

Não cabe à responsabilidade civil eliminar o dano ou o risco da vida em sociedade; este elemento é justamente regulado pelo Direito Civil, pois faz parte do cotidiano das relações privadas. Cabe a ela, sim, reparar a vítima e devolvê-la ao *status quo ante*. Daí por que não poder se falar em responsabilidade sem dano.

Por isso defende-se aqui que a tutela inibitória material não traduz uma espécie de tutela preventiva, pois não almeja a prevenção de danos, mas sim visa a coibir ou remover o ilícito, o perigo de sua ocorrência, antes que aconteça. Ou seja, as medidas de tutela inibitória material não se adequam à sistemática da responsabilidade civil, pautada pela ótica reparatória, que deve se ocupar justamente do momento patológico da ilicitude, o dano, e não da simples ilicitude.

Ademais, a gestão de riscos e controle de ilicitude de condutas potencialmente lesivas, no atual estado da arte, ainda possuem *locus* próprios, com seus instrumentos característicos, como a própria autotutela, já conhecida pelos civilistas no âmbito dos direitos reais e obrigacionais, como o instituto do desforço imediato e da retenção.

Do que foi exposto, pode-se concluir pela essencialidade do dano certo e concreto para deflagrar a atuação da responsabilidade civil, sendo que seu requisito imprescindível de certeza impede e limita um agir preventivo direto do instituto, notadamente contra "danos" condicionais ou potenciais.

O ponto que deve ser destacado é não quanto à utilidade de se ter uma tutela preventiva dos danos na própria responsabilidade civil, mas sim à correta compatibilização dos seus pressupostos com os instrumentos de atuação.

Deve-se, antes de tudo, fazer uma criteriosa análise do que pode ser aplicado como mecanismo de prevenção direta da responsabilidade civil, respeitando a opção do ordenamento jurídico por uma "gestão conglobante" dos danos e riscos, para não se incorrer no erro de alargar a incidência do instituto para situações jurídicas que lhe são estranhas ou que já possuem guarida pelo direito, de modo a banalizar sua atuação. Não cabe, frise-se, à responsabilidade civil tutelar toda a vida em sociedade.

Daí a crítica deste trabalho à inclusão da tutela preventiva direta na responsabilidade civil, mais especificamente à dificuldade de compatibilização e eficácia dos mecanismos de tutela inibitória material propostos pela doutrina, notadamente a incorporação da autotutela e das multas civis no seu âmbito, pois não figuram como instrumentos de responsabilidade civil e, muito menos, de prevenção direta, na medida em que regulam situações que não tratam de dano propriamente ou atuam apenas diante da sua ocorrência, para então tentar fazer cessar ou impedir sua continuação das consequências negativas do evento lesivo.

Constatou-se, ainda, que tanto na prevenção indireta, tal como na função punitiva de *deterrence*, quanto na direta apontada pelos seus defensores, a função preventiva exercida por meio da tutela inibitória material não se presta a reprimir ou identificar condutas lesivas, ou seja, essa função não participa ou guia o momento de verificação do *an debeatur*, não aponta a ocorrência de um dano injusto indenizável.

Com isso, atesta-se que a função preventiva do instituto, quando existente um dano reparável, se revela na possibilidade de ressarcimento de medidas de prevenção, e terá sua atuação vinculada ao momento de quantificação da indenização, em complemento e interligada à função reparatória, tendo por objeto, além de incentivar a adoção de medidas preventivas, os prejuízos e perdas econômicas experimentados pela vítima, que deverão compor o dano injusto a ser indenizado.

Precisamente por se ter nas despesas incorridas pela vítima um prejuízo certo e concreto, com sua extensão delimitada, em respeito à norma do art. 944 do Código Civil, é que se pode cogitar a reparação dos custos das medidas preventivas para se evitar um dano, de modo a se manter a coerência sistemática da responsabilidade civil e sua função de reparar danos injustos.

O princípio da prevenção deve estar funcionalizado aos do *neminem laedere* e do *restitutum in integrum*, que afirmam que em qualquer circunstância a vítima deve ser recomposta à situação anterior ao prejuízo, nos casos em que buscou prevenir, de maneira proporcional e razoável, a ocorrência de um dano iminente decorrente de um perigo específico, mas também experimentou um decréscimo patrimonial injusto.

Diante disso, como fica a tutela da pessoa que, ciente de um perigo ou ameaça concreta de dano – como uma inundação ou deslizamento de um terreno vizinho que danificará seu imóvel –, adota, justamente por causa do risco concreto e iminente de ser lesado, medidas preventivas para impedir a sua concretização e incorre em custos para tanto?

Para solucionar essa hipótese, viu-se que ganha espaço na doutrina e em legislações estrangeiras o ressarcimento das medidas preventivas, como instrumento de atuação de prevenção direta, que podem ser consideradas como despesas realizadas com o objetivo de prevenir a ocorrência do dano decorrente de uma ameaça iminente, desde que se revelem razoáveis, e que se encontram, justamente, no ponto médio entre a função reparatória e preventiva, sendo a sua interseção, a configurar o que se convencionou chamar de dano preventivo, que denota uma perda econômica injusta no patrimônio do lesado, pois não seria experimentado caso não ocorresse a conduta do ofensor.

E tais afirmações conduzem à conclusão de que há situações em que os danos preventivos, apesar de não comporem o dano principal e nem serem decorrência de interferências involuntárias de terceiros na esfera jurídica da vítima, deverão ser ressarcidos, pois injusto que ela suporte essas perdas econômicas que naturalmente não lhe ocorreriam.

Note-se que essa modalidade de dano não se confunde com dano hipotético, pois é algo certo e com extensão bem definida, bem como que de mera ilicitude não se trata. Por fim, também não se confunde com a função punitiva do instituto, pois, como visto, não representa um *plus* pecuniário a compor a quantificação do dano, mas sim dois danos com extensões respectivas, cada qual ressarcível por um fundamento funcional distinto, um reparatório e outro preventivo.

Diante da constatação da ressarcibilidade das despesas preventivas como decorrência direta das funções reparatória e preventiva da responsabilidade civil, foi possível identificar parâmetros e critérios para guiar o intérprete na tarefa do reconhecimento de sua indenização, sendo imprescindíveis:

(i) a existência de um perigo ou risco de dano iminente, concreto e específico, não sendo indenizáveis as despesas com medidas preventivas voltadas para riscos genéricos ou potenciais e dos quais não se conheça o causador;

(ii) razoabilidade das medidas preventivas adotadas em face do dano iminente, pois devem se mostrar razoáveis quanto ao grau de probabilidade da ocorrência do dano e quanto à adequação para evitá-lo;

(iii) necessidade de se adotar a medida preventiva, com a consequente demonstração da ciência da ameaça iminente e concreta, bem como do fundado receio de sofrer as consequências negativas do dano;

(iv) independência ou não vinculação ao resultado exitoso das medidas preventivas adotadas, pois o objetivo é incentivar a prevenção de danos, com o encorajamento de adoção de medidas preventivas e de conferir segurança jurídica à vítima;

(v) a presença, no caso concreto, dos demais elementos da responsabilidade civil, principalmente do nexo de causalidade entre a conduta geradora do perigo iminente e as medidas adotadas antes da ocorrência dos efeitos negativos do dano.

Conclui-se, então, sem a pretensão de esgotar o tema, que os parâmetros acima apontados possibilitam o cumprimento das funções da responsabilidade civil aqui estudadas e consagram uma atuação preventiva do instituto e os seus princípios basilares.

O reconhecimento do ressarcimento das medidas preventivas, desde que se revelem razoáveis e necessárias a evitar ou fazer cessar um perigo de dano iminente e real, ao mesmo tempo, atende à função reparatória e preventiva da responsabilidade civil, bem como ao princípio da reparação integral, de modo a realizar seu fim maior de recompor a vítima ao *status quo ante*, em representativo avanço da teoria do instituto no seu objetivo de tutelar a pessoa humana na sociedade atual.

REFERÊNCIAS

AGUIAR JÚNIOR, Ruy Rosado de. *Extinção dos contratos por incumprimento do devedor*. Rio de Janeiro: AIDE, 2004.

ALBUQUERQUE JÚNIOR, Roberto Paulino de. Notas sobre a teoria da responsabilidade civil sem dano. *Revista de Direito Civil Contemporâneo*. v. 6. ano 3. p. 89-103. São Paulo: Ed. RT, jan./mar. 2016.

ALPA, Guido et al. *Obbligazioni contrattuali ed extracontrattuali*. Torino: G. Giappichelli, 2001.

ALPA, Guido. *La responsabilità civile*: parte generale. Torino: UTET Giuridica, 2010.

ALTERINI, Atilio Aníbal; CABANA, Roberto Lopez. *Temas de responsabilidad civil*. 4. ed. Buenos Aires: Ciudad Argentina Editorial de Ciencia y Cultura, 2009.

ALVIM, Agostinho. *Da inexecução das obrigações e suas consequências*. 3. ed. Rio de Janeiro-São Paulo: Ed. Jurídica e Universitária, 1962.

ALVINO LIMA. *Da culpa ao risco*. São Paulo: Ed. RT, 1960.

AMADO, Frederico Augusto Di Trindade. *Direito ambiental esquematizado*. 6. ed. rev., atual. e ampl. São Paulo: Método, 2015.

ANDRADE, André Gustavo Correa de. *Dano moral e indenização punitiva: os punitive damages* na experiência do *common law* e na perspectiva do direito brasileiro. Rio de Janeiro: Forense, 2009.

ANDRÉ, Diego Brainer de Souza. O papel da responsabilidade civil na regulação dos riscos: uma análise do chamado risco do desenvolvimento. In: SOUZA, Eduardo Nunes de; SILVA, Rodrigo da Guia (Coord.) *Controvérsias atuais em responsabilidade civil*. São Paulo: Almedina, 2018.

ANGELIN, Karinne Ansiliero. *Dano injusto como pressuposto do dever de indenizar*. Dissertação (mestrado). Faculdade de Direito da Universidade de São Paulo – USP. São Paulo, 2012.

ANTUNES, Paulo de Bessa. *Direito Ambiental*. Rio de Janeiro: Lumen Juris, 2004.

ARAGÃO, Maria Alexandre e Sousa. *O princípio do poluidor-pagador*: pedra angular da política comunitária do ambiente. Coimbra: Coimbra, 1997.

ARAÚJO, Vaneska Donato de. Generalidade sobre o dano. In: HIRONAKA, Giselda M. F. Novais (Org.). *Direito civil*: responsabilidade civil. São Paulo: Ed. RT, 2008. v. 5.

AZEVEDO, Antonio Junqueira de. O direito como sistema complexo e de segunda ordem; sua autonomia. Ato nulo e ato ilícito. Diferença de espírito entre responsabilidade civil e penal. Necessidade de prejuízo para haver direito de indenização na responsabilidade civil. *Civilistica.com*. Rio de Janeiro, a. 2, n. 3, jul.-set./2013. Disponível em: http://civilistica.com/o-direito-como-sistemacomplexo-e-de-segunda-ordem/. Acesso em: 15 out. 2018.

AZEVEDO, Antonio Junqueira de. Por uma nova categoria de dano na responsabilidade civil: o dano social. *Revista Trimestral de Direito Civil*. Rio de Janeiro, v. 5, n. 19, p. 211-218, 2004.

BANDEIRA, Paula Greco. A evolução do conceito de culpa e o art. 944 do Código Civil. *Civilistica.com*. Rio de Janeiro, a. 1, n. 2, jul./dez. 2012. Disponível em: http://civilistica.com/notas-sobre-o-paragrafo-unico-do-artigo-944/. Acesso em: 20 nov. 2018.

BARBOSA, Mafalda Miranda. Reflexões em torno da responsabilidade civil: teleologia e telonomologia em debate. *Boletim da Faculdade de Direito da Universidade de Coimbra*. Coimbra: Ed. Coimbra, n. 81. 2005.

BARROSO, Lucas Abreu. *A realização do direito civil*: entre normas jurídicas e práticas sociais. Curitiba: Juruá, 2011.

BECK, Ulrich. *Sociedade de risco*: rumo a uma outra modernidade. São Paulo: Editora 34, 2011.

BENJAMIN, Antonio Herman. Responsabilidade civil por dano ambiental. *Doutrinas Essenciais de Responsabilidade Civil*, v. 7, p. 453-515, out. 2011.

BITTAR FILHO, Carlos Alberto. Do dano moral coletivo no atual contexto jurídico brasileiro. *Revista de Direito do Consumidor*, São Paulo: Ed. RT, n. 12. 1994.

BITTAR, Carlos Alberto. *Reparação civil por danos morais*. 3. ed. rev. atual. e ampl. São Paulo: Ed. RT, 1999.

BOBBIO, Norberto. *Da estrutura à função*: novos estudos de teoria do direito. Trad. Daniela Beccaccia Versiani. Revisão de Orlando Seixas Bechara, Renata Nagamine. Barueri: Manole, 2007.

BODIN DE MORAES, Maria Celina. A constitucionalização do direito civil e seus efeitos sobre a responsabilidade civil. *Na medida da pessoa humana*: estudos de direito civil-constitucional. Rio de Janeiro: Renovar, 2010.

BODIN DE MORAES, Maria Celina. Constituição e direito civil: tendências. *Revista dos Tribunais*, n. 779, 2000.

BODIN DE MORAES, Maria Celina. *Danos à pessoa humana*: uma leitura civil-constitucional dos danos morais. Rio de Janeiro: Renovar, 2003.

BODIN DE MORAES, Maria Celina. *Punitive damages* em sistemas civilistas: problemas e perspectivas. *Revista Trimestral de Direito Civil*, Rio de Janeiro: Padma, v. 18. abr./jun. 2004.

BODIN DE MORAES, Maria Celina. Risco, solidariedade e responsabilidade objetiva. In: TEPEDINO, Gustavo; FACHIN, Luiz Edson (Coord.). *O direito e o tempo*: embates jurídicos e utopias contemporâneas. Estudos em homenagem ao Professor Ricardo Pereira Lira. Rio de Janeiro: Renovar, 2008.

BONNA, Alexandre Pereira; LEAL, Pastora do Socorro Teixeira. Requisitos objetivos e subjetivos dos punitive damages: critérios à aplicação no direito brasileiro. *Scientia Iuris*. Londrina. v. 22. n. 1, mar. 2018.

BONNA, Alexandre Pereira. Responsabilidade civil sem dano-prejuízo? *Revista Eletrônica Direito e Política*, v. 12, n. 2, p. 56-71. 2017.

BRAGGA NETO, Felipe Peixoto. *Teoria dos ilícitos civis*. Belo Horizonte: Del Rey, 2003.

BRASILINO, Fábio Ricardo Rodrigues; CORREIA, Alexandre Adriano; GONÇALVES, Fábio Henrique. A (in)aplicabilidade da teoria da perda de uma chance no direito brasileiro e comparado. *Revista de direito privado*, São Paulo: Ed. RT, v. 65. jan./mar. 2017.

BÜRGER, Marcelo Luiz Francisco de Macedo; CORRÊA, Rafael. Responsabilidade preventiva: elogio e crítica à inserção da prevenção na espacialidade da responsabilidade civil. *Revista Fórum de Direito Civil – RFDC*. Belo Horizonte, ano 4, n. 10, set./dez. 2015.

CALIXTO, Marcelo Junqueira. Breves considerações em torno do art. 944, parágrafo único, do Código Civil. *Revista Trimestral de Direito Civil*. Rio de Janeiro, a. 10, v. 39, jul./set. 2009.

CANOTILHO, José Joaquim Gomes. *Direito público do ambiente*. Coimbra: Faculdade de Direito de Coimbra, 1995.

CARRÁ, Bruno Leonardo Câmara. *Responsabilidade civil sem dano*: uma análise crítica – limites epistêmicos a uma responsabilidade civil preventiva ou por simples conduta. São Paulo: Atlas, 2015.

CARVALHO, Beatriz Veiga. *O "dever de mitigar danos" na responsabilidade contratual*: a perspectiva do direito brasileiro. Dissertação de mestrado. São Paulo: USP, 2014.

CARVALHO, Henrique Araújo de. *Aspectos jurídicos da quantificação do dano em ações reparatórias individuais por danos decorrentes da prática de cartel*. Monografia (Graduação). Faculdade de Direito da Universidade de Brasília, Brasília, 2017.

CARVALHO. Luis Fernando de Lima. *As funções da responsabilidade civil. As indenizações pecuniárias e a adoção de outros meios reparatórios.* Tese de doutorado. Pontifícia Universidade de São Paulo – PUC-SP. São Paulo, 2013.

CATALÁ, Lucia Gomes. *Responsabilidad por daños ao médio ambiente*. Pamplona: Arazandi, 1998.

CAVALIERI FILHO, Sérgio. *Programa de responsabilidade civil*. 10. ed. São Paulo: Atlas, 2012.

CHAPPUIS, Benoît. L'indemnisation des mesures préventives. In: WERRO, Franz; PICHONNAZ, Pascal (Coord.). *Colloque de la responsabilité civile. Le dommage dans tous ses états. Sans le dommage corporel ni le tort moral.* Fribourg: Stämpfli Editions, 2013.

CHARTIER, Yves. *La réparation du préjudice dans la responsabilité civile*. Paris: Dalloz, 1983. n. 17.

CODERCH, Pablo Salvador; PALOU, Maria Teresa Castiñeira. *Previnir y Castigar*. Madrid: Marcial Pons, 1997.

COUTINHO, Larissa Maria Medeiros. *Funções da Responsabilidade Civil Ambiental*: Uma análise através da jurisprudência nacional de danos marinhos pela navegação. Dissertação (mestrado). Pós-Graduação em Direito – Mestrado, Universidade de Brasília – UNB. Brasília, 2015.

DANTAS, San Tiago. *Programa de Direito Civil*. Aulas proferidas na Faculdade Nacional de Direito. Texto revisto com anotações e prefácio de José Gomes Bezerra de Barros. Rio de Janeiro: Ed. Rio, 1979.

DE CUPIS, Adriano. *El daño*: teoría general de la responsabilidad civil. 2. ed. Barcelona: Bosch, 1975.

DE CUPIS, Adriano. *Il danno*. Milano: Giuffrè, 1966.

DEL MASTRO, André Menezes. A função punitivo-preventiva da responsabilidade civil. *Revista da Faculdade de Direito da Universidade de São Paulo*, v. 110, p. 765-817, jan./dez. 2015.

DIAS, José de Aguiar. *Da responsabilidade civil*. 11. ed. Atual. Rui Berford Dias. Rio de Janeiro: Renovar, 2006.

DÍEZ-PICAZO Y PONCE DE LÉON, Luis Maria. *Derecho de daños*. Madrid: Civitas, 1999.

DINIZ, Maria Helena. *Curso de direito civil brasileiro:* Responsabilidade Civil. 27. ed. São Paulo: Saraiva, 2013. v. 7.

DIREITO, Carlos Alberto Menezes; CAVALIERI FILHO, Sergio. Comentários ao Novo Código Civil: Da Responsabilidade Civil. Das Preferências e Privilégios Creditórios. In: TEIXEIRA, Sálvio de Figueiredo (Coord.). *Comentários ao Novo Código Civil*. Rio de Janeiro: Forense, 2004. v. XIII.

DOHEMAN, Klaus Jochen Albiez. El tratamiento del lucro cesante en el sistema valorativo. *Revista de Derecho Privado*. p. 361-385, Madrid, maio/jun. 1998.

EGTL. European Group on Tort Law. *Principles of european tort law*. Austria: Springer Wien, New York, 2005.

EHRHARDT JR., Marcos. Responsabilidade civil ou direito de danos? Breves reflexões sobre a inadequação do modelo tradicional sob o prisma do direito civil constitucional. In: RUZYK, Carlos Eduardo Pianovski et al. (Org.). *Direito civil constitucional*: a ressignificação da função dos institutos fundamentais do direito civil contemporâneo e suas consequências. Florianópolis: Conceito Editorial, 2014.

EHRHARDT JÚNIOR, Marcos; PORTO, Uly de Carvalho Rocha. A reparação das chances perdidas e seu tratamento no direito brasileiro. *Civilistica.com*, a. 5. n. 1. p. 14 e 16. 2016. Disponível em: http://civilistica.com/wp-content/uploads/2016/07/Ehrhardt-J%C3%BAnior-e-Porto-civilistica.com-a.5.n.1.2016.pdf. Acesso em: 20 abr. 2018.

FACHIN, Luiz Edson. *Comentários ao Código Civil. Direito das Coisas.* (art. 1277 a 1368). In: AZEVEDO, Antonio Junqueira de (Coord.). São Paulo: Saraiva, 2003.

FACHIN, Luiz Edson. *Direito civil*: sentidos, transformações e fim. Rio de Janeiro: Renovar, 2015.

FAJNGOLD, Leonardo. Premissas para a aplicação da responsabilidade civil por perda de uma chance. *Revista de Direito Privado*, São Paulo: Ed. RT, v. 69, p. 69-102. 2016.

FAORO, Guilherme de Mello Franco. Breves apontamentos acerca do enfraquecimento dogmático do nexo causal. In: SOUZA, Eduardo Nunes de; SILVA, Rodrigo da Guia (Coord.). *Controvérsias atuais em responsabilidade civil*. São Paulo: Almedina, 2018.

FARIAS, Christiano Chaves de; BRAGA NETTO, Felipe Peixoto; ROSENVALD, Nelson. *Novo tratado de responsabilidade civil*. São Paulo: Atlas, 2015.

FERRARI, Mariangela. *La compensatio lucri cum damno come utile strumento di equa riparazione del danno*. Milano: Giuffrè, 2008.

FERREIRA FILHO, Manoel Gonçalves. *Comentários à Constituição brasileira de 1988*. 2. ed. São Paulo: Saraiva, 1997. v. 1.

FERREIRA, Keila Pacheco. *Responsabilidade civil preventiva*: função, pressupostos e aplicabilidade. Tese (doutorado). Universidade do Estado de São Paulo – USP. São Paulo: 2014.

FISCHER, Hans Albrecht. *A reparação dos danos no direito civil*. Trad. Arruda Ferrer Correa. São Paulo: Saraiva, 1938.

FLUMIGNAN, Silvano José Gomes. *Dano-evento e dano-prejuízo*. Dissertação (mestrado). Faculdade de Direito da Universidade de São Paulo – USP. São Paulo, 2009.

FLUMIGNAN, Silvano José Gomes. Uma nova proposta para a diferenciação entre o dano moral, o dano social e os punitive damages. *Revista dos Tribunais*, v. 958, ago. 2015.

FRADERA, Véra Maria Jacob. Pode o credor ser instado a diminuir o próprio prejuízo? *Revista Trimestral de Direito Civil*, v. 19, jul./set. 2004.

FROTA, Pablo Malheiros da Cunha. *Responsabilidade por danos*: imputação e nexo de causalidade. Curitiba: Juruá, 2014.

GAGLIANO, Pablo Stolze; PAMPLONA FILHO, Rodolfo. *Curso de Direito Civil. Responsabilidade Civil*. 10. ed. São Paulo: Saraiva, 2012.

GIANCOLI, Brunno Pandori. *Função Punitiva da Responsabilidade Civil*. Dissertação (mestrado). Faculdade de Direito da Universidade de São Paulo – USP. São Paulo, 2014.

NANNI, Giovanni Ettore. *Enriquecimento sem causa*. 2. ed. São Paulo: Saraiva, 2010.

GOLDENBERG, Isodoro H.; CAFFERATTA, Nestor A. *Daño ambiental*: problemática de su determinación causal. Buenos Aires: Abeledo-Perrot, [s.d.].

GOMES, Júlio Manuel Vieira. O dano da privação do uso. *Revista de Direito e Economia*. Coimbra, 1986.

GOMES, Orlando. Tendências modernas na teoria da responsabilidade civil. *Estudos em homenagem ao professor Silvio Rodrigues*. São Paulo: Saraiva, 1980.

GONDIM, Glenda Gonçalves. *Responsabilidade civil sem dano*: da lógica reparatória à lógica inibitória. Dissertação (mestrado). Universidade Federal do Paraná – UFPR. Curitiba, 2015.

GUEDES, Gisela Sampaio da Cruz. *Lucros Cessantes*: do bom-senso ao postulado normativo da razoabilidade, São Paulo: Ed. RT, 2011.

GUEDES, Gisela Sampaio da Cruz. *O problema do nexo causal na responsabilidade civil*. Rio de Janeiro: Renovar, 2005.

GUERRA, Alexandre. O dano moral punitivo e a indenização social: a destinação de parte da indenização por danos morais punitivos em favor de instituições locais de beneficência, a critério judicial, como forma de evitar o enriquecimento ilícito da vítima. In: GUERRA, Alexandre; BENACCHIO, Marcelo (Coord.). *Responsabilidade civil bancária*. São Paulo: Quartier Latin, 2012.

HIRONAKA, Giselda Maria Fernandes Novaes. *Responsabilidade pressuposta*. Belo Horizonte: Del Rey, 2005.

HIRONAKA, Giselda Maria Fernandes Novaes. Tendências atuais da responsabilidade civil: marcos teóricos para o direito do século XXI. In: DINIZ, Maria Helena; LISBOA, Roberto Senise (Org.). *O Direito Civil no século XXI*. São Paulo: Saraiva, 2013.

ITURRASPE, Jorge Mosset; PIEDECASAS, Miguel A. *Código Civil comentado*: doctrina, jurisprudencia, bibliografía: responsabilidad civil, artículos 1.066 a 1.136. Buenos Aires: Rubinzal-Culzoni, 2003.

JONAS, Hans. *Le principe responsabilité*: une éthique pour la civilisation technologique. Trad. Jean Greich. 3. ed. Paris: Ed. Du Cerf, 1993.

JONAS, Hans. *O princípio responsabilidade*. Ensaio de uma ética para a civilização tecnológica. Trad. Marijane Lisboa e Luiz Barros Montez. Rio de Janeiro, PUC, 2009.

JOSSERAND, Louis. Evolução da responsabilidade civil. *Revista Forense*. Rio de Janeiro, v. 86, n. 454, 1941.

KADNER GRAZIANO, Thomas Michael. 15 Leading Cases on Damage and their Solution under the Principles of European Tort Law. In: WINIGER, Bénédict; KOZIOL, Helmut; KOCH, Bernhard; ZIMMERMANN, Reinhard. *Digest of European Tort Law* Wien/New York: Springer, 2007. v. 1: Essential Cases on Natural Causation.

KONDER, Carlos Nelson. A redução equitativa da indenização em virtude do grau de culpa: apontamentos acerca do parágrafo único do art. 944 do Código Civil. *Revista Trimestral de Direito Civil*. Rio de Janeiro: Padma, v. 29, ano 8, jan./mar. 2007.

KONDER, Carlos Nelson. Distinções hermenêuticas da constitucionalização do Direito Civil. In: Anderson Schreiber e Carlos Nelson Konder. (Org.). *Direito Civil Constitucional*. São Paulo: Atlas, 2016.

KÖNZ, Peider. Law and global environmental management: Some open issues. In: WEISS, Edith Brown (Ed.). *Environmental Change and International Law. New Challenges and Dimensions*. Tokyo: United Nations University Press, 1992.

KOZIOL, Helmut. *Basic questions of Tort Law from a Germanic Perspective*. Trad. Fiona Salter Townshend. Vienne: Jan Sramek Verlag, 2012.

LALOU, Henri. *Responsabilité civile*. Paris: Dalloz, 1962. n. 135.

LEITE, Ana Margarida Carvalho Pinheiro. *A equidade na indemnização dos danos não patrimoniais*. Dissertação (Mestrado). Universidade Nova de Lisboa. Lisboa, 2015.

LEITE, José Rubens Morato; AYALA, Patrick de Araújo. *Direito Ambiental na Sociedade de Risco*. Rio de Janeiro: Forense Universitária, 2002.

LEITE, José Rubens Morato; MELO, Melissa Ely. As funções preventivas e precaucionais da responsabilidade civil por danos ambientais. *Revista Sequência*. n. 55, p. 195-218, dez. 2007.

LEVY, Daniel de Andrade. *Responsabilidade civil*: de um direito de danos a um direito das condutas lesivas. São Paulo: Atlas, 2012.

LISBOA, Roberto Senise. *Manual de Direito Civil. Obrigações e Responsabilidade Civil*. 3. ed. São Paulo: Ed. RT, 2004.

LÔBO, Paulo Luiz Netto. *Direito civil*: obrigações. São Paulo: Saraiva, 2011.

LÔBO, Paulo Luiz Netto. *Direito civil*: parte geral. 4. ed. São Paulo: Saraiva, 2013.

LOPEZ, Teresa Ancona. *O dano estético*: responsabilidade civil. 2. ed. São Paulo: Ed. RT, 1999.

LOPEZ, Teresa Ancona. Principais linhas da responsabilidade no direito brasileiro contemporâneo. In: AZEVEDO, Antonio Junqueira de; TÔRRES, Heleno Taveira; CARBONE, Paolo. *Princípios do novo Código Civil brasileiro e outros temas*. Homenagem a Tullio Ascarelli. São Paulo: Quartier Latin, 2008.

LOPEZ, Teresa Ancona. *Princípio da precaução e evolução da responsabilidade civil*. São Paulo: Quartier Latin, 2010.

LOPEZ, Teresa Ancona. Responsabilidade civil na sociedade de risco. *Revista da Faculdade de Direito da Universidade de São Paulo*, São Paulo: USP, v. 105. 2010.

LORENZETTI, Ricardo Luis; HIGHTON, Elena; CARLUCCI, Ainda Kemelmajer de. Fundamentos del Anteproyecto de Código Civil y Comercial de la Nación elaborados por la Comisión Redactora, en Proyecto de Código Civil y Comercial de la Nación, Bs. As., *Ediciones Infojus*, p. 215-242. 2012. Disponível: http://www.lavoz.com.ar/files/FUNDAMENTOS_DEL_ANTEPROYECTO_DE_CODIGO_CIVIL_Y_COMERCIAL_DE_LA_NACION.pdf. Acesso em: 1º dez. 2018.

MACHADO, Paulo Affonso Leme. *Direito Ambiental Brasileiro*. São Paulo: Malheiros, 1995.

MARINHO, Maria Proença. Indenização punitiva: potencialidades no ordenamento brasileiro. In: SOUZA, Eduardo Nunes de; SILVA, Rodrigo da Guia (Coord.). *Controvérsias atuais em responsabilidade civil*. São Paulo: Almedina, 2018.

MARINONI, Luiz Guilherme. *Tutela inibitória*: individual e coletiva. 4. ed. rev., atual. e ampl. São Paulo: Ed. RT, 2006.

MARTINS-COSTA, Judith. *Comentários ao Novo Código Civil*. In: TEIXEIRA, Sálvio de Figueiredo (Coord.). Rio de Janeiro: Forense, 2003. v. V, t. II: Do inadimplemento das obrigações.

MARTINS-COSTA, Judith. Responsabilidade civil contratual. Lucros cessantes. Resolução. Interesse positivo e interesse negativo. Distinção entre lucros cessantes e lucros hipotéticos. Dever de mitigar o próprio dano. Dano moral e pessoa jurídica. In: LOTUFO, Renan et al. *Temas relevantes de direito civil contemporâneo*. São Paulo: Atlas, 2012.

MARTINS-COSTA, Judith; PARGENDLER, Mariana Souza. Usos e abusos da função punitiva: *punitive damages* e o direito brasileiro. *Revista CEJ*. Brasília: Conselho da Justiça Federal, n. 28, jan./mar. 2005.

MARTON, Georg. *Les fondementes de la responsabilité civile*. Paris: Librairie du Recueil Sirey, 1938.

MAZEAUD e MAZEAUD. *Traité théorique et pratique de la responsabilité civile*. Paris: Montchrestien, 1955. v. 1, n. 208.

MEDEIROS NETO, Xisto Tiago de. O dano moral coletivo e o valor da sua reparação. *Revista do Tribunal Superior do Trabalho*. São Paulo, v. 78, n. 4, out.-dez./2012.

MELO, Marco Aurélio Bezerra de. *Direito civil*: Responsabilidade Civil. 2. ed. rev. e atual. Rio de Janeiro: Forense, 2018.

MENEZES LEITÃO, Luís Manuel Teles de. *Direito das Obrigações*. 5. ed. Coimbra: Almedina, 2006. v. I.

MIRRA, Álvaro Luiz Valery. Responsabilidade civil ambiental e a reparação integral do dano. *Consultor Jurídico*, 2016. Disponível em: https://www.conjur.com.br/2016-out-29/ambiente-juridico-responsabilidade-civil-ambiental-reparacao-integral-dano. Acesso em: 15 ago. 2018.

MONTEIRO FILHO, Carlos Edison do Rêgo. *Elementos de responsabilidade civil por dano moral*. Rio de Janeiro: Renovar, 2000.

MONTEIRO FILHO, Carlos Edison do Rêgo. Limites ao princípio da reparação integral no direito brasileiro. *Civilistica.com*. Rio de Janeiro, a. 7, n. 1, p. 12 e 14. 2018. Disponível em: http://civilistica.com/limites-ao-principio-da-reparacao-integral/. Acesso em: 20 nov. 2018.

MONTEIRO FILHO, Carlos Edison do Rêgo. *Responsabilidade contratual e extracontratual*: contrastes e convergências no direito civil contemporâneo. Rio de Janeiro: Processo, 2016.

MONTEIRO FILHO, Carlos Edison do Rêgo. Rumos cruzados do direito civil pós-1988 e do constitucionalismo de hoje. In: TEPEDINO, Gustavo (Org.). *Direito civil contemporâneo*: novos problemas à luz da legalidade constitucional. Rio de Janeiro: Renovar, 2008.

MONTENEGRO, Antônio Lindbergh. *Responsabilidade Civil*. Rio de Janeiro: Lumen Juris, 1966.

MOTA PINTO, Paulo. *Interesse contratual negativo e interesse contratual positivo*. Coimbra: Coimbra Editora, 2008.

NERY JUNIOR, Nelson. *Princípios do Processo na Constituição Federal*. 9. ed. São Paulo: Ed. RT, 2009.

NOLAN, Donal. *Preventive damages*. Law Quarterly Review. n. 132, p. 68-95, 2016.

NORONHA, Fernando. Desenvolvimentos contemporâneos da responsabilidade civil. *Revista dos Tribunais*, v. 761. São Paulo, 1999.

NORONHA, Fernando. *Direito das obrigações*: fundamentos do direito das obrigações; introdução à responsabilidade civil. v. 1. 2. ed. rev. e atual. São Paulo: Saraiva, 2007.

NORONHA, Fernando. Responsabilidade por perda de chances. *Revista de Direito Privado*, São Paulo: Ed. RT, n. 23, p. 28-35, jul.-set./2005.

OLIVA, Milena Donato. Dano moral e inadimplemento contratual nas relações de consumo. *Revista de Direito do Consumidor*, São Paulo: Ed. RT, v. 93. maio 2014.

OLIVEIRA, Júlia Costa de. Indenização punitiva: potencialidades no ordenamento brasileiro. In: SOUZA, Eduardo Nunes de; SILVA, Rodrigo da Guia (Coord.) *Controvérsias atuais em responsabilidade civil*. São Paulo: Almedina, 2018.

ON, Alexandru-Daniel. Prevention and the Pillars of a Dynamic Theory of Civil Liability: A Comparative Study on Preventive Remedies. *Research Papers*. n. 1, 2013, p. 12-15. Disponível em: http://digitalcommons.law.lsu.edu/studpapers/1. Acesso em: 1º dez. 2018.

OWEN, David G. A Punitive Damages Overview: Functions, Problems and Reform. *Villanova Law Review*, Radnor Township, v. 39, 1994.

PARISI, PALMER e BUSSANI, The comparative law and economics of pure economic loss. *George Mason University School of Law, Working Paper Series*, 2005, Paper 28. Disponível em: http://law.bepress.com/gmulwps/gmule/art28. Acesso em: 02 jan. 2019.

PAULA, Marcos de Souza. A questão do nexo causal probabilístico no direito brasileiro. In: SOUZA, Eduardo Nunes de; SILVA, Rodrigo da Guia (Coord.). *Controvérsias atuais em responsabilidade civil*. São Paulo: Almedina, 2018.

PEREIRA, Caio Mário da Silva. *Responsabilidade civil*. 11. ed. rev. e atual. Rio de Janeiro: Forense, 2016.

PERLINGIERI, Pietro. *O direito civil na legalidade constitucional*. Rio de Janeiro: Renovar, 2008.

PERLINGIERI, Pietro. *Perfis do direito civil*: introdução ao direito civil constitucional. 3. ed. Rio de Janeiro: Renovar, 2007.

PONTES DE MIRANDA, Francisco Cavalcanti. *Tratado de direito civil*. São Paulo: Borsoi, 1968. t. 26.

PONZANELLI, Giulio. *La responsabilità civile*: profili di diritto comparato. Bologna: Il Mulino, 1992.

PUGLIATTI, Salvatore. *La proprietà nel nuovo diritto*. Milano: Giuffrè, 1954.

PÜSCHEL, Flavia Portella. Responsabilidade civil objetiva: correção de trocas ineficientes ou repressão ao ilícito? *Artigos (working papers) Direito GV*. São Paulo: Direito GV, n. 46, mar. 2010.

RAMOS, André Luiz Arnt; NATIVIDADE, João Pedro Kostin Felipe de. A mitigação de prejuízos no direito brasileiro: quid est et quo vadat?. *Civilistica.com*. Rio de Janeiro, a. 6, n. 1, 2017. Disponível em: http://civilistica.com/a-mitigacao-de-prejuizos/. Acesso em: 17 nov. 2018.

RAMOS, Carmem Lucia Silveira. A constitucionalização do direito privado e a sociedade sem fronteiras. In: FACHIN, Luiz Edson (Coord.). *Repensando fundamentos do direito civil contemporâneo*. Rio de Janeiro: Renovar, 1998.

REIS JÚNIOR, Antônio dos. Por uma função promocional da responsabilidade civil. In: SOUZA, Eduardo Nunes de; SILVA, Rodrigo da Guia (Coord.) *Controvérsias atuais em responsabilidade civil*. São Paulo: Almedina, 2018.

RIZZARDO, Arnaldo. *Responsabilidade civil*. 5. ed. Rio de Janeiro: Forense, 2011.

RODIÈRE, René. *La responsabilité civile*. Paris: Rosseua, 1952. n. 1.598.

RODOTÀ, Stefano. *Il problema della responsabilità civile*. Milano: Giuffrè, 1967.

RODRIGUES, Francisco Luciano Lima; VERAS, Gésio de Lima. Dimensão funcional do dano moral no direito civil contemporâneo. *Civilista.com*. Rio de Janeiro, a. 4, n. 2, 2015.

RODRIGUES, Silvio. *Direito civil*: responsabilidade civil. 20. ed. São Paulo: Saraiva, 2003. v. 4.

RUZYK, Carlos Eduardo Pianovski. A responsabilidade civil por danos produzidos no curso de atividade econômica e a tutela da dignidade da pessoa humana: o critério do dano ineficiente. In: RAMOS, Carmem Lucia Silveira et al. (Org.). *Diálogos sobre direito civil*: construindo uma racionalidade contemporânea. Rio de Janeiro: Renovar, 2002.

SALVI, Cesare. *La responsabilità civile*. Milano: Giuffrè, 2005.

SANSEVERINO, Paulo de Tarso Vieira. *Princípio da reparação integral*: indenização no Código Civil. São Paulo: Saraiva, 2010.

SANTANA, Héctor Valverde. *Dano Moral no Direito do Consumidor*. São Paulo: Ed. RT, 2009.

SANTOS PEREIRA, Agnoclébia; TORRES, Felipe Soares. O dano decorrente da perda de uma chance: questões problemáticas. *Revista dos Tribunais*, São Paulo: Ed. RT, v. 958. ago. 2015.

SANTOS, Antônio Jeová. *Dano Moral Indenizável*. São Paulo: Ed. RT, 2003.

SARAIVA, David Emanuel Chiquita. *A tutela preventiva da Responsabilidade Civil*. Dissertação (mestrado). Universidade de Nova Lisboa. Lisboa, 2015.

SARLET, Ingo Wolfgang; MARINONI, Luiz Guilherme; MITIDIERO, Daniel. *Curso de direito Constitucional*. São Paulo: Ed. RT, 2012.

SAVI, Sérgio. Inadimplemento das obrigações, mora e perdas e danos. In: TEPEDINO, Gustavo (Coord.). *Obrigações*: estudos na perspectiva civil-constitucional. Rio de Janeiro: Renovar, 2005.

SAVI, Sérgio. *Responsabilidade civil por perda de uma chance*. 3. ed. São Paulo: Atlas, 2012.

SCHREIBER, Anderson. Arbitramento do dano moral. *Direito civil e Constituição*. São Paulo: Atlas, 2013.

SCHREIBER, Anderson. As novas tendências da responsabilidade civil brasileira. *Revista Trimestral de Direito Civil*, v. 22, p. 45-69, 2005.

SCHREIBER, Anderson. *Dano Moral Coletivo por Corrupção*. Carta Forense. Disponível em: http://www.cartaforense.com.br/conteudo/artigos/dano-moral-coletivo-por-corrupcao/17838. Acesso em: 14 out. 2018.

SCHREIBER, Anderson. *Direito Civil e Constituição*. São Paulo: Atlas, 2013.

SCHREIBER, Anderson. *Direitos da personalidade*. 2. ed. rev. e atual. São Paulo: Atlas, 2013.

SCHREIBER, Anderson. *Manual de direito civil contemporâneo*. São Paulo: Saraiva Educação, 2018.

SCHREIBER, Anderson. *Novos paradigmas da responsabilidade civil*: da erosão dos filtros da reparação à diluição dos danos. 5. ed. São Paulo: Atlas, 2013.

SERPA, Pedro Ricardo e. *Indenização punitiva*. Dissertação (mestrado). Universidade de São Paulo – USP. São Paulo, 2011.

SEVERO, Sérgio. *Os danos extrapatrimoniais*. São Paulo: Saraiva, 1996.

SILVA, Néstor Pina. La responsabilidade preventiva. *Revista de Estudios Ius Novum*, n. 2, Oct. 2009.

SILVA, Rafael Peteffi. *Responsabilidade civil pela perda de uma chance*. 3. ed. São Paulo: Atlas, 2013.

SILVA, Rafael Pettefi da; WALKER, Mark Pickersgill. *Punitive damages*: características do instituto nos Estados Unidos da América e transplante do modelo estrangeiro pela jurisprudência brasileira do Tribunal de Justiça de Santa Catarina. *Sequência*, Florianópolis, n. 74. dez. 2016.

SILVA, Regina Beatriz Tavares da. Critérios de fixação da indenização do dano moral. In: DELGADO, Mario Luiz; ALVES, Jones Figueiredo (Coord.). *Questões controvertidas no novo Código Civil*. São Paulo: Método, 2003. v. 1.

SILVA, Rodrigo da Guia. Aspectos controvertidos dos danos por privação do uso. *Revista de Direito do Consumidor*, v. 115, jan./fev. 2018.

SILVA, Rodrigo da Guia. *Compensatio lucri cum damno* no direito brasileiro: estudo a partir da jurisprudência do superior tribunal de justiça sobre o pagamento do DPVAT. *Revista Brasileira de Direito Civil – RBDCivil*, Belo Horizonte, v. 16, p. 139-165, abr./jun. 2018.

SILVA, Rodrigo da Guia. Danos por privação do uso: estudo de responsabilidade civil à luz do paradigma do dano injusto. *Revista de Direito do Consumidor*, v. 107, p. 89-122, 2016.

SILVA, Rodrigo da Guia. Notas sobre o cabimento do direito da retenção: desafios da autotutela no direito privado. *Civilistica.com*, v. a. 6, 2017.

SINTEZ, Cyril. *La sanction préventive en droit de la responsabilité civile*: contribuition à la théorie de l'interprétaion et de la mise em effet des normes. Paris: Dalloz, 2011.

SINTEZ, Cyril. *La sanction préventive en droit de la responsabilité civile*: contribution à la théorie de l'interprétation et de la mise en effet des normes. Thèse présentée à la Faculté des Études Supérieures – Université de Montreal, 2009, p. 19. Disponível em: https://papyrus.bib.umontreal.ca/. Acesso em: 30 dez. 2018.

SOUZA, Eduardo Nunes de. Em defesa do nexo causal: culpa, imputação e causalidade na responsabilidade civil. In: SOUZA, Eduardo Nunes de; SILVA, Rodrigo da Guia (Coord.). *Controvérsias atuais em responsabilidade civil*: estudos de direito civil-constitucional. São Paulo: Almedina, 2018.

SOUZA, Eduardo Nunes de. Merecimento de tutela: a nova fronteira da legalidade no direito civil. *Revista de Direito Privado*, São Paulo: Ed. RT, n. 58, p. 75-107, abr./jun. 2014.

STOCO, Rui. Responsabilidade civil sem dano: falácia e contradição. *Revista dos Tribunais*, v. 975, p. 173-184, jan. 2017.

STOCO, Rui. *Responsabilidade civil e sua interpretação jurisprudencial*. 3. ed. São Paulo: Ed. RT, 1997.

TALAMINI, Eduardo. *Tutelas relativas aos deveres de fazer e de não fazer*: e sua extensão aos deveres de entrega de coisa (CPC, arts. 461 e 461-A, CDC, art. 84). 2. ed. São Paulo: Ed. RT, 2003.

TAPINOS, Daphné. *Prévention, précaution et responsabilité civile*: risque avéré, risque suspecté et transformation du paradigme de la responsabilité civile. Paris: L'Harmattan, 2008.

TARTUCE, Flávio. *Direito civil*: direito das obrigações e responsabilidade civil. 12. ed. Rio de Janeiro: Forense, 2017.

TARTUCE, Flávio. *Direito das obrigações e responsabilidade civil*. 8. ed. São Paulo: Forense, 2013.

TEPEDINO, Gustavo. A razoabilidade na experiência brasileira. In: Gustavo Tepedino; Ana Carolina Brochado Teixeira.; Victor Almeida. (Org.). *Da dogmática à efetividade do direito civil*: anais do Congresso Internacional de Direito Civil Constitucional. Belo Horizonte: Fórum, 2017.

TEPEDINO, Gustavo. A tutela da personalidade no ordenamento civil-constitucional brasileiro. *Temas de Direito Civil*. Rio de Janeiro: Renovar, 2004.

TEPEDINO, Gustavo. Normas Constitucionais e Relações de Direito Civil na Experiência Brasileira. Boletim *da Faculdade de Direito Studia Jurídica*, n. 48. Coimbra: Coimbra, 2000.

TEPEDINO, Gustavo. O Direito Civil-Constitucional e suas Perspectivas Atuais. In: TEPEDINO, Gustavo (Org.). *Direito Civil Contemporâneo*; Novos problemas à luz da legalidade constitucional (Anais do Congresso Internacional de Direito Civil-Constitucional da cidade do Rio de Janeiro). São Paulo: Atlas, 2008.

TEPEDINO, Gustavo. O Futuro da Responsabilidade Civil. *Revista Trimestral de Direito Civil*. v. 24, (editorial). Rio de Janeiro: Padma, 2005.

TEPEDINO, Gustavo. Premissas metodológicas para a constitucionalização do Direito Civil. *Temas de Direito Civil*. 3. ed. Rio de Janeiro: Renovar, 2004.

TEPEDINO, Gustavo; BARBOZA, Heloisa Helena; MORAES, Maria Celina Bodin. *Código Civil Interpretado conforme a Constituição da República*. 2. ed. Renovar: Rio de Janeiro, 2007.

TERRA, Aline de Miranda Valverde. Liberdade do intérprete na metodologia civil constitucional. In: Anderson Schreiber e Carlos Nelson Konder. (Org.). *Direito Civil Constitucional*. São Paulo: Atlas, 2016, p. 47-70.

TERRA, Aline de Miranda Valverde. Privação do uso: dano ou enriquecimento por intervenção? *Revista Eletrônica Direito e Política*, v. 9, n. 3, 3º quadrimestre de 2014.

THIBIERGE, Catherine. Libres propos sur l'évolution du droit de la responsabilité. *Revue Trimestrielle de Droit Civil*. Paris, v. 3, jul./set. 1999.

THOMÉ, Romeu. *Manual de Direito Ambiental*: conforme a Lei 13.081/2015. 5 ed. rev. ampl. e atual. Salvador: JusPodivm, 2015.

TUNC, Andre. *La responsabilité civile*. 2. ed. Paris: Economica, 1989.

VAZ, Caroline. *Funções da responsabilidade civil: da reparação à punição e dissuasão*: os *punitive damages* no direito comparado e brasileiro. Porto Alegre: Livraria do Advogado, 2009.

VAZ, Marcella Campinho. A reparação pela perda de uma chance. In: SOUZA, Eduardo Nunes de; SILVA, Rodrigo da Guia (Coord.). *Controvérsias atuais em responsabilidade civil*. São Paulo: Almedina, 2018.

VENOSA, Sílvio de Salvo. *Direito civil*. v. 4. 8. ed. São Paulo: Atlas, 2008.

VENOSA, Sílvio de Salvo. *Direito civil*: responsabilidade civil. 9. ed. São Paulo: Atlas, 2009. v. 4.

VENTURI, Thaís G. Pascoaloto. A construção da responsabilidade civil preventiva e possíveis instrumentos de atuação: a autotutela e as despesas preventivas. In: TEPEDINO, Gustavo;

FACHIN, Luiz Edson; LÔBO, Paulo (Coord.). *Direito civil constitucional*: a ressignificação da função dos institutos fundamentais do direito civil contemporâneo e suas consequências. Florianópolis: Conceito, 2014.

VENTURI, Thaís G. Pascoaloto. *Responsabilidade civil preventiva:* a proteção contra a violação dos direitos e a tutela inibitória material. São Paulo: Malheiros, 2014.

VINEY, Geneviève. As tendências atuais do direito da responsabilidade civil. Trad. Paulo Cezar de Mello. In: TEPEDINO, Gustavo (Org.). *Direito civil contemporâneo*: novos problemas à luz da legalidade constitucional: anais do Congresso Internacional de Direito Civil-Constitucional da cidade do Rio de Janeiro. São Paulo: Atlas, 2008.

VINEY, Geneviève. *De la codification du Droit de la responsabilité civile*: l'expérience française. Disponível em: http://www.cslf.gouv.qc.ca. Acesso em: 30 set. 2018.

VINEY, Geneviève. La responsabilité civile. In: GHESTIN, Jacques (Coord.). *Traité de droit civil*. Paris: Librairie Générale de Droit et de Jurisprudence, 1965. n. 247.

VON BAR, Christian. *Principles of European Law on Non-Contractual Liability Arising out of Damage Caused to Another (P.E.L. Liab. Dam.)*. Oxford: Oxford University Press, 2009.

VON BAR, Christian; CLIVE, Eric; SCHULTE-NOLKE, Hans. *Principles, Definitions and Model Rules of European Contract law:* Draft Common Frame of Reference. Munich: Sellier, 2009.

WINIGER, Bénédict; KOZIOL, Helmut; KOCH, Bernhard A.; ZIMMERMANN, Reinhard (Ed.). *Digest of European Tort Law*. Vienna: Springer Wien, NewYork, 2007. v. 1.

ZANNONI, Eduardo A. *El daño em la responsabilidade civil*. Buenos Aires: Astrea, 1987.